자유주의
Liberalism

자유주의

루드비히 폰 미제스 저 • 이지순 역

자유주의

루드비히 폰 미제스 저•이지순 역

1판1쇄 발행•1988년 10월 8일
2판1쇄 발행•1995년 12월 26일
3판1쇄 발행•2020년 11월 20일

발행처•자유기업원
발행인•최승노

등록번호•제 2003-000056 호
주소•서울특별시 영등포구 국회대로62길 9 산림비전센터 7층(07236)
Tel•02-3774-5000 Fax•0502-797-5058

자유기업원에서 발간한 도서는
전국 대형서점에서 구입하실 수 있습니다.

ISBN 978-89-8429-173-7 93320   정가 14,000원

차 례

역자 서문 • 8
1985년판 서문 • 15
영어판 서문 • 21

서 론
1. 자유주의 • 27
2. 물질적 복지 • 30
3. 합리주의 • 33
4. 자유주의가 추구하는 바 • 36
5. 자유주의와 자본주의 • 39
6. 반자유주의의 심리적 근원 • 44

제1장 자유주의적 정책의 기초
1. 재산 • 53
2. 자유 • 55
3. 평화 • 59
4. 평등 • 65

5. 부와 소득의 불균형 • 69
6. 사유재산과 윤리성 • 72
7. 국가와 정부 • 74
8. 민주주의 • 79
9. 힘의 원리에 대한 비판 • 83
10. 파시즘의 논거 • 89
11. 정부활동의 한계 • 96
12. 종교적 관용성 • 100
13. 국가와 반사회적 행위 • 103

제2장 자유주의적 경제정책
1. 경제의 조직 • 109
2. 사유재산과 그 비판자들 • 113
3. 사유재산과 정부 • 118
4. 사회주의의 비현실성 • 121
5. 간섭주의 • 128
6. 자본주의 : 사회조직 중 유일하게 실현 가능한 제도 • 140
7. 카르텔, 독점 및 자유주의 • 146

8. 관료화 • 153

제3장 자유주의적 대외정책
1. 국가의 경계 • 167
2. 자결권 • 170
3. 평화의 정치적 기초 • 173
4. 민족주의 • 182
5. 제국주의 • 187
6. 식민지 정책 • 191
7. 자유무역 • 198
8. 이동의 자유 • 205
9. 유럽합중국 • 213
10. 국제연맹 • 219
11. 러시아 • 223

제4장 자유주의와 정당
1. 자유주의자의 '교조주의' • 231
2. 정당 • 234

3. 의회주의의 위기와
   특수이익집단을 대변하는 것으로서의 상원제도 • 250
4. 자유주의와 특수이익집단의 정당 • 256
5. 정당선전과 정당조직 • 262
6. '자본의 정당'으로서의 자유주의 • 267

제5장 자유주의의 앞날 • 277

부 록
1. 자유주의에 대한 문헌에 관하여 • 287
2. '자유주의'라는 용어에 관하여 • 294

역자서문

오늘날 자유주의, 또는 자유주의자라는 말처럼 그 본래의 의미가 왜곡된 채 쓰이는 용어도 드물다. 자유주의라는 말은 원래 1) 자본주의 이전 시대의 생산방법을 기업생산 및 시장경제로 대체하며, 2) 절대적 전제정치 대신에 입헌 대의정부제도를 확립하고, 3) 노예제도나 농노제도를 비롯한 모든 형태의 예속 대신에 개개인의 자유를 증진시키고자 하는 일련의 위대한 정치적 지적 운동을 지칭하는 말이었다. 그러나 오늘날 정부가 행사할 수 있는 온갖 힘을 활용하여 그 사회가 지닌 제반 모순을 해결하고자 하는 사람을 가리켜서 자유주의자라고 지칭하는 데에서 알 수 있듯이 자유주의라는 말은 이제 그 본래의 의미를 상실한 채 사회주의 내지는 간섭주의를 나타내는 것으로 쓰이고 있다.

소위 자유주의자라는 사람들이 기업의 자유로운 생산활동을 통제하라고 외치며 시장을 통한 자율적인 자원분배보다는 정부의 간섭을 통한 인위적 자원배분을 지지하고 생산수단의 사적 소유에 대하여 갖가지 제한을 가하는 것이 타당하다고 주장하는 것을 보면 자유주의라는 말이 얼마나 왜곡되어 있는지 짐작할 수 있다. 진정한 의미의 자유주의(이를 고전적 자유주의라고 부르기로 하자)가 근래에 이르러 이처럼 퇴색된 것은 비단 어느 한 나라에만 국한된 것이 아니고 제1차 세계대전 이후 전세계에서 진행되어 온 사회사상의 변화를 반영하는 현상이다.

고전적 자유주의자들은 자유주의이념을 실천하는 데 있어서 생산수단의 사적 소유라는 기초 위에 개개인의 자유로운 선택을 보장해 주는 사회질서 건설의 필요성을 역설하였다. 그러한 사회질서를 건설함에 있어서 경제적으로는 기업들의 자유로운 생산활동을 보장하고 시장기구를 통한 자원의 배분을 중시하는 자본주의제도와, 정치적으로는 국민의 기본인권을 보장하는 입헌 대의정치체제를 확립하는 것이 필요하다고 보았다. 그들은 또한 정부나 국가를 개인 위에 군림하는 절대적인 존재로서가 아니라 자유주의사상이 실현되어 모든 사람이 자유와 평화 속에서 풍요롭게 살아가는 사회를 건설하는 데 필요한 하나의 장치에 불과함을 갈파하였다. 따라서 그들은 자유주의의 이상을 구현하기 위해서는 자칫 개인의 자유로운 의사결정을 방해하고 간섭하려는 속성을 지닌 정부의 활동영역을 최소화할 것을 주장하였다.

고전적 자유주의자들은 그들의 주의주장을 펴나아감에 있어서 무력을 배제하고 개개인의 자율적인 판단에 호소하고자 하였다. 자기가 옳다고 믿고 있는 바를 실현시키는 가장 좋은 방법은 총칼의 힘이나 정부가 지닌 강제력을 동원한 강압에 의해서가 아니라 보다 많은 사람들에게 자기가 지닌 주의주장이 왜 옳은지를 설명하여 납득시킴으로써 그들이 자기와 같은 생각을 갖게 하도록 유도하는 데 있다고 갈파하였다. 그들은 또한 소수에 대한 다수의 폭력을 경계하고 있으며 인류문화의 역사에서 가치를 지니는 것은 소수가 그당시의 사회를 지배하고 있던 이념에 반대해서 제시하였던 이설이 시간이 지남에 따라 사람들에게 받아들여짐으로써 꽃피워졌음을 역설하였다.

이와 같은 내용을 지니고 있었던 고전적 자유주의의 이념이 오늘날 전세계에서 퇴조를 보이는 것은 무슨 까닭인가? 그 원인을 다음의 몇 가지로 요약할 수 있을 것이다.

첫째, 어떤 일에도 따르기 마련인 새로운 사상에 대한 자연적인 반작용의 결과라 할 수 있다. 18세기에 들어와 자유주의사상이 널리 받아들여짐에 따라 기존 사회질서에 일대변혁이 이루어졌는데, 그와 같은 사회질서의 변혁을 받아들일 수 없었던 사람들은 개인의 자유보다는 전체나 국가의 의지를 보다 더 중시하는 이념에 매료되었다. 이와 같은 움직임을 부추긴 것이 헤겔Hegel의 사상을 비롯한 국가실상주의철학이었다.

둘째, 경제적으로 볼 때 고전적 자유시장경제에 대한 비판이 대두되었으며, 자본주의 경제체제의 실패라고 인식된 일련의 변혁을 거치면서 정부가 경제흐름에 깊이 개입하여 시장질서를 시정하여야 한다는 이론이 등장하였다. 특히 케인즈Keynes는 자본주의 시장경제가 그 자체로서는 불완전하기 때문에 자칫 파국으로 치단게 될 가능성이 크므로 정부가 개입하여 이를 시정하여야 하며, 또 시정할 수 있다고 주장하였다. 그의 이런 주장은 오늘날까지도 받아들여지고 있는데, 정부에 의한(정부를 통한) 간섭주의정책을 정당화시키는 계기가 되었으며, 『일반이론』의 등장 이래 경제운용에서 점하는 정부의 비중을 증대시키는 중요한 계기가 되었다.

셋째, 제2차 세계대전 이후 새로이 등장한 신생 독립국가들은 거의 예외 없이 독재정부체제를 수립했는데, 독재자는 그 속성상 자유주의의 이상을 전면적으로 부정하는 경향이 있어서 세계도처에서 자유주의의 진전을 억압하였다. 독재자에게 있어서 개인의 자유를 최대한 보장하고 국가보다는 개인을 앞세우라는 자유주의이념보다 더 두려운 것은 없으리라. 이러한 사정은 우리나라의 경우도 크게 다르지 않다.

이와 같이 볼 때 근래에 이르러 고전적 자유주의이상이 퇴조되었다기보다는 오히려 아직 이 세상 어느 곳에서도 만개할 기회를 갖지 못했다함이 더욱 더 타당하리라, 이제 역사의 흐름은 다시 그 방향을 바꾸려는 듯하다. 오늘날 세계도처에서 자유주의의 이상에 대립되는 관념이나 사회제도는 하나둘 그 힘을 잃어가고 있다. 수많은 독재권력들이 붕괴과정을 거치고 있으며, 공산주의국가들조차 동서해빙과 더불어 자본주의적 요소를 도입하는 데 노력을 기울이고 있다. 또한 옛날에 비하여 무역장벽은 세계 여러 나라에 걸쳐 현저히 낮아지고 있다.

최근에 이르러 이제까지 신성불가침이라고 여겨졌던 정부에 대하여 그 존재의의가 무엇이며 그 역할과 한계는 무엇인가 하는 문제가 활발히 논의되고 있음은 종래의 관념에서 볼 때, 큰 변혁이라 하겠다. 무엇보다도 중요한 것은 오늘날 자유주의 및 자유화 바람이 도처에서 일고 있다는 사실이다. 진정한 해방이란 남이 가져다주는 것이 아니고 자기 스스로가 자기 책임하에 자기가 행할 바를 결정하는 데서 얻어지는 것임을 점점 더 많은 사람들이 깨달아가고 있는 것이다.

그러나 이것은 시작에 불과할 뿐이다. 아직도 반자유주의적인 사고의 잔재가 너무나 많다. 빈부의 차가 여전하며 한쪽에서는 수백만명의 인류가 굶어죽어 가는데, 또 한편에서는 군비경쟁에 천문학적인 자원을 투입하고 있다. 세계곳곳에서 인권이 유린되고 있으며 인류의 적지 않은 부분이 아직도 독재정권 아래서 굴종의 삶을 살고 있다.

국내적으로 보아도 이러한 현실은 크게 다르지 않다. 우리사회에서는 아직도 유형·무형의 사회적 장치들이 개인의 자유로운 행동을 방해하며 억압하고 있다. 모든 이가 남에게 해를 주지 않는 한 자기 책임하에 자기의 의사에 따라 생각하고 말하고 행동할 수 있는 진정한 자유를 누리고 있다고는 아무도 말할 수 없으리라. 경제적기회의 불평등한 배분이 여전하며, 모든 이들의 기본권이 완전히 보장되지 못하고 있는 실정이다. 더욱이 어떠한 사회문제가 발생했을 때 국민 대다수가 정부가 나서서 그것을 해결해야 한다는 생각을 갖고 있음을 보면 개개인의 생활에 정부가 얼마나 깊숙히 개입하고 있는지 알 수 있으리라. 뿐만 아니라 최근에 이르러 생산수단의 사적 소유를 제한하는 재산의 공개념을 도입하자는 주장이 많은 지지자를 얻고 있는 것을 보면 진정한 자유주의국가의 건설은 매우 어려운 일인 듯싶다.

그렇다고 해서 자기가 해야 할 바를 포기한다면 그것은 진정한 자유주의자가 택할 길이 아니리라. 자유주의자라면 자유롭고 평화로운 사회의 건설을 위하여 자기가 믿는 바가 왜 옳다고 생각하는지를 그의 동료에게 납득시킬 수 있어야 할 것이다. 만일 그것이 불가능하다면 자유주의는 애시당초 실현가능성이 없는 공리공론에 불과

할 것이다. 사회구성원 중 보다 많은 사람들이 자유주의의 이념에 대하여 공감하고 그러한 이상이 실현되는 사회의 건설이 필요함을 인식하게 될 때에 비로소 자유롭고 평화로운 사회의 건설이 가능할 것이다.

이를 위해서는 자유주의가 무엇이며 그 장단점에는 어떠한 것이 있으며, 또 그것이 얼마나 실현 가능한 사상인지에 대하여 진지한 논의와 검토가 이루어져야 할 것이다. 이제 루드비히 폰 미제스 Ludwig von Mises의 『자유주의Liberalism』를 번역하는 것은 사람과 사람 사이의 조화와 협동을 가능하게 하는 사회질서로서 유일하게 실현 가능성이 있는 제도가 자유주의에 바탕을 둔 사회질서라는 저자의 주장에 공감하여 그러한 미제스의 사상을 단편적으로나마 국내 독자들에게 소개하고자 하는 생각에서이다.

자유주의에 관한 저서 중에서 미제스의 『자유주의』가 최고는 아닐 것이다. 또한 미제스가 자유주의사상에 관하여 가장 훌륭한 설명을 하고 있는 것도 아닐 것이다. 그럼에도 불구하고 이렇게 번역서를 내는 것은 미제스가 경제학에 있어서 자유주의철학을 가장 일관되게 반영하고 있는 오스트리아학파의 가장 뛰어난 대변자이며, 그의 『자유주의』가 다루고 있는 주제들이 오늘날의 국내현실에 대하여 시사하는 바가 클 뿐만 아니라 본서의 내용이 이 분야의 전문가는 물론 일반독자들이 이해하기 쉽도록 씌어졌다는 데 그 까닭이 있다.

미제스의 『자유주의』를 읽노라면 때때로 저자의 주장이 지나치게 외곬수가 아닌가 하는 느낌을 갖게 하는 부분이 있다. 이것은 많은 경우 미제스가 처음 이 책을 썼던 당시의 사회상이 오늘날보다 훨씬 더 암울했던 데에 원인이 있는 것으로 보인다. 미제스는 자유주의자는 자기가 옳다고 여기는 바를 설명하기 위해서일지라도 거짓이나 잠정적인 타협이라는 기회주의적인 방법을 택해서는 안된다고 믿었다.

본 역서는 미제스의 원저 *Liberalismus*(1927년)를 랄프 라이코Ralph Raico가 영역한 것을 번역한 것으로서, Foundation for Economic Education과 Cobden Press가 공동 발행한 *Liberalism in the Classical Tradition, 3rd. Edition*을 원본으로 하였다. 역자로서는 이러한 작업이 처음이어서 번역을 끝내면서 돌아보니 아무런 소양도 없으면서 어려운 일에 무모하게 달려들었다는 느낌을 떨쳐버릴 수 없다. 전편에 걸쳐 매끄럽지 못한 문장이 허다하며, 저자의 참뜻을 곡해한 곳도 많으리라 짐작된다. 독자들의 용서를 빌며 아울러 잘못을 꾸짖어 가르쳐주기 바란다.

본 역서의 출판을 가능하게 해준 여러분께 감사드린다. 특히 번역도 창작에 못지않게 중요하고 힘든 일임을 일깨워주신 여러 선생님들과 이번 작업이 가능하도록 전적으로 도움을 주신 구석모 박사께 감사드린다. 끝으로 난필을 마다하고 끝까지 원고를 읽고 교정에 참여해준 이충언, 조동호, 권충원 세 분의 도움이 없었다면 본서의 출간은 불가능했으리라는 것을 밝혀두고자 한다.

1988년 9월
난향 속에서
역자

1985년판 서문

　자유주의Liberalism라는 용어는 '자유로움'을 뜻하는 라틴어 'liber'에서 유래된 것으로서 원래는 자유의 철학을 지칭하는 말이었다. 이 책이 씌어졌던 당시(1927년)의 유럽에서는 자유주의라는 말이 그 본래의 의미를 그대로 지니고 있었기 때문에 이 책의 첫장을 연 독자라면 누구나 다 거기에서 고전적 자유주의가 지니고 있던 자유의 철학에 관한 분석에 대면하게 되리라 기대할 수 있었다. 그러나 불행하게도 근래에 이르러 '자유주의'라는 말은 이와는 전혀 다른 의미가 되어버렸다. 특히 미국에서는 철학적 사회주의자들에게 점유되어 이제는 정부의 간섭과 제반 '복지정책'들을 지칭하는 말이 되었다. 전 상원의원 조셉 S. 클라크Joseph S. Clark, Jr.가 필라델피아 시장이었을 때, 근대적 '자유주의자'의 입장을 아주 솔직하게 표현한 다음과 같은 연설을 예로 들어보자.

"허상을 단호하게 치워버리고 공허한 말장난을 피하기 위해 나는 여기에서 시, 군, 도나 주, 국가, 그리고 더 나아가 전세계에 걸쳐 사회적 정치적 경제적 정의를 실현시키기 위해 정부가 지닌 모든 권한을 활용하여야 한다고 믿는 사람을 자유주의자라고 정의한다 …… 자유주의자는 기독교의 가르침들을 실천하려고 노력하는 사회를 발전시켜 나아감에 있어서 정부가 아주 적절한 도구가 된다고 믿는다."(『아틀랜틱Atlantic』지, 1953년 7월, p.27).

'자유주의'에 관한 위와 같은 견해가 1962년경에는 너무나 일반화되어 있어서 이 책의 영역서가 처음 출간되었을 때 미제스는 이 책의 원제 *Liberalismus*를 그대로 직역하는 것이 크나큰 혼란을 가져오리라 믿었었다. 그래서 그는 이 책의 영역본을 『자유로우며 번영하는 국가The Free and Prosperous Common wealth』라고 명명하였다. 그러나 그 다음해에 이르자 미제스는 자유와 자유시장경제를 주창하는 사람들이 '자유주의'라는 말을 철학적 사회주의자들에게 양보해서는 안되겠다고 작정하였다. 그의 걸작인 『인간의 행위*Human Action*』의 제2판(1963년) 및 제3판(1966년)의 서문에서 미제스는 자유의 철학을 주창하는 이들이 '자유주의적'이라는 용어를 되찾아야 하는데, 지금까지 자유시장경제, 제한된 정부, 그리고 개인적 자유를 고양시킴으로써 근대문명을 발전시켜 온 '위대한 정치적 지적 운동을 나타내는 데에 그보다 더 적합한 용어가 없기 때문이다'라고 하였다. 이 책에서 '자유주의'라는 말이 쓰인 것은 그러한 의미이다.

루드비히 폰 미제스(1881~1973)의 저술에 대해서 잘 알지 못하는 독자들을 위하여 소개하자면, 그는 과거 수십년에 걸쳐 '오스트리아학파'의 가장 뛰어난 대변인이었다. 여기서 그를 오스트리아학파라고 부르는 이유는 미제스는 물론 그의 가장 뛰어난 선배들인 칼 멩거Carl Menger와 유진 폰 뵘 바베르크Eugen von Böhm-Bawerk가 모두 다 오스트리아에서 태어났기 때문이다. '오스트리아학파'의 가장 핵심적인 주장은 주관적 가치, 한계효용이론에 있다. 이 이론은 인간의 경제행위를 그것이 단순한 것이든 복잡한 것이든 모두 다 자기의 주관적 가치에 기초를 두고 취한 개개인의 행위에서 나온 것으로 인식한다. 이와 같은 주관적 가치이론에 바탕을 두고 미제스는 경제학의 방법론, 가치, 행위, 가격, 시장, 화폐, 독점, 정부의 간섭, 경제적 호황 및 불황 등을 설명하고 분석하였는데, 특히 그의 공헌이 컸던 것은 화폐이론 및 경제적 계산분야였다.

미제스는 1906년에 비엔나대학에서 박사학위를 취득하였다. 그의 학위논문은 "화폐 및 신용에 대한 이론The Theory of Money and Credit"이었는데 1912년에 독일어로, 1934년에 영어로 출판되었다. 그의 경제이론서 가운데 최초의 것이었다. 세계대전중에는 『사회주의Socialism』와 같은 매우 힘있는 저술을 포함한 수많은 논문과 저서를 집필한 것 말고도 오스트리아 정부의 경제자문관으로서 오스트리아 상공회의소에 정식직원으로 근무하는 한편, 비엔나대학교에 강사Private Dozent로 출강하기도 하였다. 또한 학자들을 위한 사설 학술세미나를 열기도 했는데, 그 세미나 참석자 중 수많은 사람들이 훗날 세계적인 학자가 되었다. 1962년에는 민간기구인 오스트리아 경기변동 연구소Austrian Institute for Business Cycle Research를 개설하였는데, 지금도 활동을 계속하고 있다.

독일에서 히틀러가 권력을 잡자 미제스는 오스트리아가 직면할 위험을 예견하였다. 그래서 1934년에 스위스의 국제대학원Graduate Institute of International Studies에서 직책을 맡게 되었다. 그때 『국민경제론

Nationaloekonomie』(1940)을 집필하였다. 민족주의적이며 사회주의적인 유럽에서는 이 방대한 경제서의 독일인 독자가 없었음에도 불구하고 경제원리에 대한 미제스의 훌륭한 설명은 그후 『국민경제론』의 영어판을 통해서 훨씬 더 광범위한 독자들에게 전달되었다. 그런데 『국민경제론』의 영역판이 바로 미제스가 미국인 독자들을 위하여 완전히 새로 집필한 『인간의 행동*Human Action*』(제1판, 1949년)이다.

히틀러가 지배하던 유럽에서 탈출하고자 아내와 함께 1940년 스위스를 떠나 미국으로 건너왔다. 유럽에서는 그의 명성이 아주 널리 퍼져 있었으나 미국에서는 그렇지 못하였다. 그래서 학생과 독자들을 확보하기 위하여 처음부터 다시 시작하지 않을 수 없었다. 이때부터 영어로 씌어진 그의 저서들이 출판되기 시작하였다. 『만능정부*Omnipotent Government*』 및 『관료제도*Bureaucracy*』는 모두 다 1944년에 출간되었다. 그의 걸작인 『인간행동』은 1949년에 출간되었으며 그 이후 곧 『자유를 위한 계획*Planning for Freedom*』(1952), 『반자본주의 심리*The Anti-Capitalist Mentality*』(1952), 『이론과 역사*Theory and History*』(1957), 『경제과학의 궁극적인 기초*The Ulimate Foundations of Economic Science*』(1962) 등이 출간되었는데, 이들은 모두 경제이론 분야의 주요저서이다.

1947년에 미제스는 국제적인 Mont Pelerin Society를 창설하는 데 결정적인 역할을 하였다. 그는 미국 및 남미 각국의 여러 곳에서 강의하였으며, 24년간에 걸쳐 그 유명한 뉴욕대학의 대학원 경제학 세미나를 운영해왔다. 또한 전국제조업자협회National Association of Manufacturers 고문과 경제교육을 위한 재단Foundation for Economic Education의 자문위원을 역임하기도 하였다.

미제스는 전생애를 통하여 수많은 영예를 누렸다. 그로우브 시립대학(1957), 뉴욕대학(1963), 그리고 독일의 프라이부르크대학(1964)에서

명예박사학위를 받았다. 또한 그의 공적은 1956년 모교인 비엔나대학교에서 박사학위 수여 50주년을 맞아 영구히 기념되고 '다시 수여'됨으로써 인정받았는데, 이것은 유럽의 전통으로서 똑같은 일이 1962년 오스트리아 정부에 의해서도 이루어졌다. 한편 1969년에는 미국경제학회에서 '뛰어난 회원Distinguished Fellow'으로 선출되기도 하였다.

미제스의 영향은 아직도 사려깊은 이들 사이에서 계속 전파되고 있다. 그가 유럽에 있을 때부터 가장 뛰어난 제자이며 노벨경제학상 수상자인 프리드리히 폰 하이에크Friedrich A. von Hayek는 "미제스 선생님의 영향은 이제 개인적인 범주를 넘어서고 있다 …… 선생님께서 밝힌 횃불은 매일매일 더욱 힘을 발휘하는 자유화운동을 밝혀주는 길잡이가 되고 있다"고 하였다. 또한 그의 뛰어난 제자인 뉴욕대학의 이스라엘 M. 커즈너Israel M. Kirzner 교수는 학생들에게 미친 미제스의 영향을 다음과 같이 기술하고 있다.

"지금 세계곳곳에서 분명히 나타나고 있는 오스트리아학파의 견해에 대한 열광적이고도 흥분된 관심의 부활은 미제스 선생님의 결정적이고도 절대적인 공헌이었다."

미제스는 언제나 조심스럽고 논리적인 이론가였지만, 그렇다고 해서 상아탑에만 머물렀던 이론가는 아니었다. 자유시장 경제체제하의 자유사회가 국내외적 평화와 조화를 위한 유일한 길이라는 결론에로 이끄는 그의 과학적 사고의 이론적 귀결에 따라서 그가 주장한 경제이론을 국가의 정책에 응용하지 않을 수 없다고 여겼다. 그래서 이 책 『자유주의』에서 여러가지 중요한 경제현상에 대한 간명한 설명을 하고 있다. 다른 책보다 훨씬 더 명시적으로 정부에 대한 견해와 그 아래서 자유시장경제가 원활하게 작동할 수 있는 경제적 협동의 체계를 유지하는 데 있어서 제한되기는 하나, 꼭 필요한 정부의 역할에 대해 설명하고 있다. 미제스의 견해는 오늘날에 있어서도 신선하고 근대적인 것으로 보이며, 많은 독자들은 그의 연구가 아주 시의적절함을 깨닫게 될 것이다.

세계를 지배하는 것은 사상이라는 미제스의 가르침은 그의 모든 저서에 걸쳐 반복되고 있다. 그것이 특히 격렬하게 나타난 것이 바로 본서인 『자유주의』이다. 1927년에 그는 "자유주의와 전체주의와의 투쟁에 있어서 그 궁극적인 결말은 무기가 아니라 사상에 의해서 결정될 것이다. 사람들을 파벌로 구별지으며 그들의 손에 무기를 쥐어주어 누구를 위해서, 그리고 누구에 대항해서 그 무기를 사용할 것인가를 결정짓는 것은 바로 사상이다. 무기가 아니라 사상만이 궁극적으로 저울이 기우는 방향을 결정할 것이다"라고 하였다.

이제 이 세계가 점점 더 국제적인 혼돈과 분쟁으로 빠져들어 가는 것을 막는 유일한 길은 정부를 통한 간섭을 버리고 자유주의적인 정책들을 채택하도록 납득시키는 길뿐이다.

1995년 8월
베티나 비엔 그리브즈
경제교육을 위한 재단

영어판 서문

계몽주의의 영향을 받아 형성된 새로운 사회질서 속에서는 보통 사람common man이 지고의 지위를 지닌다. 이 '평상인regular fellow'은 소비자로서 한 사회내에서 어떤 재화를 얼마나, 어떤 품질로 누구에 의해서 어떻게, 그리고 누구를 위해 생산할 것인가를 결정할 권리를 지니게 되었으며 동시에 투표권자로서 조국이 추구해나아갈 정책방향을 결정하는 주권자가 되었다. 이에 반하여 자본주의가 성립되기 이전의 사회에서는 자신보다 허약한 동료를 무력으로 복종시킬 수 있는 자가 최고의 권한을 지니고 있었다.

많은 사람들이 조롱해 마지않는 자유시장의 '기구'는 부의 획득을 가능하게 하는 방법으로서 가장 좋은 물건을 가장 싸게 공급함으로써 소비자에게 봉사하는 것만을 유일하게 허용하고 있다. 국사를 처리하는 데 있어서 이와 같은 시장의 '민주주의'에 해당하는 것이 바로 대의정치제도이다. 역사적으로 볼 때 나폴레옹전쟁에서 시작하여 제1차 세계대전이 일어나기까지의 기간이 위대했던 것은 이 시기의 가장 뛰어난 사람들이 그 실현을 위해서 부단히 애썼던 사회적 이상이 바로 자유로운 국가들로 구성된 평화로운 세계에서 이루어지는 자유무역의 창달이었다는 데 그 이유가 있다. 이 시기는 매우 빠른 속도로 그 수가 증가하고 있던 인류의 생활수준이 전례없이 크게 향상된 기간이다. 바로 자유주의의 시대였다.

오늘날 19세기 자유주의철학의 이러한 가르침은 거의 다 잊혀졌다. 유럽대륙에서는 이제 오직 소수만이 그것을 기억하고 있을 뿐이다. 영국에서는 '자유주의적'이라는 말이 사회주의자들이 내세우는 전체주의와 미세한 부분에서만 차이가 나는 일련의 계획들을 나타내는 것으로 쓰이고 있다.[1]

미국에서는 오늘날 '자유주의적'이라는 말이 모든 측면에서 자유주의가 전 세대인들에 대하여 의미하던 바와는 정면으로 대립되는 이념과 정강을 의미한다. 미국의 제멋대로 된 자유주의자는 전능한 정부의 수립을 목표로 하며 자유기업을 강력하게 반대하고 당국에 의한 전면적인 계획, 즉 사회주의를 표방하고 있다. 이들 '자유주의자'들은 그들이 러시아 독재자들의 정책을 비판하는 이유가 사회주의적이거나 공산주의적이기 때문이 아니라 단지 제국주의적이기 때문이라는 것을 강조하려 애쓴다. 평균치보다 더 많은 재산을 가진 사람에게서 재산을 빼앗거나 사유재산권을 제한하는 조치들은 모두 자유주의적이며 진보적인 것으로 여겨진다. 또한 그 의사결정에 대하여 사법부의 감시를 받지 않는 정부기구들에게 거의 무제한의 권한이 주어져 있다.

---

[1] 몇 명의 뛰어난 영국인들이 계속해서 진정한 자유주의를 주장하고 있음도 사실이다.

행정적인 횡포로 치닫고 있는 이러한 경향을 감히 비판하는 소수의 사람들은 극단주의자, 반동주의자, 경제적 왕당파, 또는 파시스트라고 낙인찍힌다. 뿐만 아니라 자유국가에서는 그와 같은 '공적公敵'의 정치적 행동이 허용되어서는 안된다고 주장되고 있다.

놀라운 일은 위에서 언급한 사상들이 청교도 조상들이나 독립선언문의 서명자들, 헌법 및 연방제를 주장하는 문서의 저자들이 지녔던 사상과 원칙의 계승과 마찬가지로 독특하게 미국적인 것으로 인식되고 있다는 점이다. 이들 소위 진보적이라는 정책들이 모두 다 유럽에서 비롯된 것이며, 19세기에 이들 정책의 가장 앞선 기수가, 미국사람이라면 아무도 그의 정책을 진보적이거나 자유주의적이라고 여기지 않을 비스마르크라는 사실을 아는 사람은 드물다.

비스마르크의 사회정책sozialpolitik이 출범된 것은 그것의 재판인 루스벨트의 뉴딜정책보다 50여 년이나 앞선 1881년이었다. 당시로서는 가장 성공적인 강대국인 독일제국의 등장과 더불어 유럽의 여타 공업국가들은 그와 같은 정책들을 그것이 마치 소수의 '거친 개인주의자들'의 희생을 바탕으로 대중에게 혜택을 주는 것인양 가장하여 채택하였다. 제1차 세계대전이 끝날 무렵에야 비로소 투표권자가 된 세대는 국가주의를 당연한 것으로 받아들였으며 '유산계급의 편견'인 자유에 대해서는 경멸심만 지녔을 뿐이었다.

35년 전 한때는 자유주의라는 이름으로 알려졌던 사회철학의 이념과 원칙들을 요약하고자 했을 때, 나의 그러한 설명이 그당시 유럽의 여러 나라에서 채택되었던 정책들이 이끌어가고 있던 분명하고도 임박한 파국을 방지할 수 있으리라는 헛된 기대를 갖지는 않았다. 내가 바라던 바는 오로지 소수의 사려깊은 사람들로 하여금 고전적 자유주의가 지녔던 목표와 그것이 이룩한 성과들에 대하여

배울 수 있는 기회를 줌으로써 다가오는 파국 이후에 자유의 정신이 부활될 수 있는 길을 준비하고자 하는 데 있었다.

1951년 10월 28일 룩셈부르크의 해밀리우스J. P. Hamilius 교수는 (러시아령 독일의) 예나에 있는 구스타프 피셔 출판사에 『자유주의Liberalismus』 1부를 주문했다. 동출판사는 1951년 11월 14일에 그 책이 한 권도 없다는 회신을 보내왔으며 덧붙이기를 "당국의 지시에 의하여 이 책은 모두 폐기되었다"고 하였다. 그 편지에는 '당국'이 나치독일인지 동독의 '민주'공화국인지 밝히지 않고 있다.

자유주의가 출판된 이래 나는 그 책에서 다루었던 문제에 대하여 더 많은 저술을 하였다. 이들 저술에서 나는 일반독자의 흥미를 저해하지 않으려는 의도에서 그 크기를 제한하였던 본서에서는 다루지 못하였던 문제들에 대하여 더 자세히 다루었다. 반면 내가 이 책에서 다루었던 문제들 중 이제는 별로 중요하지 않은 것들도 있다. 뿐만 아니라 이 책에서 다루었던 많은 정책적 문제들은 책이 쓰여졌던 당시의 정치 경제상황을 고려에 넣어야만 이해되고 정당한 평가를 받을 수 있는 것들이 다수 있다.

나는 이 책의 원본에 아무런 변경도 가하지 않았으며, 랄프 라이코Ralph Raico 박사의 번역이나 아더 고다드Arthur Goddard씨의 편집에도 아무런 영향을 미치려 하지 않았다. 나는 이들 두 부분이 영어권 독자들에게 이 책을 접할 수 있는 기회를 주고자 수고를 아끼지 않은 데 대해 깊은 감사를 드린다.

1962년 4월
뉴욕에서
루드비히 폰 미제스

서 론

1. 자유주의

　18세기와 19세기초에 걸쳐 활약한 철학자, 사회학자 및 경제학자들은 처음에는 영국과 미국에서, 그리고 유럽대륙의 여러 나라에서, 마지막으로 사람이 살고 있는 전세계의 모든 지방에서 추진되었던 사회정책의 지침이 되어온 정치적 실천방안을 만들어냈다. 그러나 이 계획은 그 어느 곳에서도 완벽하게 실행에 옮겨지지는 않았다. 자유주의의 조국이며 가장 자유로운 국가라는 영국에서조차 자유주의정책의 주창자들은 원하는 바를 모두 달성하지는 못하였다. 세계의 일부에서는 자유주의적 계획의 일부분만이 받아들여졌으며 결코 덜 중요하지 않은 다른 나라에서는 자유주의적 계획이 처음부터 거절되었거나 얼마 가지 않아 버림을 받았다. 이 세계가 자유의 시대를 한 번은 거쳤다는 것조차 지나친 과장이리라. 자유주의가 온전히 열매를 맺는 것이 한 번도 허용되지 않은 것이다.

　비록 자유주의적 사상이 최고의 위치를 점하였던 것이 짧은 기간이었으며, 또 너무 제한되어 있었다 할지라도 그것은 이 세계의 면모를 일신시키는 데 충분하였다. 놀라운 경제적 진보가 일어났던 것이다. 인류가 지닌 생산력의 방출은 생계의 수단을 몇 배나 크게 증가시켰다. 세계대전(그 자체가 자유주의정신에 대항한 오래고도 쓰라린 투쟁의 결과이며, 또 그 결과로 자유주의의 원리들에 대해 더한층 지독한 공격이 행해진 시대를 가져온)이 일어나기 직전의 세계는 그전과는 견줄 수 없을 만큼 인구밀도가 높아졌으며, 모든 사람들은 그 전 세기에서 가능했던 것과는 비교할 수 없을 정도로 잘살게 되었다. 자유주의로 인하여 초래된 번영은 그 전 시대까지만 해도 가장 가슴아픈 일이었던 유아사망률을 격감시켰으며 생활수준의 향상과 더불어 평균수명도 연장시켰다.

이러한 번영이 특권을 지닌 사람들로 구성된 선택된 계급에 대해서만 주어진 것은 아니다. 세계대전 전야의 유럽 공업국가나 미국 및 영국의 해외영토에 살고 있었던 노동자는 그때부터 그리 오래되지 않은 전 시대에 살았던 귀족보다도 더 부유하고 품위있게 살았다. 그가 원하는 대로 먹고 마실 수 있었을 뿐 아니라 자녀들을 잘 교육시킬 수 있었으며, 원한다면 그 나라에서 진행되고 있는 지적 생활 및 문화생활에 참여할 수 있었다. 만일 그가 재능과 정력을 소유하고 있었다면 아무런 어려움 없이 자신의 사회적 지위를 향상시킬 수도 있었다.

사회적 피라미드의 상층부가 대부분 태어날 때부터 부모가 지니고 있었던 부, 또는 지위에 힘입어 그자리에 있게 된 것이 아니라 좋은 조건 밑에서 자기 힘으로 차근차근 밟아 올라온 사람들로 이루어진 국가는 자유주의의 실천방안들을 받아들이는 데 가장 앞서 있었다. 전 시대에 영주와 농노를 갈라놓았던 장벽은 무너졌다. 이제는 똑같은 권리를 지닌 시민만 있을 뿐이었다. 아무도 그의 국적이나 의견, 혹은 신앙 때문에 부당한 취급을 받거나 박해받지 않았다. 국내적으로는 정치적 종교적 박해가 소멸되었으며, 국제적으로는 전쟁이 줄어들었다. 낙관론자들은 벌써 영원한 평화의 시대를 알리는 새벽이 왔음을 찬양하였다.

그러나 실제사건들은 이와 다르게 진전되었다. 19세기에 들어와 자유주의에 대한 난폭하고 강력한 반대자들이 나타나서 그동안 자유주의자들이 쟁취했던 것의 많은 부분을 말살해버렸다. 오늘날은 자유주의에 대하여 더이상 귀기울이려 하지 않는다. 영국 이외의 나라들에서는 '자유주의'라는 말이 공공연한 조롱의 대상이 되고 있으며, 영국도 '자유주의자'가 존재하기는 하지만 대부분은 이름만의 자유주의자일 뿐이다. 실제로 그들을 온건한 사회주의자라 함이 마땅하다.

지금 세계 어느 곳에서나 반자유주의적 정당들이 정권을 장악하고 있다. 이와 같은 반자유주의적 계획들은 결국에는 세계대전으로 이끌어간 거센 힘을 방출시켰으며, 수출입물량 할당제도, 관세, 이민장벽 등의 조치를 통하여 국가간의 상호고립상태를 초래하였다. 국내적으로 이와 같은 반자유주의적인 사상의 영향을 받아 사회주의 정책이 채택되었으며, 그 결과로 노동생산성이 감소되었고 동시에 궁핍과 불행이 증가되었다.

사실을 똑바로 보기 두려워 눈을 감는 사람이 아니라면 누구나 다가오는 세계경제의 위기를 알아볼 수 있게 되었다. 반자유주의는 우리를 파멸의 길로 이끌어가고 있다.

단순히 지나간 역사로 눈을 돌려 자유주의 정치가들이 주장하였던 바와 그들이 이룩한 성과가 무엇인지 알아봄으로써 자유주의의 의미와 추구하는 목표가 무엇인지 알아내려는 것은 불가능한 일이다. 자유주의가 본래 추구하던 실천방안들이 성공적으로 실행에 옮겨진 곳은 이 세상 어느 곳에도 없기 때문이다.

자칭 자유주의자들로 이루어진 정당의 정강정책이나 그 정당활동 역시 자유주의의 진정한 성격이 무엇인지를 알려주지 않는다. 이미 언급한 대로 현재 영국에서 자유주의라고 이해되고 있는 것은 자유무역을 주장하는 옛날의 실천방안들이라기보다는 오히려 토리즘(왕당주의)이나 사회주의에 더 가깝다. 자칭 자유주의자라는 사람들이 철도, 광산 및 기타 기업들의 국영화를 주장하고, 보호관세제도를 지지하는 것을 보면 오늘날의 자유주의는 이름만 남아 있는 셈이다.

   자유주의가 무엇인지 이해하기 위하여 위대한 창안자들의 저술을 읽는 것 역시 오늘날에 있어서는 충분하지 못하다. 자유주의는 완성된 주의나 고정된 독단이 아니기 때문이다. 그와는 반대로 자유주의는 과학적 가르침을 인간의 사회생활에 적용시키려는 것이다. 경제학이나 사회학, 그리고 철학이 데이비드 흄David Hume, 애덤 스미스Adam Smith, 데이비드 리카도David Ricardo, 제레미 벤덤Jeremy Bentham, 빌헬름 훔볼트Wilhelm Humboldt 등의 시대 이래 정체되지 않았음과 마찬가지로 비록 기본원리는 변하지 않았더라도 자유주의가 내세우는 바 역시 그들 시대의 것과 오늘날의 그것은 같지 않다. 근래에 이르러 한동안 아무도 자유주의의 본질적인 의미가 무엇인지 명쾌하게 설명한 사람이 없다. 이러한 사실이 우리가 지금 그러한 작업을 하고 있는 것을 정당화시켜 줄 것이다.

2. 물질적 복지

   자유주의는 전적으로 인간행위에 관한 주의주장이다. 결론적으로 말하면, 자유주의는 인류의 외부적이며 물질적인 복지를 증진시키는 것 이외에는 관심이 없으며, 인간의 내면적이며 정신적이고 형이상학적인 욕구들에 대해 직접적인 연관을 갖고 있지 않다. 자유주의가 인류에게 행복과 안심입명을 약속하는 것은 아니며, 단지 외적 사물들로 충족될 수 있는 인간의 모든 욕구를 가능한 한 풍부하게 채워

줄 것을 약속하고 있을 뿐이다.

자유주의는 그것이 이 세상의 일시적인 것들에 대하여 지니는 순전히 외형적이며 물질적인 태도로 인하여 때때로 비난받아 왔다. 사람들은 인간의 삶이란 먹고 마시는 것이 전부는 아니라고 한다. 이 세상에는 음식물이나 주거, 또는 의복에 관한 욕망보다도 훨씬 더 고상하고 중요한 욕구들이 있다.

제아무리 커다란 부라 하더라도 인간에게 행복을 주지는 못한다. 오히려 그러한 세속적인 부는 인간의 내면세계를 채우지 못하며 공허하게 만들 뿐이다. 이들에 의하면 자유주의의 가장 심각한 오류는 그것이 인간이 지닌 보다 깊고 고상한 바램에 대하여 줄 것이라곤 아무것도 없다는 데 있었다고 한다.

그러나 이와 같은 맥락에서 자유주의를 비판하는 것은 그들이 보다 더 높고 고상한 이러한 욕구들에 대하여 아주 불완전하며 물질적인 관념을 지니고 있음을 드러낼 뿐이다. 사회정책은 그것에게 주어진 수단을 사용하여 인간을 부유하거나 가난하게 만들 수는 있으되 사람들을 행복하게 하거나 가장 내면적인 바램을 만족시켜 주지는 못한다. 이에 대해서는 어떠한 외형적인 조치도 성공할 수 없다. 사회정책이 할 수 있는 일이란 고통과 고난의 외형적 원인들을 제거해주는 것일 뿐이다.

배고픈 사람들을 먹이고 헐벗은 자들을 입히며 집이 없는 이들에게 집을 마련해주는 제도를 더욱 더 발전시켜 나아갈 수는 있다. 그러나 행복이나 안분자족은 의식주의 풍요함에서 얻어지는 것이 아니다. 오직 각자가 내면적으로 소중히 가꾸어 나아가고 있는 것들에서 나오는 것이다.

자유주의가 인류의 물질적인 복지에 대해서만 관심을 쏟는 것은 그것이 정신적인 것들을 경멸하고 있기 때문이 아니라 어떠한 외형적인 규제조치로도 인간의 가장 내밀하고 고상한 것에 도달할 수는 없다는 확신 때문이다. 인간의 내면적이며 정신적인 풍요는 밖에서 주어지는 것이 아니라 마음에서 나오는 것임을 알고 있기 때문에 자유주의는 인간의 외형적인 복지만을 추구하는 것이다. 즉 자유주의는 인간의 내면생활을 발전시켜 나아가는 데 필요한 외형적 전제조건들을 마련해주는 것만을 목표로 하고 있다. 예를 들어 10세기에 살고 있었던 사람들이 겨우 연명해나갈 수 있을 만큼의 생계수단을 마련하느라 노심초사하거나 그의 적들로부터 받는 공격의 위험 때문에 하루도 마음 편할 날이 없었던 것에 비하면, 비교적 번성하고 있는 20세기인이 그의 정신적인 욕구를 훨씬 더 쉽게 충족시킬 수 있다는 것은 의심의 여지가 없다.

물론 수많은 아시아적, 그리고 중세적 기독교 종파들의 추종자들처럼 완전한 청빈생활이라는 교의를 받아들이거나, 숲속의 새나 바닷속의 물고기와 같은 청빈함과 욕망으로부터의 해방을 인간생활의 이상으로 삼고 있는 사람들에 대해서는 그들이 자유주의의 물질적 태도에 관하여 비난하는 경우에 우리가 대답할 말이라곤 아무것도 없다. 우리는 그들이 자신의 방식대로 하늘나라에 가는 것을 방해하지 않는 것처럼 우리도 우리의 방식대로 살아가게 그냥 내버려두라고 부탁할 뿐이다. 이 세상과 사람들로부터 격리되어 평화롭게 스스로를 골방 속에 가두고자 한다면 그렇게 하라.

우리 동시대인 중 압도적인 다수는 금욕적인 생활이라는 이상에 대해 이해하지 못한다. 그러므로 일단 우리가 금욕적인 생활방식을 받아들이지 않는다면 외형적인 복지증진만을 목표로 한다고 해서 자유주의를 비난할 수는 없는 일이다.

3. 합리주의

　자유주의는 이 밖에도 합리적이라고 해서 비난되기도 한다. 그것은 매사를 지나치게 합리적으로 처리하려 하기 때문에 인간사에는 감정과 일반적인 불합리성, 즉 비합리적인 것에 대하여 상당한 정도로 용인되고 또 용인되어야 마땅한 것들이 있음을 알지 못하고 있다는 것이다.
　물론 사람들이 때때로 비합리적으로 행동한다는 사실을 자유주의가 간과하는 것은 아니다. 만일 사람들이 늘 합리적으로 행동한다면 그들에게 이성에 따라 살아가라고 새삼스레 요구할 필요가 없을 것이다. 자유주의가 주장하는 바는 사람들이 언제나 지성적으로 행동한다는 것이 아니라 스스로 옳다고 판단한 이익의 추구를 위해서는 항상 지성적으로 행동하는 것이 마땅하리라는 것뿐이다. 인간행동의 다른 모든 측면에 있어서 사리에 맞게 행동한다는 것이 아무런 이의 없이 받아들여지는 것처럼 사회정책의 영역에서도 사리에 맞추어 일을 처리해나가도록 하라는 것이 자유주의의 기본입장이다.
　만일 어떤 이가 그의 의사한테서 합리적인 생활방식, 즉 위생적인 생활방식을 따르라는 말을 듣고서 "당신 말씀이 옳다는 것은 알지만 제 감정이 그것을 따르도록 허락하지 않습니다. 따라서 저는 비록 그렇게 하는 것이 불합리한 것이라 해도 건강에 해로운 지금까지의 방식대로 살고 싶습니다"라고 대답한다면 어느 누구도 그러한 행동을 칭찬할 만한 것이라고 여기지 않을 것이다. 우리는 이 세상에서 어떤 일에 착수하든 스스로 세운 목표들을 합리적으로 달성하려고 노력할 것이다. 철길을 건너고자 하는 사람이 기차가 달려오는 바로 그 순간에 철길을 건너려 하지는 않을 것이며, 단추를 달고자 하는 사람은 손가락이 바늘에 찔리지 않도록 조심할 것이다.

  이와 같이 사람들은 실질적인 일들을 처리함에 있어서 그것이 불합리한 것이 되게 하지 않으려면 어떻게 해야 하는지 알려주는 기법이나 기술을 익히고 있는 것이다. 그가 한평생 사는 동안 유용하게 쓰일 기술을 익히는 것이 바람직하다는 것은 누구나 다 인정하고 있는 것이며, 만일 필요한 기술을 익히지도 않은 채 어떠한 일에 착수하는 사람이 있다면 우리는 일을 그르칠 사람이라고 그를 조롱하게 되는 것이다.

  그러나 사회정책의 영역에 대해서만은 그렇게 되어서는 안된다고 사람들은 생각하고 있다. 여기서는 이성보다도 감정과 충동이 결정적인 역할을 해야 된다는 것이다. 어두운 밤시간 동안 훌륭한 조명을 제공해주기 위해서 어떠한 조치들을 취해야 될까 하는 문제에 대해서는 대개 합리적인 주장들을 내세워 토의를 진행시킨다. 그런데 일단 발전소의 운영을 민간인에게 맡길 것인가, 지방정부에게 맡길 것인가 하는 문제에 대한 토의에 이르게 되면 더이상 이치에 맞는 판단이 옳지 않다고 여겨진다. 이 문제에 관해서는 감상의 세계관, 다시 말하면 비이성이 결과를 정해야 된다고 한다. 우리는 공허하게 묻는다. 왜 그래야 하는가?

  가시적인 목표들을 달성하는 데 있어서 가장 적합한 형태에 따라 인간사회를 조직하는 것은 산문적이고도 사실적인 것으로서 철도의 건설이나 의복이나 가구의 생산이라는 문제와 크게 다르지 않다. 국가나 정부의 일들이 인간행동의 다른 실제적인 것들보다 더 중요한 것은 사실이다. 사회질서는 다른 모든 것의 기초를 이루며 각자가 그의 목표를 달성할 수 있는 것은 그러한 일이 가능토록 허용하는 사회에서만 있을 수 있는 일이기 때문이다. 그러나 정치적 사회적 문제들이 아무리 고귀하다 하더라도 그들은 그래봐야 인간이 통제할 수 있는 일에 관한 것이고, 따라서 인간이성의 법칙에 의해서 판단되어져야 할 것이다. 그러한 일에 관해서 신비주의를 따르는 것은 일상적인 일에 대하여 그러한 것에 못지않게 해를 줄 뿐이다.

우리가 어떤 사물에 대해 이해하는 능력은 매우 제한되어 있으며, 우주의 궁극적이고도 심오한 비밀을 발견할 수 있으리라고 기대할 수는 없을 것이다. 그러나 우리가 아무리 애써도 삶의 의미와 목적이 무엇인지에 대해 알 수 없다고 해서 전염병을 예방하는 조치를 취하거나 스스로를 입히고 먹이는 데 합당한 수단을 강구하지 못하는 것이 아닌 것과 마찬가지로, 그것이 우리가 달성하려는 세속적인 것들을 가장 효과적인 방법으로 얻을 수 있도록 사회를 조직하는 것을 방해하는 것도 아니다.

국가나 법률제도, 정부나 그 관리조차도 우리에게는 그것들을 합리적인 논의 속에 끌어들일 수 없을 만큼 지나치게 고상하거나 위대한 것이 되지는 않는다.

사회정책의 문제는 사회적 기술의 문제로서 그 해결은 다른 기술적인 문제들을 해결하고자 할 때와 마찬가지로 우리들이 지니고 있는 수단과 방법을 사용하여 그 해결책을 찾아야 할 것이다. 즉 합리적인 숙고와 주어진 조건의 성찰에 의해서 그 해결책을 강구하여야 할 것이다.

사람이 사람다운 모든 것, 그리고 사람을 동물보다 낫게 하는 모든 것은 다 이성의 산물이다. 왜 인간이 사회정책의 세계에서만은 이성의 사용을 버리고 불명확하고도 분명하지 않은 감정과 충동에 따라야 한다는 것인가?

4. 자유주의가 추구하는 바

자유주의가 여타의 정치활동과 구별되는 것은 그것이 사회 일부분(유산계급, 자본가 및 기업가)의 이익을 다른 계층의 그것보다 중시하는 데 있다는 생각이 널리 퍼져 있다. 이러한 주장은 완전히 틀린 것이다. 자유주의는 언제나 어떤 특정집단이 아닌 전체를 위하여 좋은 것이 무엇인지 생각해왔다. 바로 그것이 영국의 공리주의자들이 주장한, 비록 썩 잘된 표현은 아니지만, 아주 유명한 '최대다수의 최대행복'이라는 표어로서 나타내고자 한 바이다. 역사적으로 볼 때 자유주의는 어떤 특정집단이 아닌 모든 이의 복지를 증진시키고자 한 최초의 정치적 운동이다. 자유주의가 그것과 똑같이 모든 이의 선을 추구하는 것이 목표라 하는 사회주의와 다른 것은 그것이 추구하는 목적에서가 아니고 그것을 달성하기 위하여 선택한 방법에서이다.

만일 자유주의적 정책의 결과가 사회의 어느 특정계층의 이익만을 대변하고 있거나 결국은 그렇게 되고야 말 것이라고 주장한다면 이것은 보다 상세히 논의해보아야 할 문제이다. 이제 그러한 비판이 결코 타당하지 않다는 것을 보이려는 것이 이 책의 한 책무이다. 그러나 우리가 처음부터 그런 의문을 제기하는 사람을 부당하다고 간주할 필요는 없을 것이다. 그의 견해가 잘못된 것이라고 생각하기는 하지만 그렇더라도 그것이 가장 성실한 의도에서 제기된 것일 수도 있기 때문이다. 어떻든간에 자유주의를 이와 같이 공격하는 사람들은 자유주의의 의도가 불편부당하며, 또 자유주의는 스스로가 그렇다고 얘기하는 것 이상으로는 바라는 바가 없음을 인정하고 있는 셈이다.

　자유주의가 일반적인 복리후생이 아니라 특정계급의 특수한 이익만 증진시키려 하기 때문에 나쁘다는 사람은 이와는 전혀 다른 경우이다. 그러한 비판가는 불공정할 뿐 아니라 무식하다고 하겠다. 그는 그런 공격방법을 택함으로써 자신의 주장이 근거가 박약함을 속으로 잘 알고 있다는 것을 드러내고 있다. 다른 방법으로는 도저히 성공할 수 없으므로 독무기를 가로채 잡는 것이다.

　만일 어떤 의사가 그의 환자에게 그가 죽어도 좋을 만큼 먹고 싶어하는 음식물이 건강에 해롭다는 것을 깨우쳐준다 해도 다음과 같이 얘기할 만큼 어리석은 사람은 없을 것이다.

　"저 의사는 환자에게 좋은 게 무엇인지 상관않는구나. 만일 환자가 잘되길 바란다면 그가 그렇게 맛있는 음식을 즐긴다 해서 불평하지 않을 텐데."

　우리는 누구나 다 의사가 환자에게 유해한 음식을 주는 즐거움을 희생하라고 충고하는 것이 오로지 환자 자신의 건강을 해치지 않으려는 것임을 알고 있다. 그런데 문제가 사회정책에 관한 것에 이르게 되면 그것이 위의 경우와는 다른 것이라 여기기 쉽다. 만일 어떤 자유주의자가 있어서 대중적인 인기가 있는 정책에 대하여 그것이 결국은 해로운 결과를 가져올 것으로 기대되기 때문에 채택하지 말라고 충고한다면, 그는 인민의 적으로 간주되는 데 반하여 나중에 올 해악을 고려하지 않고 당장의 편리함에 따라 그런 정책을 채택하도록 권유하는 선동가에게는 칭찬이 쏟아진다.

　이치에 맞는 행동은 그것이 잠정적인 희생을 요구한다는 사실에서 비합리적인 행동과 구별된다. 여기서 얘기하는 잠정적인 희생이란 표면적인 희생일 뿐이다. 그것은 나중에 나타나는 더 좋은 결과에 압도될 것이기 때문이다. 어떤 사람이 맛은 있으나 영양가가 없는 음식을 피한다면 그는 잠정적이고 표면적인 희생을 하는 것에 불과하다. 그 희생의 결과(그의 건강에 해가 미치지 않았다는)가 그가 진 것이 아니라 오히려 이겼음을 나타낸다. 그러나 이런 식으로 행동하려면 자기 행동의 결과가 무엇인지를 꿰뚫어보는 혜안이 필요하다.

선동가들은 바로 이런 점을 이용한다. 그는 단지 잠정적이며 겉으로만 그럴 뿐인 희생을 요구하는 자유주의자를 반대하며 그를 인민의 적이라고 비난하는 한편, 자기자신은 인류의 벗이라고 내세운다. 자기가 주창하는 조치들에 대한 지지를 받아냄에 있어서 그는 청중의 마음을 사로잡는 법을 알고 있으며 욕망과 불행에 대해 언급함으로써 청중을 눈물 속에 빠뜨릴 줄 안다.

반자본주의적 정책은 자본을 소모하는 정책이다. 그것은 미래를 희생하여 현재를 보다 더 풍요하게 만들도록 권고한다. 이것은 우리가 위에서 예로 들었던 환자의 경우와 같다. 양자의 경우 모두 비교적 심각한 미래의 불이익이 비교적 풍성한 당장의 만족과 대립되어 있다. 그런 경우에 문제가 되는 것이 마치 동정심이 없는 완고한 마음과 자선심이 대립인 것처럼 말하는 것은 말할 것도 없이 부정직하며 진실되지 않은 태도이다. 그런데 그러한 비판을 하는 것이 반자본주의적 정치나 신문에만 국한되어 있는 것은 아니다. 사회정치학파의 저술가들이 이와 같은 야비한 공격방법을 사용하였다.

보통의 신문독자라면 자기도 모르는 사이에 그렇다고 믿어버리기 쉬운 것과는 달리 이 세상에 아직도 궁핍과 불행이 존재하고 있다는 사실 자체가 자유주의에 대한 비판의 근거가 되는 것은 아니다. 자유주의가 없애고자 하는 것이 바로 궁핍과 불행이며 그러한 목표를 달성하는 데 적합하리라고 생각하는 수단을 제안하고 있는 것이다. 만일 누구든지 그러한 목표를 달성하는 데 이보다 낫거나, 이와는 다른 방법이 있다고 생각한다면 그런 증거를 대도록 하라. 자유주의가 한 사회의 구성원 전체의 이익을 위하는 것이 아니라 단지 특수한 집단의 이익만 추구한다는 주장은 결코 그러한 증거를 대신하는 것이 되지 못한다.

설령 오늘날의 세계가 자유주의적인 정책을 따르고 있다 하더라도 이 세상에 아직도 궁핍과 불행이 존재한다는 사실이 자유주의에 대해 반대하는 논거가 될 수는 없을 것이다. 다른 정책이 채택되었더라면 이보다 더한 궁핍과 불행이 있지 않았으리라는 것은 아무도 모르는 일이다. 오늘날 세계의 구석구석에서 반자본주의정책에 의해 사유재산제도가 제한되고, 또 제약받고 있음을 생각한다면 현재의 경제적 상황이 우리가 바라는 바와 같지 않다고 해서 자유주의적인 원리의 정확성에 대하여 비판하는 것은 참으로 어리석은 일이다. 자유주의와 자본주의가 달성한 바가 무엇인지 정확히 알고자 한다면 현재의 이 세상의 여건과 중세기, 혹은 근세의 처음 몇 세기에 있어서의 생활여건을 견주어 보아야 할 것이다. 자유주의와 자본주의를 완전히 자유롭게 꽃피울 수 있었다면 무엇을 달성할 수 있었을까에 대해서는 오로지 이론적인 고찰을 통해서만 짐작할 수 있을 뿐이다.

5. 자유주의와 자본주의

자유주의의 원리들을 실행에 옮기고 있는 사회를 흔히 자본가적 사회라고 부르며, 또 그러한 사회의 조건을 자본주의라 칭한다. 그간 자유주의의 경제정책은 어느 곳에서나 그저 대략적으로만 실행에 옮겨졌을 뿐이므로 오늘날 이 세계가 지니고 있는 현실적 상황들은 자본주의가 만개했었더라면 그것이 어떤 의미를 지니며, 또 어떤 성과를 지녔겠는지에 대하여 불완전한 개념만 제공해줄 뿐이다. 그럼에도 오늘날의 세계를 자본주의적 시대라고 부르는 것은 타당하다고 본다. 우리시대의 부를 창출한 모든 것의 근원을 자본주의적 제도에서 찾을 수 있기 때문이다. 우리사회에 아직도 살아 있는 자유주의적 사고와 자본주의적 제도 덕분에 우리 동시대인들이 단 몇 세대 전만 하더라도 부자나 선택된 사람들만이 누릴 수 있었던 생활수준을 훨씬 넘어서는 삶을 향유할 수 있는 것이다.

말할 것도 없이 선동가의 통속적인 변론에 의하면 이러한 사실들이 전혀 다르게 표현된다. 그들의 얘기를 듣고 있노라면 생산기술의 진보가 모두 다 선택된 소수의 이익만 증진시킬 뿐 대중은 점점 더 궁핍 속으로 빠져 들어간다고 생각하기 쉽다. 그러나 조금만 깊이 생각해보면 기술 및 산업의 진보가 맺은 열매가 대중의 욕구를 충족시키는 데 있어서 하나의 진전을 가져오고 있음을 알 수 있다. 소비재를 생산하는 모든 큰 산업들은 직접적으로 소비자의 이익을 위하여 공헌하며 기계와 반제품을 생산하는 산업들은 간접적으로 그렇게 하고 있다.

지난 수십년간에 이룩된 위대한 산업의 발전은 18세기에 있어서의 '산업혁명'(별로 잘 지어진 이름은 아니다)이라는 산업의 진보나 마찬가지로 대중이 필요로 하는 바를 보다 더 잘 충족시키도록 하고 있다. 바로 이러한 산업들 덕택에 오늘날의 대중이 전례없이 잘 입고 잘 먹을 수 있게 된 것이다. 그러나 대중생산은 음식물, 주거 및 의

복을 해결해주는 것뿐 아니라 무수히 많은 다른 필요한 것들도 마련해준다. 오늘날 신문은 영화산업 못지않게 대중에게 봉사하며, 극장이나 그와 유사한 예술의 철옹성들도 매일 매일 대중오락의 장소가 되어가고 있다.

그럼에도 불구하고 사실을 비꼬아 뒤집어놓은 반자유주의적 집단의 열광적인 선동의 결과 오늘날의 많은 사람들은 점점 더 불행과 가난으로 빠져 들어가는 세상의 모습에 자유주의와 자본주의를 결부시키게 되었다. 물론 아무리 열심히 남을 깎아내리는 선동일지라도 선동가들이 바랐던 것처럼 '자유주의적', 그리고 '자유주의'라는 말들이 전적으로 경멸적인 의미를 지니게 하지는 못하였다. 반자유주의적 선동에도 불구하고 '자유스러움'이라는 말을 들었을 때 정상적인 사람이라면 느끼는 감정을 그들의 분석으로부터 배제시킬 수는 없었다.

따라서 반자유주의적 선동가들은 '자유주의'라는 말을 되도록 사용하지 않고 자유주의적 제도에 대해 그들이 지니고 있는 경멸을 '자본주의'라는 말에도 결부시켰다. 그 결과 자본주의라는 말은 이제 스스로를 부유하게 만드는 것외에는 관심이 없는, 비록 동료들을 착취함으로써만 그것이 가능하다 하더라도, 돌처럼 굳은 마음을 지닌 자본가를 연상시키게끔 되었다.

자본가에 대한 개념을 형성함에 있어서 진정한 자유주의적 원칙에 따라 조직된 사회에서는 기업가와 자본가가 부자가 될 수 있는 길이 단 하나, 즉 그의 동료들이 원한다고 생각되는 것들을 보다 더 잘 제공해주는 길밖에 없다는 사실을 어느 누구도 깨닫지 못한다. 대중의 생활수준의 착실한 향상과 연결시켜서 자본주의를 논하는 대신에 반자유주의적 선동은 오로지 자본주의에 대해 가해진 제약 때문에 나타난 형상들을 지칭할 때만 자본주의를 들먹인다. 자본주의 덕분에 일반대중이 꼭 필요한 음식물뿐 아니라 아주 즐거운 사치품인 설탕도 즐길 수 있게 되었음은 전혀 언급되지 않으며, 다만 카르텔로 인하여 국내 설탕가격이 세계시장 가격보다 높아진 사실과 결부시켜서만 언급된다. 마치 그런 일이 자유주의적 원칙들이 실행에 옮겨진 사회질서 속에서도 가능한 것처럼 말이다. 자유주의적 정부가 정권을 갖고 있으며 관세가 존재하지 않는 나라에서는 카르텔이 상품의 가격을 국제시장 가격보다 높이 올릴 수 있다는 것은 생각조차 할 수 없는 일이다.

반자유주의적 선동이 반자유주의적 정책에서 연유한 모든 지나침과 좋지 않은 결과들을 자유주의와 자본주의에 떠맡기는 것은 다음과 같은 일련의 사고를 통해서이다. 우선 그들은 자유주의적 원칙들이 여타 국민의 희생 위에 자본가와 기업가의 이익만을 증진시키는 것을 목표로 하고 있다는 가정과 자유주의는 가난한 이들보다는 부자들에게 더 혜택을 주는 정책이라는 가정에서 출발한다. 그리고는 많은 기업가와 자본가들이 어떤 경우에는 보호관세를 주장하며, 또 다른 경우에는 군비산업인 '국가적 전쟁준비' 정책을 지지하는 것을 예로 들어 곧바로 이것들이야말로 '자본가적' 정책이라고 결론내린다.

그러나 사실은 이와 전혀 다르다. 자유주의는 어느 특정집단만의 이익을 위한 것이 아니라 모든 인류의 이익을 증진시키려는 정책이다. 따라서 기업가나 자본가가 자유주의를 지지하는 데 있어 남다른 이해관계를 갖고 있다는 주장은 잘못이다. 그들이 자유주의적 조치들을 지지함으로써 얻고자 하는 이익은 다른 모든 사람들의 그것과 동일하다.

경우에 따라서는 일부의 자본가나 기업가가 그들만의 예외적인 이익을 내세우면서 자유주의적 조치라는 옷을 입히기도 할 것이다. 그러나 이에 대항하여 거기에는 항상 다른 기업가나 자본가의 특수한 이익이 대립되기 마련이다. 어느 곳에서나 '이해관계'와 '이익집단'의 냄새를 맡는 이들이 상상하는 것처럼 문제가 그렇게 간단하지는 않다.

어떤 나라가, 예를 들어 철강재에 관세를 부과하는 것을 그것이 철강재벌에게 이익을 준다는 사실만 갖고 '간단히' 설명할 수는 없다. 그 나라에는 이에 상반되는 이해관계를 지닌 사람들이 (기업가들 중에서도) 있다. 또 어떻든간에 철강에 대한 관세로 이익을 보는 자는 그 수가 지속적으로 줄어드는 소수에 불과하다. 그렇다고 해서 뇌물 공여로 그러한 사실을 설명할 수도 없다. 뇌물을 받는 자 역시 소수일 뿐이며, 또 보호주의자가 뇌물을 준다면 그의 반대자인 자유무역주의자들이 그렇게 하지 못할 이유가 무엇이겠는가? 사실을 말하자면 보호관세가 가능하도록 한 이념은 '이익집단'이나 그들에 의해서 뇌물을 받은 자가 만들어낸 것이 아니라 제반 인간사의 나아갈 방향을 결정하는 데 영향을 미치는 사상을 제공해주고 있는 이념가들에 의해서 만들어진 것이다.

반자유주의적 사고가 팽배하고 있는 현재의 세계에서는 거의 모든 이들이 그런 방식으로 생각하는데, 이것은 마치 1백 년 전의 사람이 당시 유행하던 자유주의적 관념에 따라 생각하던 것과 비슷한 일이다. 오늘날 많은 기업가들이 보호관세를 주장한다면 그것은 반자유주의적 사고가 그런 식으로 발현된 것이지 자유주의와는 무관한 것이다.

6. 반자유주의의 심리적 근원

사회적 협동이라는 문제에 대하여 합리적인 논쟁이 아닌 다른 방법으로 논의하는 일은 본서가 지닌 과제가 아니다. 그런데도 자유주의에 대한 반대의 근원을 규명하는 일은 이성을 따르는 방법에 의해서는 접근이 불가능하다. 그러한 반대는 이성적인 사고에서 나온 것이 아니라 병적인 정신태도인 원망심과, 그런 이름을 지닌 프랑스 사회주의자를 따라서 퓨리에Fourier 복합감정이라는 신경쇠약증에 기인한 것이기 때문이다.

원망심이나 시새움에 관해서는 별로 얘기할 것이 없다. 만일 어떤 사람이 다른 사람이 자기보다 나은 조건에 있는 것을 매우 미워하는 나머지 자기가 미워하는 사람에게 손해를 가져올 수만 있다면 스스로에게 큰 손해를 주는 일도 감내하겠다고 생각한다면, 그게 바로 원망심이 작용하고 있는 것이다. 자본주의를 공격하는 많은 사람들은 다른 제도하에서는 그들의 처지가 그보다 훨씬 더 못하리라는 것을 잘 알고 있다. 그럼에도 불구하고 그런 사실을 잘 알고 있으면서도 그들은 개혁, 즉 사회주의를 주장한다. 그들이 시기하고 있는 부자들도 사회주의 아래서 고통받기를 바라고 있기 때문이다. 어느 누구도 자기 이웃보다 더 나은 생활을 하지 않고 있음을 모든 사람들이 깨닫게 될 것이기 때문에 물질적인 궁핍조차도 사회주의 아래서는 참기 쉬울 것이라는 얘기를 우리는 너무나 자주 들어왔다.

어떻든 원망심은 합리적인 논쟁을 통하여 다루어질 수 있을 것이다. 무엇보다도 중요한 것은 자기보다 나은 위치에 있는 사람의 형편을 나쁘게 만드는 것이라기보다는 스스로의 처지를 개선하는 것임을 원망심에 가득찬 이에게 설득시키는 일은 그렇게 어려운 일이 아닐 것이다.

퓨리에 복합감정은 이에 비하여 다루기 어렵다. 여기에 관계되는 것은 신경계통의 심각한 질병, 즉 정신분열증이기 때문에 사실 입법가가 아니라 심리학자가 관심을 지녀야 할 대상이다. 그렇지만 근대 사회가 지니고 있는 문제를 이해함에 있어서 그것을 소홀히 할 수는 없다.

불행히도 의학자들은 아직까지 퓨리에 복합감정에서 나오는 문제를 거의 다루지 않았다. 이런 종류의 정신적 결함에 대하여 체계적이고도 조직적으로 이해할 수 있는 길을 열어준 것이 정신분석학임에도 불구하고 심리학의 큰 스승 프로이드나 정신분열증을 연구하는 많은 학자들은 이런 문제에 대하여 주의를 기울이지 않았던 것이다.

인생의 야망을 모두 다 채울 수 있는 사람은 1백만 명 중의 하나도 안될 것이다. 한 사람의 노동의 결과는, 비록 그가 운이 좋았다 하더라도, 젊은 시절 넘치는 희망의 꿈을 통하여 기대를 가졌던 것에는 훨씬 못 미친다. 계획과 꿈은 수만가지 방해물에 부딪혀 깨어지며 마음먹었던 일을 성취하기에는 스스로의 힘이 너무나 미약함이 입증된다.

바라는 바를 얻지 못하는 실패, 계획의 좌절, 반드시 이루고자 했던 과업에 비추어 너무나 부족한 자기자신, 이런 것들이 한 사람에게 가장 고통스러운 경험을 이룬다. 그러나 이런 것들은 사실 사람들의 일상적인 운명인 것이다.

우리가 이런 경험에 대하여 반응하는 데는 두 가지 길이 있다. 그 하나는 괴테의 지혜 속에 나타나 있다.

> 너는 내가 내 삶을 미워하고
> 황야로 도망쳐야 된다고 생각하느냐
> 내 꿈의 봉오리들이 모두
> 피어나지 않았다고 해서?

이렇게 그의 프로메테우스는 외친다. 그리고 파우스트는 그의 '지고의 순간'에 '지혜의 마지막 말'은 다음과 같은 것이 되어야 한다고 깨닫는다.

> 아무도 자유로움이나 목숨을
> 누릴 자격이 없다네.
> 그가 매일매일 그것들을
> 새롭게 쟁취하지 않는다면

그러한 의지나 정신은 어떠한 지상의 불행으로도 소멸시킬 수 없다. 인생을 있는 그대로 받아들이며, 또 그것에 의하여 압도되는 것을 허용치 않는 사람은 자신감이 깨어졌다고 해서 '목숨을 건져주는 거짓말'의 위안 속에서 도피처를 찾지는 않는다. 바라던 성공이 오지 않고 수년간의 피나는 노력을 통하여 쌓아올린 것이 운명의 장난으로 순식간에 허물어진다 해도 그는 배전의 노력을 기울일 뿐이다. 그는 절망에 빠지지 않고도 파멸을 직시할 수 있는 것이다.

정신질환자는 생을 그 실제의 모습대로 받아들이지 못한다. 그것을 참아나가는 데 있어서 그는 다른 건강한 사람처럼, '모든 일에도 불구하고 계속해 나아가는' 심장을 갖고 있지 못하다. 그것은 그의 취약성에 어울리지 않는다. 그 대신 그는 망상 속에서 도피처를 찾는다. 프로이드에 의하면 망상이란 '그 자체가 바람직한 위안의 일종'이며 그것은 '논리와 현실에 의한 공격에 대한 저항'으로 특징지어진다. 그러므로 그것이 얼마나 환자에게 우스꽝스러운 일인지 증명함으로써 그의 망상에서 벗어나게 하려는 것은 결코 만족스러운 처방이 되지 않는다. 회복하려면 환자 자신이 그것을 극복해야 한다. 그는 그가 왜 현실을 직시하지 않으려 하는지, 왜 그가 망상 속에서 도피처를 찾으려 하는지 이해하도록 해야 할 것이다.

신경쇠약이론에 의해서만 퓨리에즘이 왜 그리 많은 이에게 영향을 미치고 있는지 설명할 수 있을 것이다. 이곳은 퓨리에의 저술을 인용하여 그가 정신병자였음을 입증하는 자리가 아니다. 그런 설명은 정신분석학자들이나 저속한 공상소설을 읽음으로써 즐거움을 맛보는 사람들에게만 흥미있는 일이 될 것이다. 그런데 마르크시즘에 대하여 뻔뻔스러운 변증법적 수사학이나 적들에 대한 경멸과 명예훼손을 떠나서 문제가 되고 있는 일에 대하여 조금이라도 의미있는 얘기를 하도록 요구하는 경우 마르크시즘이 제시하는 것은 '몽상가'인 퓨리에가 제시했던 것과 크게 다르지 않다.

마르크시즘은 퓨리에가 이미 그랬던 것처럼 우리의 모든 경험과 이성적인 사고에 배치되는 두 가지 가정을 세우지 않고서는 사회주의사회의 영상을 건설하지 못한다. 우선 마르크시즘은 '인간의 생산적인 노력을 요하지 않으면서 자연계에 이미 존재하고 있는' 생산의 '하부구조'가 우리들이 쓰기에 넘치도록 아주 풍부하므로 그 사용을 절약할 필요가 없다고 가정한다. 따라서 마르크시즘은 '실질적으로 무한한 생산의 증대'가 가능하다고 믿는다. 또한 마르크시즘은 사회주의국가에서는 일이 '무거운 짐에서 즐거움으로' 바뀔 뿐 아니라 '인생의 가장 원초적인 필수사항'이 된다고 가정한다. 모든 재화의 흐름이 넘쳐흐르며 일하는 것이 즐거움인 세상에서는 의심할 나위 없이 환락향의 건설이 손쉬울 것이다.

마르크시즘은 그 자신이 '과학적 사회주의'의 높은 봉우리에 서서 낭만주의나 낭만주의자들을 경멸심으로 내려다볼 수 있다고 생각한다. 그러나 실제에 있어서는 그들 자신이 취하는 방법이 낭만주의자들과 다를 바가 없다. 자기가 바라는 바를 달성함에 있어서 방해가 되는 것들을 제거하는 대신에 마르크시즘 역시 모든 방해물의 공상의 안개 속에서 저절로 사라져 주기를 바라고 있는 것이다.

정신질환자의 삶에 있어서 '목숨을 건져주는 거짓말'은 두 가지 기능을 지닌다. 그것은 그 자신이 저지른 지나간 실수에 대한 위안이 될 뿐 아니라 미래의 성공이라는 기대를 갖게 해준다. 현재 우리가 관심을 지니고 있는 사회적 실패의 경우에 있어서 자기가 바라던 고귀한 이상을 달성하지 못한 것이 자신의 부족함 때문이 아니라 사회질서의 결함 때문이라고 하는 데에서 위안을 찾는다. 불만을 가진 자는 기존제도를 뒤집어엎음으로써 여지껏 방해받았던 자신의 성공을 얻을 수 있으리라고 기대한다. 따라서 그가 바라는 이상향의 건설이 불가능하며 분업의 원리에 따라 조직된 사회의 유일한 초석이 생산수단의 사유제도임을 그에게 분명히 인식시키려 함은 헛된 일이다.

정신질환자는 그가 지닌 '목숨을 구해주는 거짓말'에 집착하여 그가 그것과 논리 사이에서 선택해야 한다면 주저없이 논리를 희생한다. 사회주의사상 속에서 그가 찾을 수 있는 이러한 위안이 없다면 삶이 너무나 견디기 어렵기 때문이다. 그러한 거짓말은 자신의 실패가 자기 때문이 아니라 이 세상이 잘못되어서 그리 된 것이라고 말하며, 또 그런 확신에 의해 억눌렸던 자신감이 살아나고 열등감의

찢는 듯한 고통에서 스스로를 해방시킬 수 있는 것이다.

독실한 기독교인이 이 세상에서의 첫째가 꼴찌가 되고 꼴찌가 첫째가 된다는 다음에 올 더 나은 세상에서 그가 살 수 있으리라는 희망에서 현세에서 당하는 고통을 보다 쉽게 이겨낼 수 있듯이, 현대인에게 있어서 사회주의는 지상의 환난을 피하게 하는 생명수가 된다. 그런데 영구히 살며 내세의 갚음이 있고 부활하리라는 믿음은 보람된 삶을 살도록 하는 데 비하여 사회주의가 약속하는 것은 이와 전혀 다르다. 그것은 사회주의정당에 대한 정치적 지지 이외의 다른 의무를 부과하지 않지만 동시에 기대와 욕구를 증대시킨다.

이런 것이 사회주의의 특성이기 때문에 사회주의를 따르는 이들이 거기에서 이제까지 자신에게 거절되었던 바로 그것을 얻으려 함은 이해할 수 있는 일이다. 사회주의 저술가들은 모든 이에게 부를 약속할 뿐 아니라 모든 사람에 대한 사랑, 각자의 정신 및 신체의 완전한 발달, 모든 사람이 지닌 예술적 과학적 재능의 만개 등을 약속한다. 트로츠키는 최근 사회주의에 바탕을 둔 사회가 '평균적인 인간을 아리스토텔레스, 괴테, 또는 마르크스와 같은 높이로 끌어올리며 이들로 이루어진 산맥 위로 새로운 봉우리가 솟아나게 할 것이다'라고 기술했다.[1]

사회주의적 이상향은 온전히 행복한 초인들로 이루어진 완전무결의 왕국이 될 것이라고 한다. 사회주의의 문헌은 모두 다 그러한 넌센스로 가득차 있다. 바로 이러한 넌센스가 가장 많은 지지자를 얻어낸다.

퓨리에 복합감정으로 고통받는 사람들을 전부 다 정신분석가에 보내기에는 그 병에 걸린 자가 너무 많다. 이 경우에는 환자 스스로

---

[1] Leon Trotsky, *Literature and Revolution*, trans. by R. Strunsky(London, 1925), p.256.

병을 고치는 방법외에 다른 치료책이 없다. 스스로의 깨달음을 통하여 그는 모든 비난을 퍼부을 수 있는 속죄양을 찾는 대신에 삶에 있어서 그 자신의 운명을 받아들이는 법을 배워야 하며, 사회적 협동의 기본법칙이 갖는 의미를 깨닫도록 애써야 할 것이다.

제1장

자유주의적 정책의 기초

1. 재산

　인류사회란 협업을 도모하기 위한 사람들의 집합체이다. 서로 연결되지 않은 각자의 행동에 반하여 분업의 원칙에 기초를 둔 협업은 생산성을 증대시킨다는 이점을 지닌다. 만일 일단의 사람들이 분업의 원리에 따라 협력하며 일한다면 그들은(다른 조건이 같은 한) 자급자족으로 생산할 수 있었던 양을 합한 것에 해당하는 것은 물론 그보다 훨씬 더 많은 것을 생산할 수 있다. 모든 인류의 문명은 바로 이런 사실에 토대를 두고 건설되었다. 분업이 인간을 여타의 짐승과 구별짓는 요소라 할 수 있다. 육체적인 힘에서 보면 다른 짐승들보다 훨씬 더 연약한 인간으로 하여금 지상의 주인이며 놀라운 기술의 창조자가 되게 한 장본인이 바로 분업이다. 분업이 아니었더라면 오늘날의 우리가 수천년, 혹은 수만년 전의 조상들보다 어느 면에서 보든지 나아진 바가 없었을 것이다.

　인간노동 그 자체만으로는 복지를 증진시키기 어렵다. 결실을 맺기 위해서는 자연이 우리에게 준 이 지구상의 물질과 자원에 대해 노동력이 쓰여져야 한다. 그 안에 들어 있는 모든 종류의 유용한 물질과 힘으로 대변되는 토지와 인간의 노동은, 그들 서로간의 의도적인 협력을 통하여 인간의 외형적 욕구를 충족시켜 주는 모든 것을 창출해내는 두 가지 기본적 생산요소를 이룬다. 생산을 하려면 노동과 물질적 생산요소를 투입하여야 하는데, 물질적 생산요소에는 인간이 원하는 대로 사용하도록 자연이 주어 지구상에서 발견되는 대부분의 원료와 자원은 물론 이미 이전에 투입된 노동을 통하여 일차적 원재료에서 생산해낸 중간재도 포함된다.

경제학 용어로는 생산요소를 세 가지로 구별하는데, 노동·토지·자본을 말한다. 토지라는 생산요소에는 인간이 원하는 대로 쓸 수 있도록 자연이 인간에게 준 것으로서 지구의 표면은 물론 땅속, 물속, 그리고 하늘에 존재하는 모든 종류의 유용한 자원과 힘이 포함된다. 자본재에는 기계, 도구 모든 종류의 반제품과 같이 토지와 노동의 힘으로 생산되어 더 많은 생산을 위하여 쓰여지는 모든 중간재가 포함된다.

이제 분업에 바탕을 둔 두 가지 상이한 인간협동 조직(하나는 생산수단의 사유에 기초를 두고 있고, 또다른 하나는 생산수단의 공동소유에 바탕을 두고 있는)에 관하여 생각해보기로 하자. 후자는 사회주의, 또는 공산주의라 불리며, 전자는 자유주의, 혹은(19세기에 자유주의가 세계를 총괄하는 분업체제를 구축한 이래) 자본주의라고 일컬어진다. 자유주의자들은 분업에 바탕을 둔 인간협동 조직 가운데 유일하게 제 기능을 다할 수 있는 것은 생산수단의 사적 소유제도밖에 없다고 주장한다. 그들은 모든 생산요소를 포괄하는 완전한 사회주의란 작동이 불가능하며, 만일 생산수단의 일부에 대해서만 사회주의를 적용하려 한다면 불가능한 일은 아니지만, 노동생산성의 감퇴를 가져오기 때문에 더 큰 부를 창출하기는커녕 오히려 부를 감소시키는 결과를 가져온다고 주장한다.

따라서 자유주의 실천방안들을 한마디로 요약하라고 한다면 다음과 같이 얘기할 수 있다. 재산, 즉 생산수단의 사적 소유(소비재에 관해서는 사적 소유가 당연하며, 이는 사회주의나 공산주의자들도 동의하는 바이므로)외의 주장들은 모두 이 기초적 요구에서 나오는 것이다.

자유주의의 실천방안에 있어서 '재산'이라는 말을 '자유' 및 '평화'라는 말과 나란히 놓은 일은 아주 합당하다. 좀더 오래된 자유주의강령들이 이 세 가지 단어들을 같은 것으로 취급했기 때문에 꼭 그렇다는 것은 아니다. 이미 언급한 대로 오늘날의 자유주의가 지닌 실천방안들은 이미 옛날의 자유주의가 지니고 있었던 것들을 넘어섰다. 즉 지난 수십년 동안에 과학이 이룩한 진전의 혜택을 받을 수 있었기 때문에 오늘날의 자유주의는 인간의 상호관계에 관하여 보다 깊고 올바른 인식을 갖게 된 것이다.

오늘날 자유와 평화가 자유주의적 실천방안의 전면에 놓이게 된 것은 자유와 평화라는 원칙이 생산수단의 사적 소유라는 기본원리에서 유발되는 필연적인 결과라기보다는 그것이 자유주의의 기본원칙 그 자체와 동격의 것이라고 우리 전 시대의 자유주의자들이 생각했었기 때문만은 아니다. 그렇게 된 것은 오히려 자유와 평화가 자유주의를 반대하는 자들로부터 격렬한 공격을 받게 되었기 때문이며, 그러한 원칙들을 누락시킴으로써 마치 자유주의자들이 그들을 향해 제기된 반대가 정당하다고 인정하는 듯한 인상을 주지 않고자 함이다.

2. 자유

자유라는 개념은 이미 오래전부터 우리 모두의 마음속에 뚜렷이 새겨진 것이었기에 아주 오랫동안 아무도 감히 그에 관하여 의문을 제기하지 않았다. 사람들은 자유라는 말을 사용할 때에 언제나 최고의 경의를 표하는 데 익숙해져 왔다. 그것을 '유산가의 편견'이라고 부를 수 있었던 것은 레닌이 처음이었다. 비록 자주 잊혀지기는 하지만 자유라는 말이 그러한 위치를 갖게 된 것은 전적으로 자유주의사상에 힘입은 바가 크다. 자유주의라는 말 자체가 자유에서 나왔으며 자유주의자들을 반대하는 정당의 이름은(이들 양자의 명칭은 모두 19세기의 처음 수십년 동안 스페인의 입헌제를 위한 투쟁과정에서 나타났는데) 처음부터 '노예당'이었다.

자유주의가 고양되기 이전에는 덕이 높은 철학자, 종교의 창시자, 아주 선한 사제들, 그리고 인권을 진심으로 사랑하는 정치가들조차도 인류의 일부를 예속화하는 것이 일반적으로 유용하며, 또 절대적으로 이로운 제도라고 생각하였다. 그들은 어떤 사람이나 종족은 타고날 때부터 자유로운 반면, 다른 사람이나 종족은 운명적으로 예속되어 있다고 생각하였다. 주인만이 아니라 노예 스스로도 그렇게 생각하였다. 노예들은 그 주인의 큰 힘에 눌려서 그러기도 하였을 뿐 아니라, 사실을 그런 제도에서 이점을 찾을 수도 있었기 때문에 노예제도를 참고 견딘 것이다. 주인이 생활필수품을 대주어야 했으므로 노예는 그의 일용할 양식을 장만할 걱정이 없었다.

18세기와 19세기초에 자유주의사상이 유럽에 있어서 농민들의 농노적 지위나, 해외식민지에 있어서의 흑인의 노예적 처지를 깨뜨리고자 했을 때 적지 않은 숫자의 성실한 인본주의자들마저도 이에 반대하였다. 그들에 의하면, 예속된 노동자들은 예종에 익숙해져서 노예제도 그 자체를 해악이라고 여기지 않으며 아직 자유를 받아들일 준비가 되어있지 않아서 어떻게 이용해야 할지 모르고 있다는 것이다. 따라서 주인의 보살핌이 중단된다면 아주 해로운 일이 될 것이라고 주장하였다. 노예는 살아가는 데 필요한 최저의 생계유지 수단보다 더 많이 생산할 수 있도록 사물을 관장할 줄 모르기 때문에 머지않아 궁핍과 불행 속으로 떨어질 뿐이라는 것이다. 따라서 노예해방은 그들에게 참으로 귀중한 것은 아무것도 가져다주지 못한 채, 그들의 물질적 복지를 심각할 정도로 손상시킬 뿐이라고 주장했던 것이다.

놀라운 일은 위와 같은 견해가 많은 노예들에 의해서도 표명되었다는 사실이다. 그런 견해에 대항하기 위해서 많은 자유주의자들은 농노와 노예가 아주 잔인하게 다루어진 예외적인 경우를 마치 일반적인 경우처럼, 그리고 경우에 따라서는 과장하여 표현하는 것이 필요하리라 믿었다. 하지만 그러한 과도한 경우는 결코 일반적인 것은 아니었다. 물론 예외적으로 노예를 함부로 다룬 경우가 있었으며, 그런 사실이 노예제도를 철폐해야 할 또 하나의 이유가 되었다. 그러나 대체적으로 볼 때 농노에 대한 영주의 대우는 인간적이며 온화했다.

인본주의의 일반적 관점에 입각하여 비자발적인 굴종의 제도를 폐지하도록 권고한 사람들은 그 제도의 유지가 노예들에게도 이익이 된다는 말을 들었을 때 무어라 대답해야 할지 몰랐다. 노예제도를 찬동하는 그러한 반대에 대하여 다른 모든 주장을 물리칠 수 있었고, 또 실제로 물리친 것은 오로지 하나의 주장, 즉 자유노동은 노예노동과 견줄 수 없을 만큼 더 생산적이라는 사실이다. 노예는 자기의 노력을 다하여 일할 까닭을 갖지 않는다. 그는 최소한의 노력을 다하지 않았을 때 오는 벌을 피할 수 있을 만큼만 열심히 일한다. 자유노동자는 이와는 반대로 그가 일을 더하면 더할수록 더 많은 보답이 주어짐을 알고 있다. 자신의 소득을 늘리기 위해 전력을 기울인다. 신식 트랙터를 사용하는 노동자가 갖추어야 할 조건들과, 두 세대 전만 하더라도 러시아의 노예적 경작자들이 그 정도만 갖추면 충분하다고 여겨지던 상대적으로 낮은 수준의 지적 수준과 힘, 그리고 근면성을 견주어보면 이와 같은 사실을 잘 알 수 있다. 근대 공업노동자에게 요구되는 자질들은 자유노동자가 아니면 갖출 수 없는 것들이다.

사리분별을 잘 못하는 이들은 모든 사람이 다 자유롭게 태어난 것인지, 또는 아직 그런 준비가 안되어 있는 것인지에 대하여 끊임없이 논쟁할 수 있을 것이다. 그런 사람들은 이 세상에는 자연에 의하여 처음부터 예종의 길을 걷도록 정해진 인종과 민족이 있으므로 주인이 되는 종족은 그렇지 않은 인류를 노예화해야 할 의무가 있다는 주장을 계속할 수도 있을 것이다.

자유주의자는 위와 같은 주장에 대하여 군이 반론을 제기하지 않는데, 아무런 차별 없이 모든 사람에게 다 자유를 주라고 하는 자유주의자의 논거가 그들의 주장과는 전혀 다른 성질의 것이기 때문이다. 우리 자유주의자들은 신이나 자연의 의도가 무엇인지 가르침을 받은 적이 없으므로, 신이나 자연이 모든 인간이 다 자유롭기를 바랐다고 주장하지 않으며, 또 원칙적으로 세속적인 문제에 관한 논쟁에 신이나 자연을 끌어들이지 않고자 한다. 우리가 주장하는 바는 단지 모든 노동자에게 자유를 주는 제도가 인간노동의 생산성을 가장 크게 보장하며, 따라서 지구상에 살고 있는 모든 사람에게 이익이 된다는 것뿐이다. 우리가 노예제도를 공격하는 것은 그것이 '주인'에게 이익이 됨에도 불구하고 그러는 것이 아니라 이미 본 대로 그것이 '주인'계급을 포함한 인류사회의 모든 구성원의 이익을 손상시키기 때문이다.

만일 인류가 노동력의 전부, 혹은 일부를 노예상태로 묶어두는 데 성공했다면 우리가 지난 150여 년에 걸쳐 경험했던 경이로운 경제발전은 이룩하지 못하였을 것이다. 마치 고대 그리스인이나 로마인들이 그들의 크나큰 천재적 소질에도 불구하고 다음과 같은 것들을 갖지 못했음과 같이 우리들도 오늘날 철도, 자동차, 비행기, 기선, 전등, 전력, 화학산업 등을 갖지 못하였을 것이다.

위와 같은 사실을 얘기하면 농노나 노예의 전 소유자들조차 강제노동제도의 철폐 이후 이 세상이 겪은 여러 일들에 대하여 만족하지 않을 수 없으리라는 것을 누구나 잘 이해할 것이다. 오늘날 유럽의 노동자는 이집트의 왕이 누렸던 것보다 더 낫고 기분 좋은 외형적 조건들 아래 살고 있다. 오늘날의 노동자는 자신의 힘과 손재주밖에 믿을 게 없음에 반하여 고대 이집트의 왕은 수천명의 노예를 거느리고 있었음에도 불구하고 그러하다. 만일 전 시대의 큰 부자를 오늘날의 보통사람이 살고 있는 환경에 데려다놓는다면 그는 주저하지 않고 오늘날 보통사람의 생활수준에 비추어볼 때 자신은 거지와 같은 생활을 하고 있었노라고 말할 것이다. 이것이 자유노동의 열매이다. 자유노동은 노예노동이 한때 그 주인에게 해주었던 것보다 훨씬 더 큰 부를 모든 사람에게 가져다주었다.

3. 평화

죽음과 고통을 초래하기 때문에 전쟁을 미워한다는 고귀한 마음을 지닌 이들이 있다. 그들의 인본주의적 생각은 참으로 우러러볼 만하지만, 전쟁을 반대하는 그들의 주장이 단지 박애주의적 정신에만 입각해 있기 때문에, 전쟁이 유용하다고 주장하며 지지하는 자들의 현실적인 견해에 비추어보면 박애주의자들이 지닌 주장의 설득력이 약해진다. 전쟁을 지지하거나 주장하는 자들도 전쟁으로 인하여 고통과 슬픔이 생긴다는 사실을 부정하지는 않는다. 그럼에도 불구하고 그들은 전쟁을 통해서만 인류가 진보할 수 있다고 믿는다.

전쟁은 모든 것의 아버지라고 그리스의 철학자가 설파했으며 그 후 수천명이 그런 주장을 반복하였다. 그들에 따르면 평화가 지속되면 인류는 퇴폐해진다고 한다. 전쟁만이 그 자신 속에 잠자고 있는 재능과 힘을 일깨우며 인류로 하여금 장대한 이상을 품게 한다는 것이다. 전쟁을 없앤다면 인류는 나태와 정체의 나락 속으로 빠져버릴 것이라고 한다.

전쟁에 대해 반대하는 이유로서 유일하게 생각할 수 있는 것이 희생을 수반하기 때문이라고 한다면 전쟁이 정당하다고 주장하는 자의 위와 같은 일련의 사고를 부정하기 힘들거나 불가능하다. 전쟁을 지지하는 자들은 그러한 희생이 덧없이 이루어진 것이 아니고 그럴만한 가치가 있다는 견해를 갖고 있기 때문이다. 만일 전쟁이 진정코 모든 것의 아버지라면 인류의 일반적인 복지와 진보를 위하여 전쟁이 요구하는 인간의 희생은 필요한 것이 되리라. 희생에 대하여 통탄하거나 그 수를 줄이려 애쓸 수는 있겠지만, 그렇다고 해서 전쟁을 없애고 영원한 평화를 가져오는 것은 용납되지 않는 일이 될 것이다.

전쟁에 찬동하는 주장에 대한 자유주의자의 비판은 인본주의자들과는 근본적으로 다르다. 그것은 전쟁이 아닌 평화가 모든 것의 아버지라는 전제에서 출발한다. 인류를 진보시키고 짐승과 구별시키는 것은 바로 인류가 이룩한 사회적 협동관계이다. 노동만이 생산적이다. 노동은 부를 창출함으로써 인간의 내적 완성을 위한 외적 기초들을 마련해준다. 전쟁은 파괴할 뿐이며 아무것도 창조하지 못한다. 전쟁, 학살, 파괴, 멸망 등은 인류가 원시림 속의 육식동물과 공동으로 지니고 있는 것임에 비하여 건설적인 노동은 인류만이 지닌 특징이다. 자유주의자가 전쟁을 혐오하는 것은 인본주의자들처럼 전쟁이 때로는 유익한 결과를 가져옴에도 불구하고 그러는 것이 아니라 전쟁이란 해로운 결과만 가져오기 때문이다.

평화를 사랑하는 인본주의자는 강력한 힘을 지닌 군주에게 말하기를, '승리로 인하여 복리가 증진될 전망이 있다 하더라도 전쟁을 일으키지 마십시오. 고상함과 관대함을 보이고 승리의 유혹을 멀리 하십시오. 비록 그것이 당신의 희생을 필요로 하거나 아니면 얻을 수 있는 이익의 손실을 의미한다 하더라도 말입니다'라고 할 것이다. 자유주의자는 그렇게 생각하지 않는다. 전쟁은 승자에게조차도 해악임을 믿으며 평화가 전쟁보다 항상 더 낫다고 믿는다. 강자에게서 희생을 요구하는 것이 아니라 그의 진정한 이익이 어느 곳에 놓여 있는지 깨닫고 평화가 약자에게 이익이 됨과 마찬가지로 강자인 그에게도 이로운 것임을 알기 바랄 뿐이다.

평화를 사랑하는 나라가 호전적인 적에게서 침공을 받는다면 마땅히 저항하여 그 습격을 물리쳐야 한다. 이러한 전쟁에서 그들의 자유와 생명을 위하여 싸우는 이들이 보이는 영웅적 행동은 마땅히 칭송되어야 하며 그런 투사들의 용맹스러움을 칭찬하는 것은 옳은 일이다. 이때 감투정신, 용맹심, 죽음에 대한 경멸심 등은 그것들이 좋은 목적을 위해 쓰여지기 때문에 칭찬할 만한 성격이 되는 것이다. 그런데 사람들은 이와 같은 무상의 덕목을 그들이 어떠한 목적을 위하여 사용되는지 고려하지 않고 그 자체가 좋은 절대적 덕목인 것으로 생각하는 오류를 저지르고 있다. 누구든 그런 생각을 하고 있다면 도둑이 지닌 감투정신, 용맹심, 죽음에 대한 경멸심 등도 고상한 덕목이라고 인정해야 하리라. 그러나 실제로 이것들은 그 자체로는 좋지도 나쁘지도 않다. 인간행동이 선한 것이냐 악한 것이냐는 그것이 지향하는 목적과 결과에 의하여 결정된다. 우리가 칭송해 마지않는 레오니다스Leonidas조차도 만일 그가 조국을 수호하다 쓰러진 것이 아니라 평화로운 민족에게서 자유와 그들의 소유물을 빼앗으려는 목적을 지닌 침략군의 우두머리로서 전사했다면 칭송받을 가치가 없는 것이다.

  전쟁이 인류문명의 발전에 대해 얼마나 큰 해악을 주는지는 분업에서 발생하는 이점이 무엇인가 생각해보면 자명해진다. 분업은 자급자족인 인간을 그의 동료에게 의존적인 정치적 동물, 즉 아리스토텔레스가 말한 사회적 동물로 변화시킨다. 짐승들 사이에서나 야만인들 사이에서의 적대적 행동은 생존의 경제적인 바탕을 조금도 변화시키지 않는다. 그러나 노동이 분업화되어 있는 사회의 구성원들이 무기에 의존하지 않으면 해결할 수 없는 분쟁에 휘말리는 경우에는 사정이 다르다.

  분업화된 사회에서는 각 개인이 특수화된 기능을 지닌다. 따라서 모두가 타인의 도움과 지원을 필요로 하므로 아무도 혼자 살 처지가 못된다. 자기 농장에서 자신과 그 가족이 필요로 하는 바를 모두 생산할 수 있는 자급자족적 농민들이 서로 전쟁을 하는 것은 큰 문제가 되지 않는다. 하지만 한 마을이 한편에는 대장장이, 또 한편에는 제화공으로 나뉘어 싸운다면 한쪽에서는 구두가 없어서 고생할 것이고, 또다른 쪽에서는 도구와 무기가 없어서 어려움을 겪을 것이다. 이와 같이 각 집단이 그 추종자들의 노동력만 갖고 만족해 하도록 강요함으로써 내분은 분업을 깨뜨리는 것이다.

만일 처음부터 그와 같은 적대적 행동이 일어날 가능성이 큰 것으로 여겨진다면 실제로 전쟁이 발발하였을 때 물자부족으로 인하여 고통받을 정도까지 분업이 발달하도록 내버려두지도 않았을 것이다. 분업의 발전적인 심화는 영속적인 평화가 보장되는 사회에서만 가능하다. 그와 같은 안전보장 아래서만 분업이 발달할 수 있는 것이다. 이러한 전제조건이 충족되지 않는다면 분업은 한 마을 심지어는 한 가족의 경계를 벗어나지 못하게 된다. 도시와 농촌간의 분업(도시주변의 농민들이 곡물, 가축, 우유, 버터 등을 도시민이 생산한 물건과 교환하는)은 적어도 문제가 되는 지역내에서의 평화를 전제로 하는 것이다. 분업이 한 나라의 전지역에 대해 적용되려면 내란가능성이 없어야 한다. 만일 그것이 전세계를 포괄하고자 한다면 국가들간의 영구한 평화가 확실해야 한다.

만일 런던이나 베를린과 같은 근대의 대도시가 그 주변 농촌지역의 주민들과의 전쟁에 대비한 준비를 한다면 누구든지 말도 안되는 짓이라 할 것이다. 그런데도 수세기에 걸쳐 유럽의 많은 도시에서는 그러한 가능성을 배제하지 않고 그에 대한 경제적인 준비를 해왔다. 어떤 도시의 성곽은 처음부터 전쟁이 발발하는 경우 그 안에서 곡물과 가축을 생산하여 얼마 동안 버틸 수 있도록 설계하였다.

19세기초만 하더라도 전세계의 사람이 살고 있는 지역의 대부분이 대체로 자급자족적인 경제구역으로 나뉘어 있었다. 상당한 정도로 발달했던 유럽에서조차 한 지역의 필요물자는 대개가 다 그 지역의 산물로 충당되었다. 아주 근접한 지역을 벗어나는 교역은 기후조건 때문에 그 지역에서는 생산하지 못하는 극소수의 물품에 한정되었다. 세계의 거의 전지역은 아직도 한 마을의 생산품이 주민들이 필요로 하는 바를 거의 다 충족시켜 줄 수 있는 상태에 있었다. 이런 마을사람들에게는 전쟁으로 인한 교역상의 어려움이 경제적 복지에 있어서 큰 문제가 되지는 않았다.

보다 더 발전된 유럽국가의 주민들조차도 전쟁으로 인하여 그리 큰 불편을 겪지 않았다. 만일 영국에서 생산했거나, 또는 영국을 통해 해외에서 오는 상품의 유럽대륙으로의 유입을 막기 위해 나폴레옹 1세가 유럽에 대해 선포했던 '대륙체제Continental System'가 보다 더 엄격하게 시행되었다 해도 대륙의 주민들은 눈에 띌 만큼 큰 궁핍을 겪지는 않았을 것이다. 물론 그들은 커피, 설탕, 면화, 면직물, 향료, 그리고 여러 종류의 희귀목재 등을 구할 수 없었을 것이다. 그러나 이런 것들은 대부분의 가정에서는 중요하지 않은 것들이었다.

국제경제관계의 복잡한 연결고리가 형성된 것은 19세기 자유주의 및 자본주의의 산물이다. 그 양자가 근대적 생산에 있어서 기술진보와 함께 광범위한 특화를 가능하게 한 장본인이다. 한 사람의 영국 노동자 가족이 소비하고 바라는 바를 채워주기 위해 5대주의 모든 국가들이 협력하는 것이다. 아침상의 홍차는 일본이나 세일론에서, 커피는 브라질이나 자바에서, 설탕은 서인도제도, 육류는 오스트레일리아나 아르헨티나에서, 그리고 가죽은 인도나 러시아에서 공급받는 것이다. 이들에 대한 교환재로서 영국상품은 전세계의 여러 지역, 아주 먼 벽지의 마을이나 농가에까지 흘러가는 것이다. 이와 같은 발전이 가능했던 것은 자유주의원칙의 승리와 더불어 사람들이 큰 전쟁이 일어날 가능성에 대해 더이상 심각히 우려하지 않아도 된다고 생각한 데 그 주요원인이 있다. 자유주의의 황금기에는 백인들끼리의 전쟁은 이제 과거지사라고 생각되었다.

그러나 현실의 사건들은 이와는 달리 전개되었다. 자유주의의 사상이나 계획들은 사회주의, 민족주의, 보호주의, 제국주의, 국가주의 및 군국주의에 의해 대치되었다. 칸트, 폰 훔볼트, 벤덤, 콥덴 등이 영원한 평화를 칭송하던 그자리에 서서 후세의 대변자들은 내란 및 국제적 전쟁을 찬양하는 데 지칠 줄 모르게 되었다. 그 결과는 제1차 세계대전이며 그 결과 우리들은 전쟁과 분업이 양립할 수 없다는 객관적인 교훈을 얻었다.

4. 평등

평등의 개념을 어떻게 취급하느냐 하는 것보다 더 분명하고도 쉽게 고전적 자유주의와 신자유주의의 논리적 차이를 나타내주는 것은 없을 것이다. 18세기의 자유주의자들은 자연법 및 계몽주의의 영향을 받아 모든 사람이 신 앞에 평등하므로 모든 이에게 똑같은 양의 정치적·시민적 권리를 주어야 한다고 주장하였다. 그들은 신이 모든 사람에게 자신의 성령을 불어넣음으로써 모든 이를 기본적으로 동일한 능력과 재능을 지닌 평등한 인간으로 창조했다고 생각하였다. 사람들간의 차이는 인위적인 것으로서 사회 및 인간의 잠정적인 제도에 의해 생겨난 것이며 한 인간에게 있어서 썩어지지 않는 것, 즉 정신은 부자나 가난한 자, 귀한 자나 천한 자, 백인이나 유색인종의 구별없이 동일하다는 것은 의심할 나위가 없다고 생각했다.

인류의 모든 구성원이 동일하다고 주장하는 것보다 더 근거없는 일은 없다. 인간이란 전혀 동일하지 않다. 형제들간에도 육체적 정신적 특성의 현격한 차이가 있다. 자연은 창조에 있어서 반복하는 법이 없다. 자연은 한꺼번에 똑같은 것을 한 타스씩 만들지도 않으며, 또 자연의 산물은 표준화되어 있지도 않다. 자연이라는 공장문을 나서는 사람은 누구나 개성적이고 독특하며 다시는 똑같은 것이 생겨나지 않는다는 도장이 찍힌다. 인류란 동일하지 않으며, 모든 이가 평등하므로 평등하게 대접받아야 한다는 근거에서 법 앞의 평등을 요구할 수는 없다.

모든 이가 법 앞에서 평등한 대우를 받아야 하는 데에는 두 가지 상이한 이유가 있다. 그 하나는 비자발적인 예속에 관해 논의할 때 이미 언급되었다. 인간의 노동이 달성할 수 있는 최고도의 생산성을 현실화하려면 노동자는 자유로워야만 한다. 노력의 대가를 노임의 형태로 즐길 수 있는 자유노동자만이 스스로의 노력을 다할 것이기 때문이다. 모든 사람이 법 앞에 평등해야 할 두번째 이유는 사회적 평화를 유지하려는 데 있다. 이미 지적한 대로 분업의 평화스런 발전을 저해하는 요소는 모두 다 회피되어져야 한다. 그러나 각 계층의 권리와 의무가 상이한 사회에서 영구한 평화를 얻기란 불가능하다. 국민의 일부에 대해 권리를 부인하는 사람은 그 누구든 불이익을 당하는 사람들이 연합하여 특권층을 공격하리라는 사실을 알아야 한다. 계급간의 분쟁이 없어지려면 계급에 의한 특권은 사라져야 한다.

따라서 그것이 주장하는 바가 오로지 법 앞에서의 평등일 뿐이지 진정한 의미의 평등은 아니라는 이유에서 자유주의가 평등의 원칙을 실행에 옮기는 방법에 관해 비난함은 옳지 않다. 인간의 모든 능력으로도 완전한 평등을 만들 수는 없다. 인간이란 불평등하며 앞으로도 불평등할 것이다. 모든 사람이 법 앞에 평등해야 한다고 주장하는 것은 바로 위에서 제시한 이유에 대한 냉정한 고려의 결과이다. 자유주의는 그 이상의 목표를 갖고 있지 않으며, 그 이상 기대하지도 않는다. 흑인이 백인으로 변하는 것은 인간의 능력을 벗어나는 일이다. 그렇지만 흑인한테도 백인과 똑같은 권리를 부여해서 그가 만일 백인이 한 것과 같은 만큼의 일을 하면 백인과 같은 만큼 소득을 올릴 수 있도록 할 수는 있다.

그러나 사회주의자는 사람을 법 앞에 평등하게 하는 것만으로는 불충분하다고 한다. 사람들을 진정으로 평등하게 하려면 모두에게 동일한 소득을 주어야 한다고 한다. 마땅히 우리에게 주어진 과제를 끝까지 수행함으로써 여러가지 특권들 중 가장 크고 중요한 것, 즉 사유재산에서 발생하는 특권을 소멸시켜야 된다고 주장한다. 그래야만 자유주의의 실천방안들은 완전히 실현될 수 있으며, 따라서 일관성있는 자유주의는 궁극적으로 사회주의, 즉 생산수단의 사유제도를 폐지하는 데로 나아간다는 것이다.

특권이란 어떤 사람이나 집단의 이익을 위하여 여타 집단의 이익을 희생시키는 제도적 장치이다. 비록 그것이 일부(경우에 따라서는 다수)에게 해가 되며 바로 그들을 위해 그러한 권리가 창출된 사람들을 제외하면 아무에게도 이익이 되지 않음에도 불구하고 특권은 존재한다. 중세의 봉건제도에 따르면 영주 중의 어떤 이는 그 출신상의 권리에 의해 판사의 직위를 가졌다. 그들은 그 직위를 상속받았기 때문에 판사였을 뿐 그들이 판사로서의 능력이나 자격이 있었는지는 논외였다. 그들에게는 판사의 직책이란 아주 좋은 소득의 원천에 불과하였다. 이 경우 판사의 직책은 귀족계급의 특권이라고 할 수 있다.

그러나 근대국가에서처럼 법률의 지식과 경험이 많은 사람 중에서 판사를 뽑는다면, 그것은 조금도 변호사에 대한 특권이 되지 않는다. 판사를 뽑는 데 변호사들을 선호하는 것은 그 자체의 고귀함 때문이 아니라 대중의 복리증진을 위한 것이다. 사람들은 대체로 판사가 되는 데 있어서 법지식을 지니는 것이 필요불가결한 전제조건이라는 생각을 갖고 있기 때문이다. 어떤 제도적 장치가 특정계급에 대한 특권이 되느냐의 여부는 그것이 그 집단, 계급, 또는 당사자에게 이로우냐 하는 것이 아니라 그게 일반대중에게 얼마나 이익이 되느냐에 의해서 판별되어야 할 것이다. 바다에 떠 있는 선상에서 한 사람은 선장이며 나머지는 그의 지시를 받는 선원이라는 사실은 분명히 선장에게는 이로운 일일 것이다. 그렇지만 만일 그 선장이 폭풍우 속에서도 배를 산호초에 부딪치지 않고 안전하게 항해시킬 수 있는 능력을 지니고 있어서 자신뿐 아니라 전선원에게 봉사할 수 있다면 그가 선장이라는 사실이 특권이 될 수는 없다.

하나의 제도적 장치가 개인, 혹은 하나의 집단에 대한 특권인지의 여부를 판단하기 위해서는 그것이 어떤 개인이나 계급에게 이익이 되는가를 묻는 대신 그것이 일반대중에게 이로운 것인가를 물어야 할 것이다. 우리가 만일 생산수단의 사유제도만이 인류사회의 번영을 가져온다는 결론에 도달한다면 그것은 사유재산제도가 재산소유가에 대한 특권이 아니라 모든 이에게 좋은 결과와 이익을 가져다주는 사회제도(비록 그것이 동시에 어떤 이에 대해서는 더 기분좋고 이익이 되는 일이라 하더라도)라고 하는 것과 같다.

자유주의가 사유재산제의 존속에 대해 찬성하는 것은 재산소유자들을 위해서가 아니다. 또 사유재산제의 폐지가 재산권을 침해한다고 해서 자유주의자가 사유재산제도를 유지하려는 것도 아니다. 만일 자유주의자들의 사유재산제 폐지가 일반에게 이익이 된다고 생각했다면 그들은 그러한 정책이 재산소유자의 이익에 대해 대단한 편견이 된다 하더라도 사유재산제의 폐지를 주장하였을 것이다. 그러나 사유재산제의 존속은 사회의 모든 계층에 대해 이익이 된다. 자기 것이라 부를 만한 것이 없는 이 사회의 가난한 사람조차도 우리사회가 생산하는 것의 극히 적은 부분밖에 생산하지 못하는 사회에서보다는 훨씬 더 잘살 수 있는 것이다.

5. 부와 소득의 불균형

현재의 사회질서에서 가장 비난받는 것은 부와 소득의 분배가 불균등하다는 사실이다. 부유한 사람과 가난한 사람이 있으며 아주 부자와 아주 가난한 사람이 있다. 이와 같은 불평등에서 벗어나는 길은 먼데 있지 않고 모든 부의 균등분배에 있다고 주장한다.

이에 대한 첫번째 반론은 빈자가 부자보다 훨씬 더 많아서 부를 재분배해보아야 생활수준의 향상을 기대할 수 없으므로 그 상황에 대하여 별도움이 되지 않으리라는 주장이다. 그것이 사실임은 분명하나, 그러한 논리전개는 만족스럽지 못하다. 소득분배에 있어서 평등성을 주장하는 사람들은 가장 중요한 점, 즉 재분배를 위한 총량(사회노동의 연간생산량)의 크기가 어떻게 나뉘는가 하는 방법과 무관하지 않다는 사실을 간과하고 있다. 오늘날 생산량이 이처럼 커진 것은 사회적 여건과 무관한 자연적 기술적 현상이 아니라 전적으로 우리가 지니고 있는 사회적기구들 때문이다.

우리가 현재 그 안에 살고 있는 사회질서 속에서 부의 불평등이 가능하였고 그 사회질서가 모든 이로 하여금 최대의 양을 최저의 비용으로 생산하도록 자극하였기 때문에 오늘날의 인류가 소비의 목적으로 쓸 수 있는 연간 부의 축적이 가능했던 것이다. 이제 만일 그러한 유인을 파괴한다면 그 결과로 생산성의 급격한 감퇴가 발생하여 부의 균등분배를 통하여 각자가 받은 몫이 현재 가장 가난한 사람이 받는 것보다 훨씬 더 적어질 것이다.

부의 불균등분배는 위에서 얘기한 것과 다름없이 중요한 두번째 기능을 지닌다. 즉 그것은 부자들의 사치를 가능하게 해준다. 사치에 대하여 바보스러운 얘기들이 많이 씌어지고 언급되어 왔다. 한쪽에서는 궁핍한 생활을 하는데, 다른 한쪽에서는 분수에 넘치는 생활을 하는 게 부당하다고 해서 사치스런 소비에 대한 반대가 제기되었다. 이 주장은 일리가 있는 듯싶다. 그러나 오직 그럴 듯싶을 뿐이다. 만일 사치스런 소비가 사회적 협력체계 속에서 유용한 기능을 수행함을 보일 수 있다면 그런 주장은 옳지 않기 때문이다. 이제 바로 그런 사실을 입증하고자 한다.

우리가 사치성 소비를 옹호하는 것을 흔히 얘기하는 것처럼 그렇게 하는 것이 여러 사람에게 돈을 분산시킨다는 주장에서 비롯되는 것은 아니다. 부자들이 사치스런 생활에 탐닉하지 않는다면, 가난한 사람은 소득이 없을 것이라고 말하기도 한다. 이것은 어불성설이다. 사치스런 소비가 없었다면 사치품을 만드는 데 쓰일 자본과 노동은 다른 재화의 생산에 쓰여졌을 것이다. 다시 말하면 '불필요한' 재화 대신에 대량소비를 위한 재화, 즉 필수품 생산에 쓰여졌을 것이다.

사치성 소비의 사회적 기능이 무엇인지 알려면 무엇보다도 먼저 사치라는 것이 전적으로 상대적인 개념임을 알아야 할 것이다. 사치란 그 동시대의 대중과는 아주 대조적인 생활방식을 말한다. 따라서 사치의 개념은 본질적으로 역사적인 것이다. 오늘날의 우리에게는 필수품인 많은 것들이 한때는 사치품으로 여겨졌다. 중세기에 비잔틴제국의 귀족부인이 베네치아의 총독에게 시집가서 손가락을 쓰는 대신 오늘날의 포크에 해당하는 황금으로 만든 기구를 사용하여 음식을 먹었을 때, 베네치아 사람들은 신을 두려워하지 않는 사치라고 생각해서 그녀가 무시무시한 병에 걸리자 너무나 당연한 벌이라고 생각하였다. 그와 같은 지나친 사치에 대해 신이 내린 당연한 징벌임에 틀림없다고 하였다. 두 세대 전의 영국에서조차 실내화장실은 사치품으로 여겨졌다. 그러나 오늘날 좀 괜찮은 영국노동자의 집은 모두 실내화장실을 갖추고 있다. 35년 전만 해도 자동차라고는 없었으며 20년 전에는 자동차를 소유한 것이 특히 사치스러운 생활의 심벌로 여겨졌다. 그러나 오늘날 미국에서는 노동자조차도 포드 자동차를 소유하고 있다.

이것이 경제적 역사의 진보라 할 수 있다. 오늘날의 사치품은 내일의 필수품인 것이다. 모든 발전은 처음에는 소수의 부자들만이 쓸 수 있는 사치품의 형태로 출현하지만, 머지않아 모든 이가 당연한 것으로 여기는 필수품으로 변화된다. 사치재의 소비는 산업으로 하여금 새로운 것을 발견하고, 도입하도록 자극을 준다. 그것은 우리 사회가 갖고 있는 동태적 발전원인의 하나이다. 그것 덕분에 우리는 인구의 모든 계층의 생활수준을 점진적으로 향상시켜 온 진보적 기술혁신들을 가질 수 있었던 것이다.

우리는 전혀 일하지 않고 인생을 쾌락 속에 보내는 부유한 유한계급을 동정하지 않는다. 그러나 그들조차도 사회적 유기체의 어떤 기능을 담당하고 있다. 사치스러움의 전형을 보임으로써 대중의 의식 속에 새로운 욕구를 일깨우고 산업으로 하여금 그러한 욕구를 충족시키도록 하는 유인을 준다. 한때는 부자만이 외국을 방문할 수 있었다. 쉴러는 『빌헬름 텔』에서 찬양해 마지않았던 스위스의 산들이 고국 스와비아에 연해 있음에도 가보지 못하였다. 괴테는 파리나 비엔나, 런던을 보지 못하였다. 그러나 오늘날에는 수십만명의 사람들이 해외여행을 하고 있으며 머지않아 수백만명이 그렇게 할 수 있을 것이다.

6. 사유재산과 윤리성

    생산수단의 사적 소유와 그로 인하여 발생하는 부와 소득분배에 있어서의 불균등이 그 나름대로의 사회적인 기능을 지니고 있으며, 사회적으로 필요하다는 것을 밝히려는 우리의 노력은 동시에 사유재산제도 및 그것에 근거를 둔 자본주의적 사회질서가 지니는 도덕적 정당성을 입증하려는 것이 된다.
    도덕성이란 사회의 존속을 위하여 사회구성원 각자에게 요구되지 않으면 안되는 조건들을 준수하는 것을 말한다. 혼자 고립되어 사는 사람은 좇아야 할 도덕법칙을 갖지 않는다. 그는 그가 좋다고 생각하는 일을 하는 데 있어서 그런 행동을 하는 것이 남에게 해를 끼치는지 생각해보아야 할 필요가 없으므로 양심의 가책을 느끼지 않아도 된다. 그러나 사회구성원의 한 사람으로서 우리들은 누구나 자기가 하는 모든 일에 있어서 자신의 즉각적인 이익은 물론 그의 모든 행동이 사회를 있는 그대로 긍정하는 것이 되는지 염두에 두어야 할 필요가 있다. 사회 안에서 개인의 삶은 사회적 협동에 있어서만 가능할 뿐, 생활과 생산의 사회조직이 깨진다면 각 개인은 아주 심각한 타격을 받게 될 것이기 때문이다.

개개인에 대해 행동할 때마다 그가 살고 있는 사회를 염두해두도록 요구하고, 또 어떤 행동이 그에게는 당장의 이익이 되지만 사회에 해악이 되는 경우 그런 짓을 하지 말라고 요구하는 것은 타인의 이익을 위해서 자신의 이익을 희생하라는 것이 아니다. 사회가 요구하는 희생은 잠정적이기 때문이다. 훨씬 더 큰 궁극적인 이익을 위한 즉각적이며 비교적 작은 이익을 부정하라는 것이다. 서로 협동하여 일하고 같은 생활방식을 나누는 사람들간의 결사체로서의 한 사회를 존속시키는 것은 모든 이에게 이로운 일이다. 사회의 지속적인 존립을 위해 한순간의 이익을 희생하는 사람은 누구나 큰 이익을 얻기 위해 작은 것을 희생하는 것이다.

일반적인 사회적 이익에 대한 이러한 존중이 갖는 의미는 종종 잘못 이해되곤 하였다. 그것의 도덕적 가치가 당장의 대가를 부정하는 희생 그 자체에 있다고 여겨지곤 하였다. 사람들은 도덕적으로 가치있는 일이란 희생 그 자체라기보다는 희생을 통하여 이루고자 하는 목적에 따라 정해진다는 사실을 외면한 채 희생과 자기부정 그 자체에 도덕적 가치를 부여해야 한다고 주장한다. 그러나 그것이 도덕적인 목적을 위한 것일 때에만 희생은 도덕적인 것이 된다. 어떤 사람이 좋은 목적을 위하여 자기의 목숨과 재산을 희생하는 것과, 조금도 사회에 이익을 줌이 없이 그것들을 희생하는 것과는 하늘과 땅만큼의 차이가 난다.

사회질서 유지에 이바지하는 것은 모두 다 도덕적이며 사회에 해가 되는 것은 모두 다 비도덕적이다. 따라서 우리가 어떤 제도가 사회에 대해 이익이 된다는 결론에 도달했다면 그것을 비도덕적이라고 비판할 수는 없다. 어떤 특정제도가 사회에 대해 이익이 되는지 해가 되는지의 여부에 관해서는 이견이 있을 수 있다. 그러나 일단 사회에 이로움을 준다고 판정했으면 설명하기 힘든 다른 이유를 들어 그것이 비도덕적인 것이기 때문에 마땅히 비난받아야 된다고 주장하지는 못할 것이다.

7. 국가와 정부

사회적 협동의 유지는 누구에게나 이익이 되므로 도덕률을 준수하는 것은 모든 사람에 대하여 궁극적인 이익이 된다. 그렇지만 그렇게 하는 것은 모든 사람에게 비록 그 희생이 일시적인 것이고, 더 큰 이익에 의하여 상살되고도 남을 것이기는 하지만 희생을 강요한다. 그러나 이와 같은 사실을 깨닫기 위해서는 사물간의 연결관계를 꿰뚫어보는 혜안을 지닐 필요가 있으며, 또한 그렇게 해서 인지된 바에 따라 행동하려면 상당한 정도의 의지력이 요구된다. 그런 사실을 인식하지 못하거나 인식했다 하더라도 그것을 실행에 옮길 만한 의지력이 결여된 사람들은 도덕률을 자발적으로 따르지 못한다.

여기에서의 상황은 스스로의 복지를 위하여 위생적인 생활의 규칙들을 준수해야만 하는 사람의 경우와 같다. 어떤 이들은 환각제를 탐닉하는 것과 같이 별로 좋지 않은 환락에 스스로를 내던지기도

하는데, 그런 행동의 결과를 모르고 있거나, 당장의 즐거움을 부정하는 것보다 덜 손해보는 일이라고 생각하거나, 지식에 맞추어 행동을 조정하는 데 필요한 의지력을 결여하고 있기 때문이다. 그런 사람을 바른길로 끌어들이거나, 철없는 행동으로 인하여 스스로의 생명과 건강을 해치는 사람을 바로잡기 위해서는 사회가 강제적 조치를 쓰는 게 옳다고 생각하는 사람들이 있다. 알코올중독자나 마약중독자들이 악행에 탐닉하는 것은 강제로라도 막아야 하며, 그들이 스스로의 건강을 보호하도록 강요해야 된다고 한다.

이런 경우에 강제나 강요가 문제해결방법이 될 수 있는지의 여부는 추후에 살펴보기로 한다. 여기에 우리가 관심을 갖는 것은 그와는 전혀 다른 것으로서 어떤 사람의 행위가 사회의 존속을 위태롭게 하는 경우 강제로라도 그것을 막아야 되는가 하는 점이다. 알코올중독자나 마약중독자는 스스로에게 해를 끼칠 뿐이다. 이에 대하여 한 사회에서 인간의 행위를 규제하는 도덕률을 어기는 사람은 자신은 물론 다른 이에게도 해악을 끼치는 것이다. 사회의 존속을 바라며, 따라서 그에 걸맞게 행동하는 사람들이 그들의 행동으로 인해 사회를 위태롭게 만드는 사람들에 대하여 힘과 강제력을 사용할 수 없다면 사회생활은 전혀 불가능할 것이다. 소수의 반사회적 개인들, 즉 사회가 그들에게 요구하는 일시적인 희생을 감수하지 않거나 그렇게 하지 못하는 사람들이 사회 전체를 마비시킬 수도 있다. 사회의 적에 대한 힘과 강제력의 사용 없이는 어떤 사회건 생명을 유지해나갈 수 없다.

사람들이 사회생활의 규칙들을 준수하도록 인도하는 강요와 강제력을 지닌 사회적 기구를 국가라 부르며, 국가가 그것에 의하여 업무를 수행하는 규칙들을 법률이라고 부르며, 법률이 정한 바에 따라 강제적인 조치를 취하는 책임을 맡은 기관을 정부라고 부른다.

모든 종류의 강제적 조치들을 배제하고 도덕률에 대한 전적으로 자발적인 준수만으로도 사회를 건설할 수 있다는 주장도 있기는 하다. 선택된 소수의 특수한 이익뿐 아니라 모든 이의 진정한 이익을 도모하기 위하여 봉사하는 사회질서 안에서는 국가나 법률 및 정부가 꼭 필요하지 않은 기관이라고 무정부주의자들은 생각한다. 그들에 의하면 사회질서가 생산수단의 사적 소유에 기초를 두고 있기 때문에 그것의 보호를 위하여 강제와 강요에 의존할 수밖에 없다고 한다. 만일 사유재산제를 폐지한다면 누구나 예외없이 사회적 협동을 위해 요구되는 규칙들을 자발적으로 준수할 것이라고 한다.

이와 같은 가르침이 생산수단의 사적 소유제도가 갖는 특성에 관한 것이라면 이미 지적한 대로 잘못된 것이다. 그러나 그것은 제쳐놓는다 치더라도 무정부주의는 그 실현 자체가 전혀 불가능하다. 분업에 바탕을 둔 사회에서는 어떠한 인간적 협동관계든 일시적이기는 하나 그렇더라도 적어도 한순간의 고통스러운 희생을 요구하기 때문에 각자에게 있어서 반드시 기분좋은 것만은 아닌 행동상의 제반규칙의 준수를 요구한다는 사실을 무정부주의자는(당연한 일이기는 하지만) 부인하지 않는다.

누구나 그러한 규칙들을 자발적으로 준수하리라고 생각하는 데에 무정부주의자의 오류가 있다. 이 세상에는 어떤 음식을 탐닉하는 것이 얼마 가지 않아 심하고 참기 어려운 고통을 가져오리라는 것을 뻔히 알면서도 그런 맛있는 음식을 즐기는 행위를 중단하지 못하는 소화불량증 환자도 있는 것이다. 물론 사회생활의 상호관계가 음식물이 지니는 생리적 효과처럼 추적이 용이하거나 그 결과가 그렇게 빨리, 또한 무엇보다도 손에 잡힐 듯이 분명하게 해악을 저지른 자에게 나타나는 것은 아니다. 이런 모든 사실에도 불구하고 우스꽝스러운 꼴이 되지 않고도, 무정부주의 사회의 모든 사람이 게걸스런 소화불량 환자보다 더 지혜로우며 강한 의지력을 지니게 될 것이라고 가정할 수 있다는 말인가?

무정부주의 사회에서는 어떤 사람이 실수로 불이 꺼지지 않은 성냥개비를 내버려 불을 내거나, 혹은 분노나 시기심, 복수심에 불타서 그의 동료에게 해를 끼치는 일이 일어날 가능성을 완전히 배격할 수 있는가? 그렇게 믿는다면 무정부주의는 인간의 본성에 대해 잘못 이해하고 있는 것이다. 그것은 아마도 천사와 성인들의 세상에서만 실현될 수 있는 것이리라.

자유주의는 무정부주의가 아니며 그것과는 아무런 관계도 없다. 자유주의자는 강제력이 없으면 사회의 존립이 위태로워진다는 것을 명확하게 이해하고 있으며, 또한 사회의 전구조가 그 구성원의 일부에 의해 끊임없이 위협당하는 것을 방지하기 위해서는 평화로운 인간협동을 보장하는 데 꼭 필요한 제반 행동법칙이 힘을 사용할 수 있다는 위협에 의해 뒷받침되어야 한다는 사실 역시 분명히 이해하고 있다. 타인의 생명이나 건강, 개인적인 자유나 사유재산을 존중하지 않는 사람들이 사회생활의 제반규칙에 순순히 따르도록 강제력을 사용할 수 있어야 할 것이다. 이것이 바로 자유주의가 국가의 기능으로 인정하는 것이다. 즉 재산과 자유와 평화의 보호가 그것이다.

정부의 개념을 위와 같은 영역에 국한시키는 것을 우스꽝스럽게 만들려고 독일의 사회주의자 페르디난트 라살레는 자유주의원리에 따라 세워진 국가를 '야경국가'라 불렀다. 그런데 왜 야경국가가 독일식 김치 만드는 법, 바지단추의 제조, 또는 신문의 발행과 같은 일에 관심을 갖는 국가보다 더 우스꽝스러운지 모르겠다. 라살레가 이런 풍자로써 나타내고자 했던 바를 이해하려면 그와 동시대의 독일사람들이 아직도 광범위한 행정적 권한과 규제의 기능을 지니는 전제군주의 영향을 받고 있었으며, 또 그들이 국가를 신과 같은 존재로 격상시켰던 헤겔의 철학에 크게 영향받고 있었다는 사실을 염두에 두어야 할 것이다. 만일 우리가 헤겔을 좇아서 국가를 '자의식을 지닌 도덕적 실체', 또는 '그것 자체가, 또한 그것만이 보편적인 의지의 합리성'이라고 여긴다면 국가의 기능을 야경꾼의 지위에 국한시키려는 노력은 당연히 불경스러운 일이 될 것이다.

이와 같은 데에서 비로소 우리는 사람들이 어떻게 하여 자유주의가 국가에 대해 '적대적'이며 적개심을 갖는다고 비난받게끔 되었는지 이해할 수 있다. 내가 철도나 도로, 또는 광산의 운영을 정부에 맡기는 것이 옳은 정책이 아니라 한다고 해서 '국가의 적'이 되지 않는 것은, 내가 황산에 대해 비록 그것이 유용하게 쓰이는 경우가 많다 하더라도 마시거나 손을 씻는 데에는 부적당하다는 의견을 지녔다고 해서 나를 황산의 적이라고 부를 수 없는 것과 마찬가지이다.

국가의 행동영역을 축소시키려 한다거나, 경제생활에 관한 국가의 모든 행동을 원칙적으로 혐오한다고 말함으로써 자유주의가 국가에 대하여 지닌 태도를 나타내려는 것은 잘못된 것이다. 그런 해석은 전혀 얼토당토않은 것이다. 자유주의가 국가의 기능이라는 문제에 관하여 취하는 입장은 생산수단의 사적 소유를 주장하는 데에서 나오는 당연한 귀결이다. 만일 어떤 사람이 그 후자에 대하여 찬성한다면 그는 말할 것도 없이 생산수단의 공동소유, 즉 재산을 개인이 아닌 정부가 마음대로 처분하도록 하는 것에 대해서도 찬성할 수 없을 것이다. 따라서 생산수단의 사유를 주장하는 것은 이미 국가에게 주어진 기능들에 대한 강력한 제약을 의미하는 것이다.

사회주의자는 경우에 따라 곧잘 자유주의가 일관성을 결여하고 있다고 비난한다. 그들은 주장하기를 경제적 영역에 있어서 국가의 본분을 전적으로 재산의 보호에만 두는 것은 부당하다고 한다. 만일 정부가 완전히 중립적인 위치에 남아 있지 않을 계획이라면 정부의 간섭이 왜 재산소유자의 권익옹호에만 국한되어야 하는지 이해하기 힘들다는 것이다.

만일 자유주의가 경제영역에 있어서 재산의 보호를 넘어서는 정부의 행동에 대해 반대하는 것이 국가에 의한 행동에 대해서는 무조건 다 반대한다는 입장에서 나온 것이라면 위와 같은 비판은 정당화될 것이다. 그러나 결코 그런 것은 아니다. 자유주의가 정부의 활동영역을 확장하는 데 대해 반대하는 이유는 바로 그것이 결국에 가서는 생산수단의 사유제도를 폐지하는 결과를 가져올 것이기 때문이다. 자유주의자는 사유재산제도에서 사회내에서의 인간의 행동을 조직하는 데 가장 적합한 원리를 발견하는 것이다.

8. 민주주의

그러므로 자유주의는 국가의 조직, 법률체계 및 정부의 필요성에 관해 전혀 이의를 제기하지 않는다. 자유주의를 무정부주의와 연결 짓는다면 이는 큰 오류이다. 자유주의자에게 있어서 국가란 그것에게 가장 중요한 책무가 주어져 있기 때문에 절대적으로 필요한 것이다. 그 책무란 사유재산은 물론 평화를 보호하는 것인데, 평화가 보장되지 않고서는 사유재산제도가 지니는 이익을 온전히 얻지 못한다.

자유주의 이전의 시대로 거슬러 올라가는 옛날식의 사고방식을 그대로 답습하여 많은 사람들은 아직도 정부가 그 권한을 행사하는 데 대하여 상당한 정도의 고귀성과 위엄성을 부여해야 된다는 생각에 사로잡혀 있다. 아주 최근까지만 해도 독일의 공무원은 관리라는 직업이 가장 존경받는 직업이 되는데, 직접적으로 공헌한 특권을 향유하고 있었으며 사실 지금도 그러하다. 젊은 고시합격자나 장교에 대해 주어지는 사회적 명예는 정직한 노동을 통해 늙어온 기업가나 법률가를 훨씬 능가한다. 독일을 넘어서서 그 명성이 널리 퍼진 작가나 학자 및 예술가 등이 그의 조국에서는 아주 낮은 위치에 있는 관료가 받는 정도의 존경심밖에는 받고 있지 못한 형편이다.

정부당국이 수행하는 일련의 활동에 관하여 왜 그처럼 과대평가가 이루어지는지 합리적으로 설명하기가 어렵다. 그것은 아마도 격세유전의 한 형태로서 어느 때건 그들에 의해 도륙을 당할까 영주와 기사를 두려워하던 소작농시대의 유물일 것이다. 하루를 보내는 데 있어서 정부관서에서 서류의 빈칸을 채우면서 보내는 것이 그 자체로는 결코 기계공장의 청사진실에서 일하는 것보다 더 고상하거나 고귀하거나 명예로운 것은 아니다. 여러가지 정부관계의 운영에 소요되는 비용을 충당하기 위해 조세의 형태로 그 일부를 떼어 주어야 하는 부를 직접 생산하는 사람보다 조세징수원이 더 나은 직업을 가졌다고 하기는 힘들다.

여러가지 정부기능을 실천에 옮기는 일에 특별한 명예나 존엄성을 부여하여야 한다는 생각이 국가에 관한 사이비 민주주의이론의 기초를 이루고 있다. 이 주의에 따르면 누구든 타인에 의해 지배되는 것을 허용한다는 것은 부끄러운 일이라고 한다. 그것이 이상으로 하는 것은 모든 사람이 다스리고 통치하도록 하는 직접민주주의이다. 그러나 이런 일은 지금까지 가능하지 않았으며 현재에도 가능하지 않고 앞으로도 가능해지지 않을 것이다. 고대 그리스의 도시국가나 스위스 산간지방의 소읍에서 이와 같은 이상이 실제 이루어진 적이 있다고 한때 생각된 적이 있다. 이것 역시 잘못이다. 그리스의 경우에는 인구의 일부, 즉 자유인만이 정부에 참여할 수 있었으며 혼혈인이나 노예는 전혀 그럴 수 없었다. 스위스의 소읍도 순전히 지방적인 일들만이 예전이나 지금이나 직접민주주의 원칙에 따라 처리될 뿐이며 이와 같은 좁은 지역의 경계를 벗어나는 일들은 모두 다 연방에 의하여 처리되는데, 연방정부제도는 직접민주주의의 이상과는 거리가 멀다.

  타인의 통치를 받도록 허용한다는 것은 부끄러운 일이 아니다. 통치나 행정, 경찰에 의한 규제, 또는 그와 비슷한 규율을 집행하는 일 역시 전문가를 필요로 한다. 전문적인 관리나 직업적인 정치가가 그 예이다. 정부의 기능이라고 해서 분업의 원리가 적용되지 않는 것은 아니다. 한 사람이 동시에 기술자와 경찰관이 될 수는 없는 노릇이다. 내가 경찰관이 아니라는 사실이 결코 나의 존엄성이나 복지, 혹은 자유를 손상시키지 않는다. 소수의 사람에게 모든 이의 안전을 보장해주는 책임을 지우는 것은 모든 사람이 사용할 수 있도록 소수의 사람이 구두를 생산하는 것이나 마찬가지로 비민주주의적인 것이 아니다. 국가기능이 민주주의적이기만 하다면 전문경찰이나 관리에 대해 반대할 이유가 조금도 없다. 민주주의란 직접민주주의에 대해 어린아이 같은 투정을 일삼는 낭만적인 망상가들이 생각하는 것과는 거리가 먼 것이다.

　소수에 의한 통치(제화업자가 구두의 소비자에 비해 상대적으로 소수이듯이 통치자는 언제나 피통치자에 비하여 소수이지만)는 통치를 받는 사람의 동의, 즉 기존의 정부를 받아들이는 것을 전제로 한다. 피통치자들이 현정권을 그 중 크기가 작은 악, 또는 피할 수 없는 악이라고 생각할런지는 모르겠으나, 그들이 현상황을 변경시키는 것이 별소용이 안된다는 의견을 지니고 있음에 틀림없다. 그러나 일단 피통치자의 다수가 정부의 형태를 바꿔서 옛 정부와 인원을 새로운 정부와 인원으로 대체하는 것이 필요하며, 또 그것이 가능하다는 확신을 갖게 되면 전자의 수명은 손으로 셀 만큼밖에 되지 않는다. 다수는 현정부에 반해서조차 그들이 원하는 바를 실행에 옮길 수 있는 힘을 지니고 있다. 장기적으로 보면 어떠한 정부도 만일 그것이 대중의 의사에 의해 지지되지 않는다면, 즉 피통치자들이 현정부가 좋은 정부라는 확신을 갖지 못하는 한, 권력을 유지할 수 없다. 정부가 고집 센 자들로 하여금 법을 따르도록 만드는 힘을 성공적으로 사용하는 것은 다수가 뭉쳐서 그것에 반대하지 않는 경우에나 가능하다.

　따라서 어떠한 정치세계를 취하든 거기에는 반드시 정부로 하여금 궁극적으로 피통치자의 의지에 따르도록 만드는 정치가 있는데, 내란이나 혁명, 또는 저항을 말한다. 그런데 바로 이런 방편들의 사용이 자유주의가 회피하고자 하는 것들이다. 사태의 평화로운 진전이 내부적 투쟁에 의해 중단된다면 영속적인 경제발전을 얻기는 힘들다. 장미전쟁 당시의 영국에 있었던 것과 같은 정치적 상황은 근대유럽을 몇 년 안에 깊고도 무서운 불행 속으로 빠뜨릴 것이다. 만일 인류가 끊임없는 내란을 막을 방책을 찾지 못하였다면 오늘날과 같은 경제개발은 이루어지지 않았을 것이다. 1789년의 프랑스혁명과 같은 동족상잔의 분쟁은 인명과 재산의 크나큰 손실을 초래한다. 현재 우리가 지니고 있는 것과 같은 경제는 이제 더이상 그와 같은 변란을 참아낼 수 없을 것이다. 근대도시의 주민들은 식료품 및 석탄의 수입을 저해하고 전기, 가스 및 수도를 끊는 혁명적 봉기로 인해 너무나 무서운 고통을 받을 것이기 때문에 그러한 분쟁가능성만으로도 도시생활이 마비될 수 있는 것이다.

바로 이러한 점에 대하여 민주주의가 갖는 사회적 기능을 응용할 수 있을 것이다. 민주주의란 폭력을 사용하지 않고도 피통치자의 의사에 맞추어 정부형태를 조정해나가는 것을 가능하게 하는 정치제도이다. 민주주의국가에서는 다수의 국민이 원하는 대로 정부가 움직여주지 않는 경우에 다수를 만족시키기 위해 기꺼이 일하려는 사람들을 관직에 내보내기 위하여 내란을 필요로 하지는 않는다. 선거와 의회제도를 통하여 분쟁이나 폭력, 혹은 피를 흘리는 일 없이도 정부의 교체를 순조롭게 이룩할 수 있는 것이다.

9. 힘의 원리에 대한 비판

18세기에 민주주의를 주창한 선두주자들은 전제군주와 그 막료만이 도덕적으로 결함이 있고 부당하며 악하다고 주장하였다. 이에 대하여 국민은 전적으로 선하며 순수하고 고귀하며, 그 밖에도 무엇이 옳은지를 알고 그에 따라 행동하는 지적 능력을 지니고 있다고 생각되었다. 물론 이것은 궁중대신들이 그들의 군주에게 선하고 고상한 재질을 돌린 것에 못지않게 말이 안된다. 국민이란 개별시민의 합이기 때문에 시민 중의 일부가 현명하지 않거나 고상하지 못하다면 그 합인 국민도 마찬가지일 것이다.

　인류가 민주주의의 시대로 진입하면서 그와 같이 지나친 기대를 지니고 있었기 때문에 머지않아 그에 대한 실망을 갖게 되었다는 것은 조금도 놀라운 일이 아니다. 민주주의가 전제군주제도나 귀족제도가 그랬던 것과 마찬가지로 많은 오류를 범했음이 곧 밝혀졌다. 민주주의에 의해 정부의 우두머리가 된 사람과 황제나 왕이 그들의 절대권력을 사용하여 정부의 우두머리로 앉힌 사람을 비교해보는 것 역시 결코 권력의 새로운 사용자에게 이로운 것이 되지 못하였다. 프랑스인들은 "우스워서 죽을 지경이다"라는 얘기를 하고 싶어 한다. 그런데 정말로 민주주의를 대변하는 정치인들은 금방 모든 곳에서 우스꽝스러운 존재가 되었다. 구시대의 정치적 대변가는 적어도 외형적인 행동에서는 관료적인 위엄성을 지녔었다. 그들을 대치한 이 새로운 친구들은 그들의 행동으로 인해 스스로를 경멸스럽게 만들었다. 독일이나 오스트리아의 민주주의의 발전에 대해 제국의 멸망 후 권력을 잡은 사회민주당 지도자들이 공허한 오만과 무절제한 허영심에서 행한 짓들보다 더 큰 해를 끼친 것은 없을 것이다.

　그럼에도 불구하고 이와 같은 반민주주의적인 교의에는 심각한 오류가 있다. 도대체 '최선의 사람', 혹은 '최선의 사람들'이라는 게 무슨 뜻인가? 폴란드공화국은 그가 당시대 최선의 폴란드인이라고 생각되었기 때문에 피아노의 거장을 정부의 우두머리로 삼았다. 그러나 정부의 우두머리가 지녀야 할 자질은 음악가가 지녀야 할 자질과는 다르다. 민주주의에 반대하는 자들이 '최상의 사람'이라는 말을 쓴다면 그것은 그가 비록 음악에 대해서는 조금밖에 모르거나, 또는 전혀 모른다 하더라도 정사를 집행하는 데는 가장 적합하다는 것외에 다른 뜻을 지닐 수는 없다. 그러나 이것은 우리를 똑같은 정치적 질문으로 이끌어간다. 누가 가장 적합한가? 디즈랠리였는가 글래드스토운이었는가? 토리는 전자가 최상의 인물이라고 여겼으며 휘그는 후자가 그렇다고 여겼다. 다수가 아니면 누가 이런 일을 결정해야 하는가?

이렇게 해서 우리는 그것이 전 시대의 관료주의나 세습적 전제군주를 지지하는 자들의 후손에 의해서든, 아니면 투쟁적 노동조합파나, 볼세비키파 및 사회주의자들에 의해서 주장되었든간에 반민주주의적인 교의의 가장 결정적인 주장, 즉 힘의 원리에 이르게 된다. 민주주의에 반대하는 사람들은 힘에 의하여 국가를 통합하는 권한을 장악하여 다수를 지배하고자 소수의 권익을 앞세운다. 이와 같은 과정이 지니는 도덕적 정당성은 정부를 통제하는 권한을 실제로 장악하는 데 있다고 생각되었다. 이때 그들만이 통치와 통솔에 있어서 유능한 최선의 사람이라 다수에게 다수의 의사에 반해서 자기들에 의한 통치를 강요하는 능력을 드러내 보인 사람으로 인식된다. 이 경우 프랑스혁명의 가르침은 신디칼리스트와 일치되며, 또 루덴도르프와 히틀러의 가르침은 레닌 및 트로츠키와 일치한다.

이와 같은 가르침에 대해 사람들이 지닌 종교적 철학적 신념에 따라 여러 종류의 찬반논쟁이 제기될 수 있겠으나, 거기에서 어떤 합일점을 찾는다는 것은 거의 불가능하다. 그것들이 어느 것 하나 확정적이지 않기 때문에 이 자리가 그것에 대한 찬반논쟁을 제시하여 논의할 곳이 된지 못한다. 우리가 고려할 수 있는 것 중 유일하게 결정적인 것은 민주주의에 대해 찬성하는 기본적인 주장에 근거를 둔 것이다.

  타인에 대하여 자기들에 의한 통치를 강요할 수 있는 능력이 있다고 믿는 모든 집단이 그러한 시도를 할 수 있도록 허용한다면 우리는 끊이지 않는 내란을 겪을 준비를 갖추어야 한다. 그러나 그런 상황은 우리가 오늘날 도달한 분업의 단계와는 맞지 않는 것이다. 근대사회는 분업에 기초를 두고 있어서 영속적인 평화 속에서만 그 보존이 가능하다. 만일 우리가 계속되는 내란과 분재가능성에 대비해야 한다면 우리는 분업의 아주 원시적인 상태로 되돌아가서 각 주(비록 각 마을은 아니라 하더라도)가 실질적으로 자급자족적인, 즉 한동안 외부에서 아무것도 수입하지 않은 채 자급자족적인 경제주체로서 스스로를 먹이고 생활을 유지시킬 수 있는 경제로 되돌아가야 할 것이다.

  이렇게 되면 노동생산성의 극심한 감퇴를 가져와서 이 세계가 현재 먹여살리고 있는 인구의 극히 일부밖에 지탱하지 못할 것이다. 반민주주의적인 이상을 따른다면 그것은 우리를 중세나 고대사람들이 알고 있었던 경제질서로 이끌어갈 것이다. 중세시대에는 모든 도시마을, 심지어는 개인의 주거까지도 요새화되어 방위를 위한 채비를 갖추었고 모든 지역이 물자공급에 있어서 할 수 있는 한 최대한도로 외부세계로부터 독립되어 있었다.

  민주주의자 역시 최선의 사람이 다스려야 된다는 의견을 갖고 있다. 그러나 민주주의자는 무력을 사용하여 다른 사람들로 하여금 그들의 주장이 옳다는 것을 억지로 인정하게 하는 것보다는 동료시민들에게 그들이 그런 지위에 적합한 자질을 갖추고 있다는 것을 확신시키는 데에 성공함으로써 시민들이 자발적으로 그들에게 공적인 일의 관리를 맡기도록 하는 것이 통치하는 데 있어서 그 사람이나 단체가 가장 적합하다는 것을 더 잘 나타내는 일이라고 믿는다. 누구든 자기의 주장이 지닌 힘이나 그 자신이 사람들에게 심어준 신뢰감을 바탕으로 해서 지도자의 위치에 오르지 않았다면 그의 동료가 그가 아닌 다른 사람을 그보다 더 선호한다고 해서 불평할 이유가 없다.

물론 자유주의에 바탕을 둔 민주주의적 원칙에서 벗어나고자 하는 유혹이 아주 큰 경우가 있음도 부정하지 말아야 하겠다. 자기의 조국이나 세계의 모든 국가들이 파멸의 길로 가고 있는데도 동포들이 그들의 충고를 듣도록 유도하는 것이 불가능하게 되는 경우 정의로운 사람들은 모든 사람을 파멸로부터 구하기 위해서 그것이 실현 가능하며 동시에 바라는 목표에 도달하게만 한다면 어떤 수단을 쓰든 공평하고 합당한 일이라고 생각하기 쉬울 것이다. 이 경우 소수정예에 의한 독재, 즉 힘에 의해 권력이 유지되나 모든 이의 이익을 위하여 통치하는 소수에 의한 정부가 출현하여 지지자를 갖게 될 수도 있을 것이다. 그러나 강제력은 이와 같은 어려운 점을 극복하는 수단이 될 수 없다. 소수에 의한 독재는 다수로 하여금 그것이 필요하다거나 적어도 소용이 있음을 확신시키지 않는 한 지속될 수 없다. 그러나 그런 설득이 가능하다면 권력을 유지하기 위해 애당초 소수가 힘을 사용할 필요가 없는 것이다.

역사에는 장기적으로 볼 때 아주 가혹한 정책으로도 정권을 유지시키지는 못한다는 좋은 예들이 많다. 그 중 가장 최근에 있었던 것으로 잘 알려진 예를 하나 들어보자. 볼세비키가 러시아의 통치권을 장악했을 때 그들은 아직 소수였으며, 혁명공약은 대중의 지지를 받지 못했다. 러시아인의 다수를 이루고 있는 농민들은 볼세비키의 집단농장화정책에 동참하지 않으려 하였기 때문이다. 그들이 바랐던 것은 볼세비키가 이들을 지칭할 때 사용하였던 대로 '가난한 영세지주'들인 자기들에게 토지를 분배하라는 것이었다. 그런데 실제 실행에 옮겨진 것은 마르크스주의자 지도층의 그것이 아니고 바로 농민들이 바랐던 정책이었다. 권력을 유지하기 위해 레닌과 트로츠키는 이와 같은 농지개혁안을 받아들였을 뿐 아니라 더 나아가서 그것을 혁명공약의 일부로 하여 국내외를 막론한 온갖 반대로부터 그 계획을 변호하였다. 그렇게 함으로써만 볼세비키는 러시아 인민대중의 지지를 획득할 수 있었던 것이다.

토지재분배 정책을 채택한 이래 볼세비키는 이제 인민대중의 동의와 지지를 받아서 통치하게 되었다. 그들에게는 오직 두 가지 대안, 즉 그들의 공약을 따르거나 아니면 통치권을 희생하는 것밖에 선택의 여지가 없었다. 그들은 전자의 길을 채택하여 권좌에 남아 있었던 것이다. 세번째 가능성, 즉 강제력을 사용하여 그들의 계획을 대중의 의사에 반해서 실행에 옮기는 것은 존재하지 않았다. 물론 확신에 차 있는 훌륭한 지도자를 지닌 여타의 소수집단이나 마찬가지로 볼세비키들도 힘에 의해 권력을 장악한 다음 그것을 얼마간 유지할 수는 있었다. 그러나 결국 그들 역시 권력을 유지하는 데 있어서 여타의 소수집단보다 나을 바가 없음이 드러났다.

한편 볼세비키를 몰아내려는 백러시아인들의 갖가지 시도가 실패한 것은 국민대중이 그것에 대해 반대했기 때문이다. 비록 백러시아인들이 성공했다손 치더라도 그들은 인구의 절대다수가 원하는 바를 존중하지 않을 수 없었을 것이다. 이미 토지재분배가 완결되었다는 기정사실을 뒤집어엎고 지주들에게 **빼앗긴** 토지를 되돌려준다는 것은 비록 백러시아인들이 정권을 잡았다 하더라도 불가능한 일이었을 것이다.

피통치자의 동의를 받을 수 있는 집단만이 정권을 계속해서 유지할 수 있다. 누구든 이 세상이 자기들의 생각에 따라 다스려지기를 원한다면 사람들의 마음을 사로잡도록 애써야 할 것이다. 장기적으로 볼 때 사람들을 그 의사에 반하여 그들이 거부하는 정권에 예속시키는 일은 불가능하다. 누구든 힘을 사용하여 그렇게 하려 한다면 종국에는 슬픔을 맛보게 될 것이고, 그렇게 하려는 시도로서 투쟁을 일으킨다면 그것은 피통치자의 동의를 얻은 정부 중 가장 나쁜 정부가 할 수 있는 것보다 훨씬 더 큰 해악을 끼치게 될 것이다. 사람이란 그 자신의 의사에 반하여 행복하게 될 수는 없는 것이다.

10. 파시즘의 논거

자유주의가 완전하게 받아들여진 곳은 어느 곳에도 없었으나 그래도 19세기에 있어서 자유주의의 성공은 자유주의의 가장 중요한 원리들이 이제 더이상 논쟁의 대상이 안된다는 데까지 이르렀다. 1914년 이전에는 자유주의에 대해 가장 철저하고 맹렬한 적이라 할지라도 여러가지 자유주의의 원칙들이 도전도 받지 않은 채 통용되는 것을 참고 볼 수밖에 없었다. 자유주의의 몇 가닥 안되는 연약한 빛줄기밖에 스며들지 못한 러시아에서조차 황제에 의한 독재를 지지하는 자들은 그들의 적을 탄압함에 있어서 유럽의 자유주의적 여론을 고려에 넣지 않을 수 없었다. 또한 세계대전중에는 각 전쟁당사국내의 전쟁에 찬성하는 정당들 역시 그들이 지닌 불타는 목표에도 불구하고 대내적 반대에 대한 투쟁에 있어서 어느 정도 절제를 보이지 않을 수 없었다.

　자유주의와 자본주의의 시대는 이제 영원히 지나갔다는 신념을 지니고 마르크스 사회민주주의자들이 유리한 고지에 서서 권력을 장악하게 되었을 때에야 비로소 그때까지 자유주의적 이념에 대해 그것이 옳다고 인정하지 않으면 안된다고 생각되던 최후의 양보사항마저 사라졌다. 제3차 세계공산당대회에 참석한 정당들은 그들의 목적을 달성하려는 투쟁에 도움이 된다면 이제 어떤 수단을 사용하든 다 용인된다고 생각하게 되었다. 그들의 가르침이 유일하게 옳은 것이라는 것을 무조건 인정하여 좋든싫든 끝까지 그것에 따르지 않는 자는 누구든지 죽음의 형벌을 자초하는 것이라고 생각해서 공산당들은 장소나 때를 가리지 않고 그것이 현실적으로 가능한 경우에는 그러한 반대자나 어린아이를 포함한 그의 전가족을 처형하는 데 조금도 주저하지 않았다.

　적대자를 전멸시키려는 정책의 솔직한 표명, 그리고 그와 같은 정책을 수행하는 과정에서 자행된 살육이 공산당에 대한 반대운동을 유발시켰다. 자유주의를 적대시하는 비공산주의자들의 눈을 가리고 있던 꺼풀이 한꺼번에 떨어져 나갔다. 그때까지만 해도 그들은 비록 미워하는 적과의 투쟁일망정 몇 가지 자유주의의 원칙들은 꼭 준수되어야 하는 것으로 믿었었다. 그들은 또 비록 마지못해서이기는 하지만 정치적 투쟁에 있어서 살인과 암살은 그들이 사용할 수 있는 방법에서 제외시켜야 된다고 생각하였다. 또한 자신들을 반대하는 언론을 탄압하는 데 있어서나 그와 같은 종류의 발언을 억압함에 있어서 여러가지 제약이 있을 수밖에 없다는 것을 인정해야 했다.

　그런데 이제 그들은 그런 것들에는 아무런 주의도 주지 않고 상대방을 격파하기 위해 수단방법을 가리지 않는 적이 돌연히 출현한 것을 보게 되었다. 제3차 세계공산당대회를 반대하는 군국주의적이며 민족주의적인 집단들은 그들이 자유주의에 의해 기만당했다고 생각해왔다. 그들은 아직 그렇게 할 수 있는 동안 그들이 공산주의 혁명집단에 대하여 일대 타격을 가하고자 하였을 때, 자유주의자가 그들의 손을 묶어놓았다고 생각한다. 자유주의의 방해만 없었다면 혁명운동의 싹을 피가 나도록 잘라버릴 수 있었을 것이라고 하였다. 혁명을 지지하는 관념들이 뿌리를 내려 번성할 수 있었던 것은 오로지 혁명에 반대하는 자들이 자유주의원칙을 준수하고자 했기 때문에 의지력이 약화되어 혁명운동에 대하여 관용을 보였기 때문으로서 그것은 그후에 판명된 것처럼 지나치게 신중한 태도였다는 것이다.

만일 혁명운동이란 어떠한 것이든지 초기부터 가차없이 박멸해도 좋다는 생각을 수년전만 했더라도 1917년 이래 제3차 세계대회가 거둔 수많은 승리는 불가능했으리라는 것이다. 군국주의자 및 민족주의자들은 총쏘고 싸움하는 일이라면 그들 자신이 가장 정확한 사수요 가장 능란한 투사라고 믿고 있었기 때문이다.

이와 같은 운동(그들 중 가장 규모가 크고 훈련이 잘된 이탈리아인 집단의 이름을 따라 파시스트라고 부를 수 있는)의 기본이념은 제3차 세계대회 참석자들에 대항하는 투쟁에 있어서 후자가 그들의 적대자에 대하여 사용했던 바와 똑같은 방법을 망설임없이 사용하겠다는 것이었다. 그런데 제3차 세계대회 참석자들은 그들의 적이나 그들이 지닌 이념에 대하여 적대되는 사상을 마치 위생학자가 해로운 박테리아를 박멸하려 애쓰는 것과 똑같은 방법으로 박멸하겠다고 하였다. 따라서 그들이 적과 맺은 어떠한 협상조건에 의해서도 구애받지 않으며 적과 투쟁과정에서는 어떠한 범죄나 거짓말, 또는 중상비방이든 모두 다 허용된다고 생각하였다.

　파시스트는 적어도 원칙적으로 공산주의자들이 사용하는 방법과 동일한 방법을 사용하려는 의도를 지니고 있음을 고백하고 있다. 파시스트들은 러시아의 볼세비키가 그랬던 것처럼 아직도 스스로를 자유주의사상이나 전통적인 윤리관에서 완전하게 해방시키고 있지 못한 것은, 수천년에 걸친 문명이 남긴 지적 도덕적 유산을 단번에 깨뜨려버리기는 매우 힘든 나라에서 그들의 과업을 수행해나아가야 하기 때문이라고 말한다. 또한 파시스트들이 처한 그와 같은 상황은 우랄산맥 양편 숲속이나 사막에 살면서 문명사회와의 접촉이란 이따금씩 전리품을 얻기 위해 행해지는 문명사회에 대한 사냥행위가 고작인 야만인들 사이에서 그러한 과업을 수행하는 것과는 다르다고 말한다.

　이와 같은 차이가 있음으로 해서 파시즘은 러시아의 볼세비즘과는 달리 자유주의사상이 지니고 있는 영향력에서 스스로를 완전히 해방시키지 못할 것이다. 소비에트 지지자들이 보여준 적나라한 살인과 잔학행위를 보고서야 독일 및 이탈리아인들은 그들이 지니고 있던 전통적 자제심에 대한 기억을 떨쳐버리고 피나는 반대운동을 전개하겠다는 충동을 지니게 되었다. 파시스트나 그에 상응하는 다른 나라의 집단들이 취한 행동은 볼세비키나 공산주의자들이 저지른 만행에 대한 분개심에서 나온 반사적 행동이라고 볼 수 있다. 분개심이 방출되자마자 곧 그들의 정책은 보다 더 온건해졌으며 앞으로 시간의 흐름과 더불어 더욱 더 그렇게 될 것이다.

　이와 같이 온건한 노선을 취하게 된 것은 전통적인 자유주의사상이 아직도 파시스트들에게 무의식적으로 영향을 미치고 있음을 나타낸다. 이러한 추세가 앞으로 얼마나 더 지속될런지 모르겠으나, 우파 정당들이 파시즘의 전략을 채택한 것을 보면 자유주의에 대항하는 싸움에서 예전에는 상상조차 할 수 없었던 승리를 파시스트가 거두고 있다는 것을 알아야 할 것이다.

많은 사람들은 파시즘이 표방한 정책이 극히 반자유주의적이며 간섭주의적임에도 불구하고 그들이 취한 방법을 용인했는데, 공산주의자들을 문명의 최대의 적이라고 낙인찍게 한 이유없이 무절제한 파괴행위와는 거리가 멀기 때문이다. 파시즘의 경제정책이 가져오게 될 해악에 대하여 잘 알고 있었던 사람들조차 볼세비즘이나 소비에티즘에 비한다면 파시즘이 그보다는 작은 악이라고 생각하였다. 그러나 파시즘에 대하여 공공연하게 지지를 보낸 사람이나, 혹은 비밀스럽게 그렇게 한 사람 모두에게 있어서 파시즘의 진정한 매력은 바로 그것이 사용한 방법상의 폭력성에 있었던 것이다.

폭력을 사용한 공격에 대항하여 우리가 제시할 수 있는 유일한 저항수단이 폭력이라는 것을 부정하지는 못한다. 볼세비키가 무기를 사용한다면 그에 대항하는 복수에 무기가 사용되어져야 할 것이며, 살인자들 앞에서 연약한 자세를 내보이는 것은 실책이라 하겠다. 자유주의자 중에서 이와 같은 사실에 대하여 의심을 품을 사람은 없다. 자유주의의 정치전략을 파시스트의 그것과 구별하는 것은 무장공격에 대항하여 무력을 사용할 필요가 있느냐 하는 것이 아니고 권력을 잡기 위한 투쟁에서 폭력이 지니는 역할에 대한 기본적 시각의 차이이다.

파시즘의 대내정책에 있어서 가장 위험이 큰 요소는 폭력이 지닌 문제해결 능력을 과신하는 데 있다. 확실한 성공을 거두기 위해서는 승리하고야 말겠다는 확고한 의지를 지니고 언제나 폭력적인 방법을 사용하는 것이 최선의 정책이라는 것이다. 그러나 상대편 역시 승리하겠다는 불타는 의지에서 똑같이 폭력적인 행동을 취한다면 그 결과는 어떻게 되겠는가? 그것은 분명히 전쟁, 즉 내란이 될 것이다.

이와 같은 분쟁에서는 수적으로 가장 강한 편이 최후의 승리자가 될 것이다. 장기적인 관점에서 보면 소수집단은 비록 그것이 가장 유능하고 활기찬 자들로 구성되어 있다 하더라도 다수의 의사에 반대하는 데 성공할 수 없다. 따라서 여기에서 가장 결정적인 질문은 '어떻게 하면 자신의 정당이 다수의 지지를 얻도록 할 수 있는가?'가 될 것이다. 그런데 이러한 질문이나 그 해답은 전적으로 지적인 것으로서 여기에서의 승리는 결코 힘이 아닌 지적인 무기로서만 쟁취될 수 있는 것이다. 자기에게 반대하는 사람을 힘으로 억누르는 것은 자신이 주장하는 바에 대한 동조자를 구하는 방법으로서 가장 부적합한 것이다. 지적인 논쟁을 통하여 정당화가 이루어져 국민여론의 지지를 받고 있는 것이 아닌 적나라한 힘의 사용은 싸우고자 하는 상대에게 새로운 동조자를 만들어줄 뿐이다. 힘과 사상의 싸움에서는 언제나 후자가 승리한다.

파시즘이 오늘날 성공할 수 있는 것은 사회주의자나 공산주의자가 범한 광범위한 못된 짓들에 대한 미움이 여러 계층에 걸쳐 파시즘에 대한 동정심을 유발했기 때문이다. 그러나 볼세비키가 저지를 범죄행위에 대한 선명하던 기억이 약해지면 사회주의의 실천방안들이 대중에 대하여 매력적인 힘을 또다시 발휘하게 될 것이다. 파시즘은 사회주의사상을 억압하고 그것을 퍼뜨리는 자들을 처형하는 일 이외에 그와 맞서 싸우기 위해 아무런 일도 하지 않았기 때문이다. 만일 진정으로 사회주의와 싸우고자 한다면 새로운 사상을 무기로 맞서야 할 것이다. 그러나 사회주의에 대해 효과적으로 반대할 수 있는 사상으로서는 단 하나, 즉 자유주의밖에 없다.

어떤 주장을 더 잘 전파시키는 데는 순교자를 내는 것보다 더 좋은 방법이 없다는 말이 있다. 이것은 단지 대략적으로만 옳을 뿐이다. 압박을 받는 집단의 주장을 강화시켜 주는 것은 그것을 추종하는 자들의 순교가 아니라 그것이 지식의 힘이 아닌 무력에 의해 공격받고 있다는 사실이다. 야만적인 힘에 의한 억압은 언제나 지식이라는 더 나은 무기를 사용할 수 없음을 고백하는 것과 같은데, 후자가 더 나은 이유는 그것만이 최후의 승리를 가져다주기 때문이다. 지식의 무기를 개발하지 못한다는 것이 파시즘이 지닌 최대의 오류이며, 그것은 결국 파시즘의 파멸을 가져올 것이다. 몇몇 나라에 있어서 파시즘의 승리는 재산이라는 문제에 관한 장구한 일련의 투쟁과정에서 나타난 짤막한 이야기에 불과하다.

다음번의 에피소드는 아마 공산주의의 승리가 될 것이다. 그러나 이러한 투쟁의 최종적인 결과는 무기가 아니라 사상에 의해서 결정될 것이다. 사람들을 파벌로 구별지으며 그들의 손에 무기를 쥐어주어 누구를 위해서, 그리고 누구에 대항해서 그 무기를 사용할 것인가를 결정짓는 것은 바로 사상이다. 무기가 아니라 사상만이 궁극적으로 저울이 기우는 방향을 결정할 것이다.

이상은 파시즘의 국내정권에 관한 분석이다. 국가와 국가 사이의 관계에 있어서 공공연한 힘의 원칙을 내세우고 있는 파시즘의 대외정책이 모든 근대문명을 파괴시키게 될 끊임없는 전쟁을 유발시킬 수밖에 없다는 것은 이제 더이상의 논의를 요하지 않는다. 우리 인류가 향유하고 있는 경제발전의 현수준을 유지하고 증진시키기 위해서는 국가간의 평화가 보장되어야 한다. 그러나 국가들의 모임에 있어서 오로지 무력에 의해서만 각자 제 위치를 확보할 수 있다는 믿음이 각 국가가 따르고 있는 이념이 지닌 가장 기본적이 가르침이라면 평화공존이란 불가능하다.

파시즘이나 독재정권의 수립을 목표로 하고 있는 그와 유사한 운동이 좋은 의도를 지니고 있으며, 그들의 간섭이 우선 당장은 유럽의 문명을 구원했다는 것을 부정할 수는 없다. 파시즘이 그렇게 함으로써 얻은 영예는 아마 역사에 길이 살아남을 것이다. 그러나 비록 그 정책이 당장의 구원을 가져왔다 하더라도 지속적인 성공을 약속할 수 있는 종류는 아니다. 파시즘은 그저 응급조치였을 뿐이다. 그것이 그보다 더한 무엇이라 생각한다면 치명적인 오류이다.

11. 정부활동의 한계

자유주의자가 보기에 국가의 과업은 오로지 생명과 건강 및 자유, 그리고 사유재산을 폭력적인 공격으로부터 보호하는 데에 있다. 이것을 넘어서는 것은 모두 다 해로운 것이다. 어떤 정부가 그에게 맡겨진 책임을 충실히 이행하는 대신에 너무 지나쳐서 개인의 생명이나 건강 및 자유, 또는 재산의 안위를 침해하는 데까지 나아간다면 물론 전적으로 옳지 못한 것이다.

부카르트가 얘기한 대로 권력은 누가 그것을 행사하든 그 자체가 악이다. 권력은 그것을 휘두르는 사람을 타락시켜 그것을 오용하도록 만든다. 절대군주나 귀족뿐 아니라 민주주의가 그들의 손에 통치의 최고권력을 쥐어준 대중들 역시 너무나도 쉽게 과도한 행동으로 빠져든다.

　미국에서는 주류의 제조나 판매가 금지되어 있다. 다른 나라에서는 그 정도까지는 이르지 않았으나 거의 모든 나라에서 아편이나 코카인, 그리고 그와 비슷한 환각제의 판매에 대해 어떤 형태이든 제약이 있다. 개개인을 스스로에게서 보호하는 것이 법과 정부가 해야 할 일 중의 하나라는 생각이 보편적으로 인정되고 있다. 정부의 활동영역을 넓혀나가는 것에 대해서 다른 일 같으면 반대하는 사람들조차도 이런 방면에서 개인의 자유를 제한하는 것은 참으로 합당한 일이며, 미개한 교조주의자만이 그와 같은 금지에 대해 반대할 뿐이라고 생각한다.

　개인의 삶에 대한 이와 같은 당국의 간섭을 받아들이는 것이 아주 일반적이어서 원칙적인 측면에서 자유주의를 반대하는 사람들조차 그와 같은 제한의 필요성이 겉으로 보기에 아무런 이의 없이 받아들여진다는 사실에 근거를 두고 완전한 자유란 해악이며 정부가 국민의 복지를 지켜주는 보호자로서의 역할을 수행함에 있어서 개인의 자유를 제한하는 조치를 반드시 취해야 된다고 결론짓는 것이 흔히 있는 일이다. 이들에 의하면 문제가 되는 것은 당국이 개인의 자유를 제한해야만 되느냐 하는 것이 아니라, 그 자유를 얼마나 많이 제한하여야 되느냐 하는 것이라고 한다.

　위에서 예를 든 환각제들이 해롭다는 사실에 대하여 말을 낭비할 필요는 없다. 소량의 알코올이라도 해로운지, 아니면 해악은 오로지 주류의 남용에서 오는지 하는 것이 문제는 아니다. 과음, 코카인, 모르핀 등이 생명과 건강, 일을 하고 즐길 수 있는 능력에 대해 치명적인 해가 된다는 것은 이미 잘 입증된 사실이므로 공리주의자라면 당연히 이것들을 악덕이라고 여겨야 하리라. 그렇다고 해서 이와 같은 사실이 당국으로 하여금 그것에 관계된 상행위를 금지시킴으로써 그러한 악덕을 억눌러야 된다는 것을 증명하는 것은 아니다. 또한 정부에 의한 간섭이 그것들을 진정으로 억누를 수 있는지 자명하지 않으며 설사 그것이 가능하다고 하더라도 그렇게 함으로써 과음이나 모르핀중독에 못지않은 해를 지닌 위험이 가득찬 판도라의 상자를 여는 것이 아니라는 사실 역시 결코 자명하지 않다.

이와 같은 해독에 탐닉하는 것이 해롭다고 생각하는 사람은 누구든지 그런 일을 아주 그만두거나 절제할 수 있을 것이다. 이 문제는 모든 이성적인 사람들이 해악으로 인정하는 과음이나 모르핀 및 코카인의 상습적인 복용과 관련지어서만 다루어질 수 있는 것은 아니다. 일단 시민의 대다수가 그들의 생활방식을 소수에게 강요할 권리가 있다고 생각하면 알코올, 모르핀, 코카인, 혹은 그와 비슷한 독성 물질을 금지하는 것에서 멈추는 것은 불가능하다. 독성물질의 금지가 옳다면 왜 니코틴이나 카페인 등의 금지는 옳지 않단 말인가? 왜 국가가 어떤 음식은 마음놓고 즐겨도 되며, 또 어떤 것은 건강을 해치니까 피해야 한다는 처방을 내리지 않는가?

운동경기에 있어서도 많은 사람들은 그들의 체력이 감당할 수 있는 것보다 더 과로하게 탐닉하기 쉽다. 왜 국가가 이런 일에도 간섭하면 안되는가? 성생활에 있어서 절제심을 보일 수 있는 사람은 드물며 늙어가는 사람들이 그와 같은 쾌락을 즐기는 것을 아주 끊거나 적어도 크게 절제하여야 함을 이해시키는 것은 참 힘든 일이다. 국가가 이런 일에 대해서도 참견해야 되지 않겠는가? 많은 사람들이 얘기하기를 이러한 쾌락보다 더 해로운 것이 저급한 문학작품을 읽는 것이라 한다. 사람들의 저급한 본능에 영합하는 출판물이 영혼을 더럽히는 일이 허용되어야만 하는가? 음란스러운 그림의 전시나 불경스러운 연극공연, 즉 한마디로 말해 비도덕성에 대한 모든 유혹들을 금지시켜야 되지 않는가? 또 잘못된 사회학적 이론을 전파하는 것이 이와 똑같이 사람들과 국가에 대해 해악이 되지 않겠는가? 사람들이 타인들을 자극하여 내란이나 외국과의 전쟁으로 끌어들이는 것을 허용하여야 하는가? 저속한 만화나 신성모독적인 비방이 신과 교회에 대한 존경심을 약화시키는 것을 허용하여야 하는가?

여기서 우리가 볼 수 있는 것은 국가가 개인의 생활방식에 관하여 간섭하지 말아야 한다는 원칙을 포기하는 즉시 개인생활의 아주 세세한 부분에 이르기까지 규제하고 제한하게 된다는 것이다. 그 결과 개인적 자유가 파괴된다. 그는 대다수가 바라는 것에 복종해야 하는 공동체의 노예가 되는 것이다. 권력을 장악한 악한 의도를 지닌 자에 의해 그와 같은 힘이 어떻게 남용될 수 있는지에 관하여는 설명할 필요조차 없다. 이와 같은 종류의 권력을 휘두르는 것은 그것이 비록 가장 선한 의도를 지니고 있는 사람에 의해서 진행된다 하더라도 이 세계를 정신세계의 무덤으로 전락시킬 것이다.

인간의 진보란 모두 대다수가 지닌 관념이나 관습에서 벗어나는 데에서 시작하여 마침내는 그들이 보인 예가 다른 사람들을 움직여서 이들 자신이 그러한 혁신을 받아들이게 한 소수의 극단적 행동이 가져다준 결과이다. 대다수로 하여금 소수가 무엇을 생각하고 읽고, 또 해야 할 것인지를 결정할 권리를 갖게 하는 것은 인류역사의 진보과정에 대하여 영원한 정지를 명령하는 것과 같다.

상습적으로 모르핀을 사용하는 것에 반대하는 투쟁과 '해로운' 문학작품에 대해 반대하는 투쟁이 아주 다른 두 가지라는 데에 이의를 달지는 않겠다. 그들 사이에 있어서 단 하나의 차이점은 전자의 금지를 주장하는 사람들 중 어떤 이는 후자의 금지에 대하여 동의하지 않을 것이라는 데 있다. 미국에서는 감리교 신자 및 근본주의자들이 알코올음료의 제조와 판매를 금지하는 법이 통과되자마자 진화론의 폐지를 위한 투쟁에 나서서 벌써 몇 개 주에서는 학교에서 다윈의 진화론을 추방하는 데 성공하였다. 소비에트 러시아에서는 자유로운 논쟁은 모두 다 억제된다. 어떤 책이 출판되어야 할지 여부를 결정하는 권한이 정부부서에서 일하는 무식하고 교양없는 광신자의 자의적恣意的 판단하에 놓여 있다.

어떤 일이 마음에 들지 않으면 금방 그런 일을 권력으로 금지할 것을 요구하는 성향이나, 또 금지되어 있는 것이 전혀 그들의 마음에 들지 않는다 하더라도 그러한 금지조치에 자발적으로 순종하려는 태도는 아직도 우리 안에 노예근성이 얼마나 깊게 박혀 있는가를 잘 보여준다. 신민이 시민이 되려면 오랜 기간에 걸친 자기학습의 과정이 필요할 것이다. 자유인이라면 그의 동료가 자기가 합당하다고 생각하는 것과 달리 행동한다 하더라도 마땅히 그것을 감내할 수 있어야 한다. 그는 어떤 일이 그의 마음에 안 든다고 해서 금방 경찰을 부르는 습관에서 스스로를 해방시켜야 할 것이다.

12. 종교적 관용성

자유주의의 관심사는 전적으로, 그리고 오로지 이 지상에서의 생활과 이 지상에서 사람들이 노력하는 것에 있다. 이에 반하여 종교의 왕국은 이 세상의 것이 아니다. 따라서 자유주의와 종교는 서로의 영역을 간섭하지 않고는 공존할 수 없다. 양자가 충돌하게 되었다면 그것이 자유주의의 잘못일 수는 없다. 자유주의는 종교의 고유한 영역을 침범하지 않았다. 즉 그것은 종교적 신앙이나 형이상학적 교의의 영역으로 침입해 들어가지 않았다. 그럼에도 불구하고 자유주의는 인간과 앞으로 올 세상과의 관계뿐 아니라 이 세상사에 대해서도 규제할 권한이 있다고 주장하는 정치세력으로서의 교회를 마주하게 되었다. 바로 이 점에서 양세력간의 전투의 제일선이 그어질 수밖에 없었다.

이러한 대립에서 자유주의가 거둔 승리는 너무나 압도적이어서 교회는 그가 수천년간 확고하게 유지해왔던 여러가지 주장을 영원히 포기하지 않을 수 없었다. 이단자를 불태워 버리는 일이나 종교재판에 의한 박해, 그리고 종교전쟁 등은 이제 역사에 속한다. 이제는 아무도 어떻게 해서 자기집 울타리 안에서 그들이 믿는 바에 따라 신앙생활을 하고 있는 조용한 사람들을 법정에 끌고 나가 감금하고 순교를 강요하고, 또 불태워 버릴 수 있었는지 이해하지 못한다. 그러나 비록 이제 더이상 신의 영광을 위하여 화목에 불을 붙이는 일은 없다 하더라도 아직도 상당한 정도로 이단에 대한 불관용이 남아있다.

그러나 자유주의는 어떤 종류의 불관용이든 그것을 그대로 용인해서는 안될 것이다. 모든 이의 평화로운 협동을 사회적 진보의 목표라고 생각한다면 그러한 평화나 승리가 광신자에 의해서 교란당하는 것을 허용해서는 안될 것이다. 자유주의가 모든 종류의 종교적 믿음이나 형이상학적 믿음에 대하여 관용심을 갖는다고 선언하는 것은 이들 '더 높은' 것들에 대한 무관심에서가 아니라 사회평화를 보장하는 것이 무엇보다도 최우선이 되어야 한다는 확신에서이다. 또 자유주의가 어떤 종류의 견해나 종교 및 종파를 모두 다 허용할 것을 요구하는 만큼 만일 이들이 그들에게 합당한 경계선을 참을 수 정도로 벗어나려 한다면 자유주의는 마땅히 그들을 그들에 맞는 울타리 안으로 불러들여야 할 것이다.

평화스런 협동에 바탕을 둔 사회질서 속에서는 젊은이들의 교육과 감화를 교회가 독점해야 한다는 주장은 성립되지 않는다. 교회를 지지하는 사람들이 자발적으로 찬성하는 것은 모두 다 교회에서 주어도 되며, 또한 주어야 되겠지만 교회와 아무런 관계를 갖지 않으려는 사람에 대해서까지 교회의 간섭이 허용되어서는 안될 것이다.

자유주의의 이러한 원리가 어떻게 해서 온갖 종류의 종교단체 속에 자유주의에 대한 것을 만드는지 모르겠다. 어떤 교회가 그 자신의 강제력이나 국가로부터 부여받은 강제력을 사용하여 사람들을 개종시키는 것을 자유주의의 원리가 반대하고 있으나, 동시에 그것은 다른 교회나 종파가 그 교회를 강제로 개종시키려는 것을 막아주기도 하는 것이다. 결국 자유주의는 교회로부터 한쪽 손이 빼앗은 것을 또다른 손을 이용하여 되돌려주고 있는 셈이다. 종교의 열성분자라 하더라도 자유주의가 신앙의 고유영역에 속하는 것으로부터 아무것도 빼앗으려 하지 않는다는 것을 인정해야 할 것이다.

자기들이 유리한 위치에 있을 때 이단자를 마음껏 박해하지 못해 안달하던 교파나 종파조차도 만일 그들이 소수파로 전락하면 적어도 자기들한테만은 관용을 베풀어달라고 간청하게 될 것이다. 그러나 이들의 이러한 요구와 자유주의자가 관용성을 중시하는 것과는 전혀 성질이 다른 것이다. 자유주의가 관용성을 중시하는 것은 원칙의 문제이며 기회주의적인 것이 아니다. 자유주의는 상식에 어긋나는 것이 분명한 가르침이나 어리석은 이단, 그리고 어린아이처럼 바보스런 미신조차도 그대로 두어야 한다고 요구한다.

뿐만 아니라 자유주의는 사회의 발전을 저해할지도 모르는 파괴적인 가르침이나 의견, 심지어는 자유주의가 지치지 않고 그것에 대항하여 싸우고 있는 정치운동들까지도 용인되어야 한다고 주장한다. 자유주의자로 하여금 관대함을 강요하고, 또 그것을 허용하도록 만드는 것은 관용의 대상이 되는 교리의 내용이 아니라 관용만이 사회평화를 창조하고 유지시킬 수 있다는 인식인데, 사회적 평화가 유지되지 않는다면 인류는 오랜 세월 이전의 야만과 빈궁 속으로 되돌아갈 수밖에 없을 것이다. 어리석고 상식 이하이며, 또한 진실이 아니며 해를 끼치는 것에 대하여 자유주의는 야만적인 힘이나 억압에 의해서가 아니라 마음의 무기를 써서 대항하고자 하는 것이다.

13. 국가와 반사회적 행위

국가란 강제와 강압의 장치이다. 이것은 소위 '야경국가'에 대해서만이 아니라 다른 모든 국가, 특히 사회주의국가에 대해서도 적용된다. 국가가 할 수 있는 일은 모두 다 강요와 힘의 사용에 의해서 이루어진다. 사회질서의 존속에 대해 위해가 되는 행동을 억압하는 것이 국가가 하는 일의 요체이며 이에 더하여 사회주의국가에서는 생산수단에 대한 통제기능이 추가된다.

로마인들의 냉정한 논리는 국가를 상징하는 문양으로 도끼와 한

묶음의 회초리를 사용함으로써 이와 같은 사실을 상징적으로 표현하였다. 스스로를 철학이라 부르는 난해한 신비주의가 근대에 있어서 그러한 사실의 진실된 측면을 호도하기 위해 무진장 애를 썼다. 쉘링에게 있어서 국가란 절대자, 혹은 세계정신이 자기를 드러내는 과정의 하나인 절대적 생명체의 직접적이고도 가시적인 영상이었다. 그것은 오로지 그 자신을 위해 존재하며 그것이 하는 모든 행위는 전적으로 그 존재의 형태와 내용을 보존하기 위해 이루어진다. 헤겔에 따르면 절대적 이성이 국가를 통해 스스로를 드러내며 객관적인 정신이 국가 안에서 완성된다. 그것은 윤리적 마음이 살아 있는 실체(자신만이 알아볼 수 있는 실질적인 의지로서 드러난 실체와 윤리적 심성)로 발전한 것이라 한다.

이상주의철학의 후손들은 국가를 신격화함에 있어서 그들의 스승을 앞질렀다. 물론 이와 같은, 혹은 그와 비슷한 가르침에 대한 반박으로서 니체를 따라 국가를 가장 냉혈적인 괴물이라 부른다 해서 진리에 더 가까이 가는 것은 아니다. 국가는 차갑지도 따뜻하지도 않은 것이다. 그것은 단지 살아 있는 사람들과 국가의 기관들인 정부가 그 이름 아래 활동하고 있는 하나의 추상적 개념에 불과하다. 국가의 행동이라는 것은 어느 것이나 다 인간이 하는 행동으로서 사람이 사람에게 입히는 해악이다. 사회의 보전이라는 목표가 국가기관의 활동을 정당화시켜 주기는 하지만, 그렇다고 해서 국가가 행하는 필요악 때문에 고통받는 사람들이 그것을 더 작은 악이라고 느끼지는 않는다.

어떤 이가 그의 동료에게 해로운 짓을 한다면 그것은 해를 입은 사람뿐 아니라 해를 입힌 사람 둘 다 상처를 입힌다. 법의 집행자가 되어 사람들이 고통받게 하는 것보다 더 인간을 타락시키는 일은 없다. 시민이 타고난 몫은 두려움과 굴종, 그리고 비굴한 아첨이지만, 스스로가 옳다는 바리새인과 같은 생각, 자만심 및 오만이라는 주인의 몫이 더 낫지도 않다.

자유주의는 정부관리와 시민들간의 관계에서 독침을 뽑아내고자 한다. 그렇다고 해서 자유주의가 법을 어긴 자의 반사회적 행동을 옹호하고, 또한 판사와 경찰관뿐 아니라 더 나아가 사회질서 그 자체를 부정하는 낭만주의자들의 발자취를 뒤따르려는 것은 결코 아니다. 국가가 지닌 강제력이나 범법자의 합법적인 처벌이 한 사회가 어떠한 상황에 처하든지 꼭 갖추고 있어야 할 기능임을 자유주의는 부정하려 하지도 않으며, 부정할 수도 없다. 그러나 자유주의는 처벌의 목적이 전적으로 사회에 대한 해로운 행동을 가능한 한 배제하고자 하는 데 있다고 믿는다. 따라서 처벌은 결코 복수나 보복을 위한 것이어서는 안된다. 범법자가 자초한 것은 법에 의한 처벌이며, 판사나 경찰, 또는 대중재판을 하려는 군중의 증오나 가학증세를 자초한 것은 아니다.

'국가'라는 이름 아래 스스로를 정당화시키는 강제력에 관하여 가장 알 수 없는 것은 그것이 궁극적으로 다수의 동의를 받아야만 유지될 수 있다는 필연성 때문에 공권력은 언제나 움터 나오는 혁신적인 것들을 공격목표로 하고 있다는 점이다. 인류사회가 국가라는 기구 없이 살아갈 수는 없겠지만 지금까지 이룩된 전인류의 진보는 국가와 국가가 지닌 강제력에 대한 저항과 반대를 통하여 달성되어 온 것이다. 따라서 인류에게 무엇인가 새로운 것을 제공해준 사람들이 모두 다 국가나 법률에 대해 좋은 말은 하나도 하지 않는 것이 이상할 리 없다. 굽힐 줄 모르는 국가주의자나 국가숭배자들은 이것을 그들에 대해 반대하는 것으로 생각할 수도 있겠지만, 자유주의자들은 비록 그것을 용인하지는 못하나 그들의 주장을 이해한다.

그러나 교도관이나 경관과 관련된 모든 것에 대한 혐오감이 너무 지나쳐서 개인이 국가에 대항할 수 있는 권리를 지니고 있다고 주장할 만큼 뽐내는 자만심에 이르게 된다면 자유주의자는 누구나 다 그것에 대해 반대하지 않을 수 없다. 국가권력에 대한 폭력적 저항은 다수의 횡포에서 벗어나려는 노력에서 소수가 사용할 수 있는 최후의 방책이다. 그들의 견해가 승리하기를 바라는 소수는 마땅히 지적인 수단을 통하여 스스로가 다수가 되도록 노력하여야 한다. 이를 위하여 국가는 개개인이 자유로이 움직일 수 있는 만큼의 자유 행동의 폭을 향유할 수 있도록 법률상의 허용한도를 정해야 할 것이다. 시민의 활동이 너무 좁게 제한되어서 그가 권좌에 있는 자와 견해를 달리할 때 그에게 남겨진 유일한 선택이 멸망이냐, 혹은 국가기구의 파괴냐에 이르게 할 정도가 되어서는 안될 것이다.

제2장

자유주의적 경제정책

1. 경제의 조직

　분업에 기초를 둔 사회에서 개인들간의 협동관계를 조직화하는데 다섯 가지 상이한 체제를 생각할 수 있다. 1) 그 발달된 형태를 자본주의라고 부르는 생산수단의 사적 소유제도, 2) 정기적으로 모든 부를 환수하여 재분배하는 것을 반복하는 생산수단의 사적 소유제도, 3) 신디칼리즘(강제노동조합제도), 4) 사회주의, 혹은 공산주의라고 알려진 생산수단의 공적 소유제도, 5) 간섭주의제도가 그것이다.

　생산수단의 사적 소유가 갖는 역사는 인류가 짐승과 같은 상태에서 근대문명의 최고봉에 다다르기까지의 발전의 역사와 일치한다. 사유재산을 반대하는 자들은 인류사회의 원시적 시대에 있어서는 경작지의 일부가 주기적인 재분배하에 놓여 있었으므로 아직 사유재산이 그 온전한 형태로 존재하고 있지 않았다는 것을 증명하기 위하여 매우 애썼다. 사유재산이 오직 '역사적인 범주'라는 이러한 관찰에서 그러므로 그것이 다시 한 번 별탈없이 폐기될 수 있는 것이라는 결론을 끌어내려 노력하였다.

　이러한 사고에 포함되어 있는 논리전개의 결함은 너무나 뚜렷하므로 더이상의 논의를 요하지 않는다. 태고시대에는 완전히 발달된 사유재산제도 없이도 사회적 협동이 가능했다는 사실이 문명의 더 높은 단계에서 인류가 사유재산 없이 잘해 나아갈 수 있다는 것을 입증하지는 못한다. 이 문제에 관하여 역사가 입증할 수 있는 것이 있다면 이 세상 어디에서든, 또한 어느 시대였든지 사유재산제도 없이는 인류가 지독한 궁핍, 그리고 동물적 생존과 구별하기 힘든 원시인의 상태를 벗어난 적이 없었다는 사실이다.

생산수단의 사적 소유에 대한 초기의 반대자들은 사유재산이라는 제도를 공격한 것이 아니라 소득분배의 불평등성에 대하여 공격하였다. 그들은 총생산량의 주기적인 재분배, 혹은 당시에 있어서 유일한 생산요소였던 토지의 재분배를 통하여 소득 및 부의 불평등을 없애야 한다고 주장하였다. 원시적인 농업생산이 일반화되어 있는 기술적으로 낙후된 나라에서는 재산의 균등분배라는 생각이 아직도 큰 영향력을 지니고 있다. 비록 그런 제도가 사회주의와는 무관하므로 그 호칭이 잘못된 것이기는 하나 사람들은 그러한 제도를 농지사회주의라 부르는 데 익숙해져 있다.

러시아에서의 볼세비키혁명은 사회주의자의 혁명으로 시작되었으나 그것이 농업에 있어서의 사회주의, 즉 토지의 공동소유제도를 이룩한 것은 아니며, 단지 농지사회주의인 농지균등분배주의였다. 동유럽의 다른 광범위한 지역에서는 대규모의 토지재산을 농지개혁이라는 이름 아래 소농들에게 분배하는 것이 영향력 있는 정치집단들이 지니고 있던 이상이었다.

이 제도에 관하여 더이상 논의하는 것은 불필요할 것이다. 그것이 노동생산성의 감소를 가져오리라는 것은 논쟁의 여지가 없다. 토지가 아주 원시적인 방법에 의해서 경작되고 있는 것이 아니라면 그와 같은 분할과 재분배의 결과로 생산성의 감퇴가 온다는 것을 깨닫지 못할 리가 없다. 근대적 기술이 제공해준 도구들로 장치된 우유농장을 분할하는 것이 말이 안된다는 것은 누구나 인정하리라. 이와 같은 분할과 재분배의 원리를 산업적, 혹은 상업적 기술에 대해 적용한다는 것은 생각할 수 없는 일이다. 철도나 공작, 창廠, 또는 기계공장을 분할할 수는 없다. 분업에 기초를 둔 경제 및 간섭이 없는 시장을 완전히 파괴하여 상호간에 아무런 재화의 교환도 일어나지 않는 농장들로 구성된 자급자족경제로 되돌아가기 전에는 주기적인 재산의 재분배를 실천에 옮길 수 없을 것이다.

노동조합이 생산수단을 소유해야 한다고 주장하는 운동인 신디칼리즘은 재산의 균등분배라는 이상을 근대의 대규모 산업에 적용하고자 하는 시도이다. 그것은 생산수단의 소유를 개인도 사회도 아닌 각 산업이나 생산의 각 분야에 종사하는 노동자들에게 귀속시키려 한다.

생산에 있어서 물적 생산요소와 인적 생산요소의 결합비율이 생산분야마다 같지 않으므로 재산분배의 균등성은 이런 식으로 달성될 수 있는 것이 아니다. 처음부터 어떤 산업의 노동자는 타산업의 노동자보다 더 많은 재산을 분배받게 된다. 또 어떤 경제에서든지 자본과 노동을 끊임없이 생산의 한 분야에서 다른 분야로 이전해야 되는 필요성에 의해 야기되는 어려움에 대해서만 생각해보아도 알 수 있는 일이다. 다른 분야의 시설을 늘리기 위하여 한 분야에서 자본을 빼 낼 수 있겠는가? 한 분야에서 노동자를 빼내어 자본할당량이 더 작은 분야로 이동시킬 수 있겠는가? 이러한 일들이 불가능하다는 사실이 사회조직의 형태로서 신디칼리즘이 사리에 맞지 않으며 현실성이 없음을 잘 나타내 준다. 그런데 만일 개별적인 집단의 상부조직으로서 그러한 생산요소의 이전을 실행에 옮길 수 있는 권한을 지닌 중앙권력을 가정하고 있다면 우리는 더이상 신디칼리즘이 아니라 사회주의를 다루고 있는 셈이다. 현실적으로 신디칼리즘은 사회의 이상으로서 너무나 비합리적이기 때문에 그 문제에 관하여 끝까지 생각해보지 않은 흐리멍덩한 사람만이 원칙의 문제로서 그것을 주장해온 것이다.

사회주의나 공산주의는 재산(생산수단을 이리저리 배치할 수 있는 힘)을 사회, 즉 강요와 강제의 사회장치인 국가에게 두고자 하는 사회조직이다. 어떤 사회가 사회주의적이라고 판정되는 데 있어서 사회적 배당금이 균등하게 배분되거나, 다른 원칙에 따르거나 하는 것은 그리 중요하지 않다. 마찬가지로 어떠한 사회가 사회주의사회인가를 판별하는 데 있어서 강제와 강압의 사회적 장치인 국가에게 생산수단의 소유권을 공식적으로 이전함으로써 사회주의가 등장했느냐, 혹은 사적 소유자가 재산을 명목상으로 소유하고 있으되 국가의 지시에 의하지 않고서는 재산의 '소유주'가 그들의 수중에 있는 생산수단을 마음대로 사용할 수 없다는 사실에서 비로소 사회화가 이루어진 것을 알게 되느냐 하는 것이 결정적으로 중요한 것은 아니다.

만일 정부가 무엇이 어떤 방식으로 생산되어야 하며 그것이 누구에게 '얼마'에 팔려야 한다는 것을 모두 결정한다면 사유재산은 이름만 있을 뿐이다. 실제에 있어서는 모든 재산이 이미 사회화된 것이나 같은데, 그 이유는 경제활동의 주원동력이 이제 더이상 기업가나 자본가의 이윤추구에 있지 않고 부과된 의무의 완수와 명령에 대한 복종이 있기 때문이다.

끝으로 간섭주의에 대해서도 논의해야겠다. 널리 퍼져 있는 견해에 따르면 사회주의와 자본주의의 중간에 사회조직의 제3의 가능성, 즉 그때 그때 집행되는 권위주의적 명령(간섭)에 의해 규제되고 통제되며, 또한 그 사용에 대해 일일이 지시받는 사유재산제도가 있다고 한다. 주기적인 재산의 재분배나 신디칼리즘에 대해서는 이하에서 더이상 논의하지 않기로 한다. 이 두 제도는 대체로 별문제가 되지 않는다. 진지하게 받아들일 가치가 조금이라도 있는 사람은 누구도 그것을 주창하지 않는다. 따라서 우리가 관심을 지녀야 할 것은 사회주의와 간섭주의, 그리고 자본주의이다.

2. 사유재산과 그 비판자들

인간의 삶은 불순물이 섞이지 않은 순수한 행복의 상태가 아니며 이 지구는 지상천국이 아니다. 이러한 현실이 잘못된 사회제도에서 비롯된 것이 아님에도 불구하고 사람들은 흔히 그것을 사회제도의 책임으로 돌린다. 어떤 문명이든 우리의 것을 포함한 모든 문명의 기초는 생산수단의 사적 소유에 있다. 따라서 누구든 근대문명을 비판하고자 하는 사람은 사유재산에 대해 비난하는 것으로 시작한다. 비판가의 마음에 들지 않는 모든 일에 비추어 사유재산제도가 비난되는데, 특히 사유재산제도가 제한되고 여러가지 측면에서 제약을 받았기 때문에 그것이 지니고 있는 사회적 잠재력이 다 드러날 수 없었던 데에 원인이 있는 해악들에 대해서 더욱 더 그렇다.

비판가는 흔히 자기의 뜻대로 되었다면 모든 게 얼마나 좋았을까 라고 상상하는 데서 비판을 시작한다. 그의 공상 속에서 자기자신, 혹은 자신과 똑같은 의지를 지닌 타인을 이 세상의 절대적 주인으로 들어올림으로써 자신과 상반되는 모든 의지를 제거해버린다. 강자의 권리에 대해 설교하는 자는 누구나 스스로를 강자로 여긴다. 노예제도를 옹호하는 사람은 한순간이라도 자기도 노예가 될 수 있다는 생각을 갖지 않는다. 양심의 자유를 제한할 것을 주장하는 사람은 그것이 타인에 관계되는 것이지 자기와는 무관한 것이라 생각한다. 과두정부를 주장하는 사람은 언제나 자기를 과두정부의 일원으로 포함시키며, 계몽주의적 전제자나 독재자를 생각할 때마다 희열에 빠지는 사람은 공상 속에서 스스로가 그러한 전제자나 독재자라고 여기거나 적어도 그가 그들을 조종할 수 있는 전제자의 전제자이거나 독재자의 독재자가 된다는 생각을 할 만큼 오만하다.

아무도 스스로를 약하며 억압받고 힘에 억눌려 있으며 부당한 대접을 받고 권리가 없는 신민의 위치에 두고자 하지 않는 것처럼, 사회주의하에서 그 자신이 총지휘자, 혹은 총지휘자의 고문관 이외의 다른 직책을 갖고자 하지 않는다. 사회주의에 관한 꿈과 희망적인 공상에 있어서 그와 같은 위치에 서는 것보다 더 가치있는 인생은 없을 것이다.

반자본주의적인 문헌은 이윤과 생산성의 통상적인 대립관계에 관한 몽상가의 환상에 있어서 하나의 정형을 만들었다. 우선 자본주의 사회질서 속에서 실제로 일어나는 일들을 아주 이상적인 사회주의하에서 비판자의 희망에 맞추어 이룩될 수 있는 것들과 상상 속에서 대조시킨다. 다음 이러한 이상적인 영상과 합치되지 않는 것은 모두 다 비생산적인 것으로 특징지우는 것이다. 개개인에게 있어서 가장 이로운 것과 공동체를 위하여 가장 이로운 것이 항상 동일하지는 않다는 사실이 아주 오랫동안 자본주의제도에 대한 가장 심각한 반론이 되는 것으로 여겨져 왔다. 최근에 들어와서야 비로소 이들 대부분의 경우에 있어서 사회주의 공동체 역시 자본주의 공동체에서 개개인이 행동하는 것과 다르게 발전해나갈 수 없음이 인식되었다.

그러나 그들이 반대하는 상황이 실제 존재한다 하더라도 사회주의 사회가 반드시 옳은 것을 행하며 자본주의사회가 그렇게 하지 못하기 때문에 언제나 유죄판결을 받아야 된다고 간단하게 결론내려서는 안될 것이다. 생산성이라는 개념은 전적으로 주관적인 것이기 때문에 그것이 객관적인 비판의 시발점이 될 수는 없다.

따라서 공상 속에서의 독재자가 생각하는 것에 대해 우리가 관심을 쏟을 필요는 없다. 그의 꿈속의 환상에서는 모든 사람이 열성에 가득차 있고 복종적이며 그의 명령을 즉시, 그리고 일호의 차질도 없이 실행에 옮길 준비가 되어 있다. 그러나 단순히 환상 속에서가 아니라 현실적으로 존재하는 사회주의사회에서 일들이 어떻게 되어 갈런지 하는 것은 아주 다른 문제이다. 자본주의경제의 연간 총생산물을 사회구성원 전부에게 똑같이 나누어주면 모든 사람에게 충분한 생계유지수단을 보장해주기에 부족함이 없으리라는 가정은 간단한 통계적 계산이 보여주듯이 그릇된 것이다. 따라서 이런 방식으로는 사회주의사회가 생활수준의 현저한 향상을 이룩하지 못한다. 만일 사회주의가 모든 사람에게 안녕과 풍요함을 제공해주겠다는 가능성을 내보인다면 그것은 사회주의사회의 노동자들이 자본주의사회 속에서의 그들보다 훨씬 더 생산적이며 사회주의사회가 여러가지 쓸데없는 비생산적인 지출을 하지 않아도 될 수 있으리라는 가정아래에서나 가능한 일이다.

이 두번째 것과 관련되는 것으로 우리가 생각할 수 있는 것은, 예를 들어 상품판매나 경쟁, 또는 광고에 소요되는 비용을 없애는 것이 있다. 사회주의사회에서 그러한 지출이 차지할 여지가 없음은 분명하다. 하지만 사회주의의 분배기구 역시 적지 않은 비용, 아마도 자본주의보다 훨씬 더 큰 비용을 지닌다는 사실을 잊어서는 안된다.

그러나 이것이 이와 같은 비용이 지니는 중요성에 대한 우리의 판단에 있어서 결정적인 요소는 아니다. 사회주의자는 사회주의사회에서의 노동생산성이 적어도 자본주의사회에서의 그것만큼은 되리라고 아무런 의심 없이, 그리고 아주 당연한 것으로 가정하며 더 나아가 노동생산성이 훨씬 더 커질 것이라는 사실을 입증하고자 노력한다. 그러나 첫번째 가정은 사회주의 주창자가 생산하는 것처럼 자명한 것이 결코 아니다. 자본주의사회에서 생산되는 재화의 양은 생산이 어떤 방식으로 이루어지느냐와 무관하지 않다. 여기서 결정적으로 중요한 것은 생산의 모든 분야의 매단계마다 바로 그 일에 종사하는 사람들의 특별한 이익이 거기에서 행해지는 노동의 생산성과 가장 밀접하게 연결될 수밖에 없다는 사실이다. 노동이 생산한 바에 따라 임금이 결정되므로 노동자는 누구나 전력을 다해 일해야 하며, 기업가는 누구나 다 그의 경쟁자보다 더 싸게, 즉 자본과 노동에 대해 더 적은 비용으로 물건을 생산하도록 애써야 할 것이다.

위에서 언급한 유인들로 인하여 자본주의사회가 현재 지배하고 있는 부를 생산할 수 있었던 것이다. 소위 자본주의적인 상품판매제도가 지니게 되는 과도한 비용이 이에 대한 예외라고 생각하는 것은 너무 근시안적 견해이다. 붐비는 업무지구내에서 수많은 신사용품점, 그리고 그보다 더 많은 끽연용품점들이 경쟁하고 있다고 해서 자본주의가 자원을 낭비한다고 비난하는 사람들은 이와 같은 판매조직이 노동생산성을 가장 크게 하는 생산조직의 결과일 뿐이라는 사실을 모르고 있는 것이다. 생산에 있어서의 진보가 이루어진 것은 모두 다 이와 같은 생산장치들이 끊임없이 진보해나가는 속성을 지니고 있기 때문이다. 모든 기업가들이 끊임없는 경쟁 속에 있으며 만일 이익이 가장 많이 남는 방법으로 생산하지 않을 경우 가차없이 솎음질을 당하기 때문에 생산방법이 계속하여 개선되고 더 정교해지는 것이다.

만일 이러한 유인을 없앤다면 생산에 있어서 더이상의 진전은 일어나지 않을 것이며 전통적인 방법을 사용하는 데 있어서도 절약하려는 노력이 더이상 이루어지지 않을 것이다. 따라서 광고비용을 없애버리면 얼마나 절약될까 하고 묻는 것은 전혀 말도 안되는 이야기이다. 차라리 생산자들 사이의 경쟁을 없앤다면 얼마나 생산될 수 있겠는가를 물어보는 편이 나으리라. 이 문제에 대한 답이 무엇인지에 대해서는 의심의 여지가 없다.

우리는 누구나 다 소비하려면 일을 해야 하고, 또 자신의 노동이 생산한 만큼 소비할 수 있다. 자본주의제도의 특성은 그것이 전사회 구성원으로 하여금 자신이 맡은 일을 가장 효율적인 방법으로 처리하도록 유도하여 최대한의 생산을 가능하게 한다는 데에 있다. 사회주의사회에서는 개인의 노동과 그 노동의 결과 향유할 수 있는 재화와 용역간에 이와 같은 직접적인 연결관계가 결여되어 있다. 여기서는 일을 하고자 하는 유인이 자기노동의 열매를 즐길 수 있는 가능성에 있지 않고 권력자가 일을 하라고 명령하는 것과 각자의 의무감에 있다. 이와 같은 노동조직이 얼마나 비현실적인가 하는 데 대한 정확한 설명은 다음장에서 하기로 한다.

자본주의제도에서 언제나 비난의 대상이 되고 있는 것은 생산수단의 소유자가 남보다 우대받는 위치에 있다는 사실이다. 이에 따르면 그들은 일을 하지 않고도 살 수 있다는 것이다. 만일 개인적인 관점에서 사회질서를 바라본다면 우리는 여기에서 자본주의사회의 심각한 결함을 볼 수 있다. 왜 어떤 사람이 다른 사람보다 더 잘살아야 한단 말인가? 그러나 누구든 사물을 개개인의 관점에서가 아니라 전사회질서의 입장에서 바라본다면 재산소유자들이 실제로는 사회에 필요불가결한 봉사를 할 때만 그들이 누리는 좋은 지위를 유지할 수 있다는 것을 알게 될 것이다.

자본가는 사회를 위하여 가장 중요한 용도에 쓰이도록 생산수단을 고용함으로써만 우대받는 그의 위치를 유지할 수 있는 것이다. 만일 그가 그렇게 하지 않고 자기가 소유한 부를 현명하지 않게 투자한다면 손해를 볼 것이며, 더욱이 실수를 제때에 고치지 않을 경우 현재 누리고 있는 우대받는 위치에서 머지않아 가차없이 내팽개쳐질 것이다. 결국 그는 더이상 자본가가 아니며 그보다 나은 다른 사람이 그의 위치를 차지하게 된다. 자본주의사회에서는 생산수단을 배치하는 권한이 그것을 하기에 가장 적합한 자의 수중에 놓이게 마련이므로 자본가들은 그들이 원하든 원하지 않든간에 생산수단을 사용함에 있어서 그것이 많은 생산물을 가져오도록 끊임없이 노력해야 하는 것이다.

3. 사유재산과 정부

  정권을 장악한 자들, 정부, 제왕, 그리고 공화정의 권력자들은 언제나 사유재산에 대해 의심을 품어왔다. 정부권력은 그것이 어떠한 종류든 자신의 활동에 아무런 제한도 받지 않고자 하며 가능하면 권한이 미칠 수 있는 영역을 확장하려는 경향을 지닌다. 모든 것을 통제하고 권력의 간섭 없이는 어떠한 일도 독자적으로 이루어 질 수 없게 하는 것이 모든 통치자가 은밀히 바라며 추구하는 목표이다. 그들은 '사유재산이 우리가 취할 수 있는 길을 가로막지만 않는다면'이라고 생각한다. 사유재산은 그 안에서 각 개인이 국가로부터 자유로울 수 있는 공간을 창조하기 때문이다.
  그것은 권력자의 의지가 작동될 수 있는 한계를 긋는다. 그것은 정치권력과 대등하며 그것에 대립되는 다른 힘들을 출현시킨다. 따라서 사유재산은 국가의 폭력적인 간섭으로부터 자유로울 수 있는 모든 행동의 기반이 된다. 그것은 그 안에서 자유의 씨앗이 자양분을 받으며 개인의 독립성과 궁극적으로는 모든 종류의 지적 물적 진보가 뿌리를 내릴 수 있는 토양이다.

이런 관점에서 그것은 개인의 발전을 위한 기본적인 전제조건이라고까지 불리운다. 그러나 흔히 제기되는 개인과 전체, 개인주의적인 관념 및 목표와 전체주의적인 것, 더 나아가 개인주의적인 과학과 보편적인 과학간의 대립관계는 공허한 구호에 지나지 않으므로 위와 같은 주장이 받아들여질 수 있으려면 여러가지 유보사항들이 전제되어야 한다.

생산수단의 사적 소유제도의 자유로운 발전과 작동을 방해하는 일을 자발적으로 억제하는 정치권력은 지금까지 존재한 적이 없다. 정부는 그렇게 할 수밖에 없으므로 사유재산을 용인하는 것이지 그것의 필요성을 인식해서 자발적으로 사유재산을 인정하는 것은 아니다. 자유주의 정치가들조차도 일단 권력을 잡으면 그들이 지녔던 자유주의원칙을 뒷전으로 돌려버린다.

사유재산에 대하여 억제적인 제한조치를 부과하고 정치권력을 남용하며 국가의 관할영역 밖이나 자유공간을 인정하거나 존중하지 않으려는 경향이 강제와 강요를 특성으로 하는 정부기구를 통제하는 사람들의 사고 속에 너무나 깊이 박혀 있어서 그들이 그러한 경향을 스스로 거부한다는 것은 불가능하다. 자유주의정부라는 말은 서로 모순되는 말이다. 민중의 만장일치에 근거를 둔 여론이 지니는 힘에 의해 정부가 자유주의를 채택하도록 강요해야지 자기 스스로 자유주의적이 될 수 있으리라고 기대한다는 것은 불가능한 일이다.

모두 똑같이 부유한 농촌사회에서 통치자가 그 신민들의 재산권을 인정하도록 강요하는 것이 무엇일런지에 대해 이해하기는 쉽다. 그러한 사회에서는 재산에 대한 권리를 제약하려는 시도는 어느 것이든 다 정부에 대항하는 신민들의 단합된 저항으로 결국 정부의 몰락을 초래하게 된다. 그러나 농업뿐 아니라 공업생산, 특히 공업이나 광업 및 무역 등에 걸쳐 대규모의 투자를 행하고 있는 대기업들이 존재하는 사회에서는 그 상황이 본질적으로 다르다. 이 경우에는 정권을 장악하고 있는 자들이 사유재산에 반하는 행동을 취하는 것이 의외로 용이해진다. 실제로 정부에게 재산권을 공격하는 것보다 더 유리한 것이 없는데, 그 토지와 자본의 소유주에 대항하여 대중을 선동하는 것은 언제나 용이한 일이기 때문이다.

따라서 고대 이래로 절대군주나 독재자 및 폭군 등은 스스로를 유산계급에 대항하는 '민중'의 편이라 주장해왔다. 루이 나폴레옹의 제2제국만이 황제주의의 원칙 위에 수립된 정권은 아니다. 프러시아의 권위주의적인 호헨촐레른 국가 역시 프러시아에서 헌법에 대한 논쟁이 활발했을 때 라살레가 독일정치에 도입하였던 사상, 즉 국가주의 및 간섭주의정책을 사용하여 자유주의적 유산계급과의 싸움으로 대중을 이끌어가는 데 성공할 수 있다는 생각을 가졌었다. 이것이 슈몰러 및 그 일파가 그처럼 높이 찬양해 마지않던 '사회적 전제정치'의 기본원리이다.

이와 같은 온갖 박해에도 불구하고 사유재산제도는 살아남았다. 온갖 정부가 그에 대해 지녔던 적대감이나, 저술가와 도덕주의자, 그리고 각 교회와 종교에 의한 적대적인 선전활동, 더 나아가 그 자체가 본능적인 시기심의 깊은 뿌리에서 나오는 대중의 원망조차 사유재산제도를 폐지시키지는 못하였다. 생산 및 분배행위를 조직화함에 있어서 사유재산제도를 대신하여 사용한 방법은 어떤 것이든 즉시 그것이 엉터리라 할 정도로 비현실적임이 판명되었다. 사람들은 사유재산제도가 필요불가결한 것임을 깨닫게 되어 좋든싫든 그것으로 되돌아갈 수밖에 없었던 것이다.

그럼에도 불구하고 사람들은 아직까지 우리가 생산수단의 자유로운 사적 소유제도로 되돌아가야 하는 이유가 그것에 기초를 두지 않은 경제제도는 사회 속에서 인간의 삶에 필요한 것들과 삶의 목표를 달성하는 데 필요한 것을 제공해줄 수 없다는 사실에 있음을 인정하려 하지 않고 있다. 지금까지 소중히 여겼던 이념, 즉 사유재산이란 인류가 윤리적으로 보다 더 발달할 때까지는 없앨 수 없는 해악이라는 이념을 떨쳐버려야 옳을지 마음을 정하지 못하는 것이다. 정부는 그 자신의 의도는 물론 모든 조직화된 권력의 중심부가 지니는 내재적인 경향에 반하여 사유재산이 존재한다는 사실을 받아들이기는 했지만, 그럼에도 불구하고 재산권에 대해 적대적인 이념을 고수하고 있다. 실제로 정권을 장악한 자들은 사유재산에 대하여 반대하는 것은 원칙적으로 볼 때 옳은 일이며 그들이 그러한 원칙에서 벗어나는 것은 모두 다 스스로의 위약성 때문이거나 아니면 힘센 집단들의 이익을 생각해서라고 여기고 있다.

4. 사회주의의 비현실성

사람들은 단지 인류가 사회주의사회에서 요구되는 도덕적 자질을 갖추지 못하고 있기 때문에 사회주의가 실용성을 결여하고 있다고 생각하기 쉽다. 사회주의하에서는 대부분의 사람들이 생산수단의 사적 소유제도에 기초를 둔 사회질서내에서 매일매일의 일과에 대해 보였던 바와 똑같은 정도의 열의를 갖고 자기들에게 맡겨진 업무와 의무를 수행하지 않을 것이라고 우려된다. 자본주의사회에서는 모든 사람이 노동의 결과는 스스로가 향유할 수 있는 자기의 것이며 그가 얼마나 더 일하느냐에 따라 소득이 증가한다는 것을 알고 있다. 사회주의사회에서는 모든 사람이 자기자신의 노동이 얼마나 효율적인가가 별로 중요하지 않다고 생각하는데, 어떠한 경우이든 총생산량의 고정된 몫이 자기에게 돌아올 뿐 아니라 한 사람이 게으름을 피운다 해서 총생산량이 눈에 띄게 줄어들지도 않기 때문이다. 만일 두려워하는 바대로 그러한 믿음이 일반화된다면 사회주의사회 내에서의 노동생산성은 크게 감소할 것이다.

사회주의에 대해 제기된 위와 같은 반론은 옳은 것이기는 하지만, 문제의 핵심에 접근한 것은 아니다. 만일 자본주의사회에서 경제적 계산에 의해 노동자의 개별생산량이 얼마인지를 정확히 계산할 수 있는 것과 똑같이 사회주의하에서도 그 구성원의 생산량이 얼마나 되는지 정확히 밝힐 수만 있다면 사회주의의 실현가능성 여부가 사람들이 선한 의지를 지니고 있느냐의 여부에 달려 있지 않게 될 것이다. 어떤 사회이든 적어도 일정한 한도내에서는 각자가 생산에 공헌한 정도를 근거로 하여 총생산량의 얼마만큼을 각 노동자에게 배분해야 할런지 결정할 수 있는 위치에 있게 될 것이다. 그런데 사회주의를 현실 불가능한 것으로 만드는 것은 바로 이와 같은 계산이 사회주의사회에서는 불가능하다는 사실에 있다.

자본주의체제하에서는 이윤계산이 개인에게 있어서 그가 경영하는 기업이 주어진 상황 아래서 영업활동을 하는 것 자체가 옳은지의 여부는 물론 그 기업이 가장 효율적인 방법, 즉 생산요소의 고용에 있어서 최소의 비용으로 운영되고 있는지의 여부를 판단하게 하는 지표가 된다. 만약에 어떤 사업이 이윤을 남기지 못한다면 소비자의 입장에서 볼 때 이것은 이 사업에 쓰이는 원자재나 반제품, 그리고 노동력을 다른 기업들이 더 긴요하고도 중요한 목적을 위하여, 혹은 동일한 목적이라면 보다 더 경제적인 방식으로(즉 자본과 노동에 대한 보다 작은 경비로써) 고용하여야 함을 나타낸다. 예를 들어서 수공업적 직조가 더이상 이익을 남기지 않게 된다면, 이는 기계를 사용하는 직조방법에 쓰이는 자본과 노동이 훨씬 더 많은 생산량을 낳으며, 따라서 같은 양의 자본과 노동으로 적은 양밖에 생산하지 못하는 생산방법을 고수하는 것이 비경제적임을 의미한다.

새로운 사업을 계획하고 있는 경우에 우리는 그 사업이 이윤을 낼 수 있는지, 그렇다면 얼마나 낼 수 있는지를 미리 계산해볼 수 있다. 예를 들어 철도선을 부설하고자 한다면 예상되는 이용자의 수와 그들이 운임을 지불할 수 있는 능력이 있는지를 추정함으로써 그와 같은 사업에 자본과 노동을 투입하는 것이 옳은지 계산해볼 수 있다. 만일 그와 같은 계산에서 이 사업에서 이윤이 남지 않을 것이라는 결론이 나온다면 그것은 철도부설에 필요한 자본과 노동의 보다 더 긴요한 고용처가 있음을 말하는 것과 같다. 즉 이 세상은 아직 그런 비용을 감당할 만큼 부유하지 못하다고 판단할 수 있다. 그런데 어떤 사업에 착수하여야 할런지의 여부를 결정하는 데 있어서만 가치와 이윤의 계산이 결정적인 것은 아니다. 그것은 기업가가 사업을 하는 데 있어서 취하게 되는 의사결정의 모든 단계에 대하여 적용할 수 있는 것이다.

자본주의의 경제적 계산은 그것만이 합리적인 생산을 가능하게 하는 화폐적 계산에 기초를 두고 있다. 시장에 나와 있는 모든 재화와 용역의 가격이 화폐단위로 표시될 수 있기 때문에 비로소 상품과 용역의 이질성에도 불구하고 동질성인 측정단위에 의한 계산이 가능한 것이다. 생산수단이 공동체에 의해서 소유되고 있으며 그 결과 시장이 존재하지 않고 생산적인 재화와 용역의 교환이 이루어지지 않는 사회주의사회에서는 재화와 용역에 대해서 이렇다 할 화폐가격이 존재할 수 없다. 그러한 사회는 따라서 필연적으로 기업의 합리적인 경영을 위한 수단인 경제적 계산방법을 결여하고 있다. 모든 이질적인 재화와 용역을 동시에 나타낼 수 있는 공약수가 없으면 그러한 경제적 계산이 불가능하기 때문이다.

아주 단순한 예를 들어보자. A에서 B지역에 이르는 철도의 건설에 있어서 몇 가지 다른 노선을 고려해볼 수 있다. 이제 A와 B 사이에 산이 하나 있다 하자. 기찻길은 산을 넘어서 낼 수도 있고, 산을 돌아서 낼 수도 있으며, 터널을 이용하여 산을 통과해서 낼 수도 있다. 자본주의사회에서 그 중 어떤 노선에서 가장 이익이 많이 남을런지 계산하는 것은 아주 쉬운 일이다. 그저 이들 세 가지 안에 따르는 건설비용과 각 노선별로 예상되는 승객수에 따르는 운영비의 차이를 확실히 하면 된다. 이와 같은 계산결과에서 그 중 어떤 노선에서 가장 이윤이 크게 나는지 계산하는 것은 어렵지 않다.

사회주의사회에서는 그런 계산이 불가능하다. 사회주의사회는 이 문제와 관련되어 고려에 넣어야 할 모든 재화와 용역의 이질적인 수량과 품질을 평가하는 데 있어서 사용할 통일된 표준을 갖고 있지 못하기 때문이다. 경제관리에 필요한 평상적이며 일상적인 문제에서조차 사회주의는 어찌할 바를 모르게 될 터인데, 장부처리를 할 수 있는 방법을 가질 수 없기 때문이다.

자본주의 이전의 시대보다 훨씬 더 많은 사람이 이 지구상에서 살아갈 수 있도록 해준 번영은 오로지 상당히 우회적인 생산방법인 자본주의의 생산방법 때문에 가능했던 것인데, 이러한 자본주의적 생산방법은 반드시 화폐적 계산을 필요로 한다. 그러나 사회주의사회에서는 그러한 것이 불가능하다. 사회주의의 저술가들은 화폐 및 가격에 의한 계산 없이도 경제를 관리할 수 있다는 것을 입증하기 위하여 부단히 노력하였으나 모두 허사였다. 이 방면에서 그들이 행한 노력은 모두 수포로 돌아갔다. 그 결과 사회주의사회의 지도층은 스스로가 해결할 수 없는 문제에 직면하게 될 것이다. 그것은 수없이 많은 대안 중 어느 것을 선택해야 될런지 결정할 수 없게 될 것이다. 그로 인하여 생기는 경제적 혼란은 급속도로 악화되어 되돌릴 수 없는 보편적인 궁핍과 우리의 조상이 한때 그 아래서 살았던 원시적 상황으로의 퇴보를 초래할 것이다.

  사회주의적 이상을 그 논리적 귀착지까지 끌고 간다면 모든 생산수단이 인권 전체에 의해서 소유되는 사회질서로 귀결될 것이다. 생산은 사회의 권력중심지인 정부의 수중에 완전히 놓이게 될 것이다. 정부 혼자서 무엇을 어떻게 생산해야 될런지 결정할 것이며, 소비재를 어떤 방식으로 배분할 것인지 결정하게 될 것이다. 미래의 사회주의사회가 민주적인 방법으로 구성되든 그렇지 않든 이와 같은 일에 있어서는 아무런 차이도 없을 것이다. 민주주의적인 사회주의 국가마저도 필연적으로 물샐틈없이 잘 조직된 관료사회가 되어 버릴 것이므로 최고관리자 이외의 모든 사람들은 비록 그가 투표권자로서 중앙정부가 공포하는 지시들을 성안하는 데 어떤 방식으로든 참여했을런지 모르겠으나 결국은 그 명령을 순종적으로 실행에 옮기지 않을 수 없는 공손한 관리가 될 수밖에 없을 것이다.

이런 종류의 사회주의국가는 지난 수십년간 유럽, 특히 독일과 러시아에서 발전해온 국영기업들과는 이들이 아무리 규모가 장대하다 하더라도 비교될 성질의 것이 아니다. 국영기업들은 모두 다 생산수단의 사적 소유제도와 공존하여 번창하고 있다. 이들은 자본가가 소유하고 경영하는 수많은 민간기업들과 상거래를 하며 그들에게서 이들 자신의 경영활동을 활성화하게끔 하는 여러가지 자극을 받는다. 예를 들어 국영철도회사는 기관차나 객차, 그리고 신호기 및 기타 설비의 제조회사 등과 같은 공급자에게서 개인소유 철도회사의 운영에서 이미 성공적인 것으로 입증된 물자를 공급받는다. 뿐만 아니라 이들은 그들 주변에서 일어나고 있는 기업관리 방법이나 기술의 진보에 맞추어 나아가기 위하여 기술혁신을 유지해나갈 유인을 갖는다.
　국영기업이나 지방정부기업들이 대체적으로 보아 실패작이며 비용이 많이 들고 비효율적이며 영업을 지속하기 위하여 조세수입에 의한 보조를 받을 수밖에 없다는 것은 상식에 속하는 일이다. 물론 공공기업이 독점적인 지위를 점하고 있는 경우에는(예를 들어 지방정부의 대중교통수단, 전기 및 발전소 등) 비효율성의 나쁜 결과가 반드시 눈에 띄는 재정적 실패의 형태로 나타나지는 않는다. 경우에 따라서는 독점가가 지닌 시장력을 활용하여 제품의 가격을 인상함으로써 비경제적인 경영에도 불구하고 이들 국영기업들이 이윤을 남길 수 있도록 함으로써 그와 같은 실패를 은폐할 수 있다. 사회주의적인 생산방법의 결과인 낮은 생산성이 이 경우에는 다른 형태로 나타나 쉽게 그 진상이 밝혀지지 않지만, 그 본질이 달라지는 것은 아니다. 기업의 사회주의적인 관리방식에 관한 이와 같은 실험은 그 어느 것도 우리들로 하여금 만일 사회주의의 이상대로 모든 생산수단의 공동소유가 실현된다면 어떻게 될까 하는 데 대한 판단근거를 제시해주지 않는다.

미래의 사회주의사회에서는 국가가 소유하고 경영하는 기업과 병존하여 영업활동을 하는 자유기업의 자유로운 활동의 여지가 전혀 없게 될 터인데, 이 경우 중앙계획위원회는 시장 및 시장가격이 전 경제에 관하여 지금까지 해주던 평가수단을 전혀 갖지 못하게 될 것이다. 재화와 용역이 거래되는 시장에서는 사고 파는 모든 것에 대하여 화폐가격으로 나타낸 교환비율을 결정할 수 있다. 사유재산에 기초를 둔 사회질서하에서는 경제활동의 결과를 점검함에 있어서 화폐적 계산을 이용할 수 있다. 따라서 이 경우 모든 경제거래의 사회적 생산성 여부가 회계처리와 원가계산에 의해서 검증될 수 있다.

공공기업이 민간기업과 똑같은 방식으로 원가계산방법을 이용하기는 힘들다는 것을 아래에서 보이기로 하겠으나, 그럼에도 불구하고 화폐적 계산은 공공기업에 대해서도 그 경영이 성공적인가 실패인가를 판별하는 기준을 제공해준다. 완전히 사회주의적인 국가에서는 이와 같은 일이 불가능할 것이다. 그 이유는 생산수단의 사적 소유 없이는 시장에서 자본재의 교환이 일어날 수 없으며 따라서 화폐가격이나 화폐적 계산이 불가능하다는 데 있다. 따라서 순수히 사회적인 사회의 일반관리부서는 그것이 생산하려고 계획하는 이질적인 상품들의 생산비를 계산하는 데 있어서 필요한 공약수를 갖지 못할 것이다.

그렇다고 해서 실물로 표시된 비용과 저축을 대비함으로써 그와 같은 계산을 수행할 수도 없다. 수준이 다른 여러 종류의 노동시간, 철강, 석탄, 여러 종류의 건축자재, 기계, 그리고 상이한 기업들을 운영하고 관리하는 데 필요한 그 밖의 모든 것들을 공통적인 방법으로 표시할 수 있는 매개체를 지니지 않고서는 그러한 계산은 불가능하다. 고려대상이 되고 있는 물품들을 모두 화폐단위로 나타낼 수 있을 때 비로소 계산이 가능한 것이다. 물론 화폐적 계산은 그 자체의 불완전성과 결함을 지니고 있으나 그것을 대신할 만한 것이 없다. 화폐제도가 건전하게만 유지된다면 삶의 실질적 용도를 위해서는 충분하다고 본다. 만일 화폐적 계산을 버려야 한다면 모든 경제계산이 불가능해질 것이다.

이것이 경제학이 사회주의사회에 대해 제기하는 가장 결정적인 반론이다. 사회주의사회는 시장가격을 형성하는 데 있어서 생산자, 혹은 소비자로서의 역할을 담당하는 기업가나 토지소유자 및 노동자들의 협동이라는 지적 분업을 희생할 수밖에 없다. 그러나 그러한 지적 분업 없이는 합리성, 즉 경제적 계산의 가능성은 생각조차 할 수 없는 것이다.

5. 간섭주의

사회주의자의 이상은 이제 얼마간 그 추종자를 잃기 시작하고 있다. 사회주의가 현실성이 없음을 보인 본질을 꿰뚫는 경제적·사회적 연구가 소용이 없지 않았으며, 세계도처에서 경험하게 된 사회주의적 실험의 실패는 가장 열성적인 지지자조차도 의기소침하게 만들었다. 점진적으로 사람들은 어떤 사회건 사유재산 없이는 그것을 지탱하기 힘들다는 것을 다시 한 번 인식하게 되었다. 그럼에도 불구하고 과거 수십년간에 걸친 생산수단의 사적 소유제도에 대한 적대적인 비판이 자본주의적 제도에 대하여 사람들 속에 너무나 강한 편견을 깊이 심어놓아 사회주의가 불완전하며 실현가능성이 없다고 인식하고 있음에도 불구하고 사람들은 재산권에 관한 문제에 있어서 자유주의적인 견해로 되돌아가야 한다는 것을 공개적으로 인정할 결심을 하지 못하고 있다.

사람들은 '그래 좋다, 생산수단의 공동소유가 전적으로, 또는 적어도 현재에 있어서는 현실가능성이 없다고 하자. 그러나 그 반면에 아무런 제약도 받지 않는 생산수단의 사적 소유 역시 해악이 아닌가'라고 생각한다. 그 결과 사람들은 제3의 방법, 즉 한편에는 생산수단의 사적 소유, 또 한편에는 생산수단의 공적 소유 사이에 있는 중간적인 방법을 창조하고자 한다. 사유재산은 인정하되 기업가나 자본가, 지주에 의한 생산수단의 사용은 권위주의적인 명령과 금지조항에 의해서 규제되고 지도되고, 또 통제되어야 할 것이라고 한다. 이런 경로를 거쳐 사람들은 규제된 시장, 권위주의적인 규칙에 의해 제약되는 자본주의, 그리고 당국의 간섭에 의해 그에 부수되는 해로운 면을 모두 떨쳐버린 사유재산이라는 관념상의 영상을 형성한다.

이와 같은 제도가 지니는 의미와 그 특성에 대해서는 정부의 간섭이 가져오는 결과에 관한 몇 가지 예를 살펴보면 잘 알 수 있다. 우리가 여기서 관심을 가지는 간섭에 있어서 가장 중요한 행동은 재화와 용역이 가격을 아무런 간섭이 없는 시장에서 결정되는 것과 다른 수준에 고정시키는 것이다.

방해받지 않는 시장에서 형성된 가격, 또는 당국의 간섭이 없었을 때 형성되는 가격의 경우에는 판매수입에 의해 생산비가 보전된다. 만일 그보다 낮은 가격이 정부에 의해 책정되면 수입이 비용에 미치지 못할 것이다. 상인과 제조업자들은 따라서 해당되는 상품이 보관중 빠른 속도로 상해서 값이 떨어지는 경우가 아닌 한, 정부가 그러한 명령을 곧 철회하리라는 기대 속에서 더 나은 시기가 오기를 기다리며 상품을 시장에 내놓지 않을 것이다. 이 경우 만일 간섭 결과 해당상품이 시장에 완전히 사라지는 것을 당국이 원하지 않는다면 가격을 책정하는 데에서 멈출 수는 없으며 동시에 현재 보유하고 있는 상품을 모두 다 정해진 가격에 판매하라는 명령을 내려야 할 것이다.

그러나 이것조차도 충분하지 않다. 방해받지 않는 시장에서 형성된 가격에서는 수요와 공급이 일치하였을 것이다. 이제 정부가 가격을 인위적으로 낮게 책정하였으므로 공급은 그대로 있는 데 비해 수요량은 증가한다. 따라서 현재고량으로는 정해진 가격에서 일부는 충족되지 않을 것이다. 다른 때 같으면 가격변화에 의하여 수요와 공급의 균형을 가져왔을 그 시장기구가 더이상 작동하지 않게 되는 것이다. 이제 정부가 정한 가격에 물건을 사려던 사람들의 일부는 빈손으로 시장을 떠나야만 된다. 일찍감치 줄을 섰거나 판매인과 개인적 친분이 있는 사람들이 재고량을 전부 사버릴 것이므로 다른 사람들은 물건을 사지 못하는 것이다. 만일 정부가 그 의도에 반하는 이러한 간섭의 결과를 회피하고자 한다면 가격통제와 강제판매에 배급제를 가미해야만 한다. 즉 정부의 규제를 통하여 정해진 가격에서 상품을 사려는 사람 각자에게 얼마만큼의 상품을 배급해야 할런지 결정해야 할 것이다.

그러나 정부가 간섭했던 당시에 존재하던 상품의 재고가 소진되면 이와 비교할 수 없을 정도로 더 어려운 문제가 발생한다. 정부가 정한 가격에 상품을 판매해야 된다면 이제 생산은 더이상 이익을 남기지 못하므로 생산활동이 감소되거나 전면적으로 중단될 것이다. 만일 정부가 제조업자에게 생산활동을 계속하도록 강요하려 한다면 이 목적을 위해 원자재나 반제품의 가격, 그리고 노임 역시 고정시켜야 할 것이다.

그런데 이와 같은 정부의 명령은 그 제품이 아주 중요하다고 생각하여 정부가 규제하고자 하는 한두개의 생산활동에만 국한시킬 수는 없다. 그것은 결국 생산의 모든 분야를 포괄해야 할 것이다. 정부는 모든 상품의 가격과 임금을 규제하지 않으면 안될 것이다. 정부는 모든 기업가나 자본가, 그리고 지주 및 노동자들에 대해서까지 그 통제범위를 넓혀야 하는 것이다. 만일 어떤 분야를 자유롭게 내버려둔다면 자본과 노동이 다 그리로 가게 되어 애당초 간섭에 의해 정부가 달성하려던 목적을 이룰 수 없게 된다. 그러나 당국의 목표는 정부가 그 제품에 중요성을 부여하기 때문에 규제대상으로 선택한 분야에서 생산이 충분히 일어나도록 하는 데 있었다. 그러므로 바로 그러한 규제 때문에 생산활동이 소홀해진다는 것은 정부의 당초 의도에 정면으로 배치되는 것이다.

따라서 정부가 생산수단의 사적 소유에 바탕을 둔 경제에 간섭하려는 시도는 그 주창자들이 그것에 의해 달성하려는 목표를 이루지 못하리라는 것이 자명하다. 그들의 입장에서 볼 때 정부에 의한 규제는 허사일 뿐 아니라 그것이 싸워줄 것으로 생각되었던 바로 그 '해악'을 더욱 크게 증대시킴으로써 주창자들이 내세운 목적에 정면으로 위배된다. 정부의 견해에 따르면 가격통제령을 내리기 이전에는 그 상품의 가격이 너무 비쌌다. 그런데 이제는 그것이 시장에서 아주 사라져 버리는 것이다. 이것은 물론 소비자들이 당해 상품을 보다 싼값에 살 수 있도록 해주고자 했던 결과는 아니다. 오히려 그와는 정반대로서 정부의 입장에서 볼 때 그 상품의 부재, 즉 그것을 살 수 없다는 것이 보다 더 큰 해악이 될 것이다. 이와 같은 이유로 우리는 정부의 간섭에 대해서 그것이 아무 소용이 없을 뿐 아니라 정부가 수행하려는 목적에도 위배된다는 사실, 또한 그러한 간섭을 이용하여 정부가 운영하려는 경제정책체계가 경제논리에 위반된다는 것을 얘기하고자 한다.

만일 정부가 간섭을 배제하여 사태를 바로잡지 않는다면, 즉 가격통제를 철회하지 않는다면 정부는 다른 정책들로써 그와 같은 제1단계의 정책을 뒷받침하여야 할 것이다. 지정된 가격보다 높은 가격을 받을 수 없도록 하는 가격통제정책에 더하여 강제배급제를 써서 재고품을 모두 다 팔도록 강요하는 정책은 물론 더 고차원적인 가격통제나 임금통제, 그리고 종내에는 기업가와 노동자의 강제노동이라는 조치를 취하지 않을 수 없게 될 것이다. 그리고 이러한 규제는 하나, 또는 소수의 생산분야에만 국한시킬 수는 없으며 전분야를 다 포괄해야 할 것이다. 이 이외의 다른 선택이란 있을 수 없다. 즉, 시장의 자유로운 움직임에 대해 간섭하지 않거나, 아니면 생산과 분배에 대한 전면적인 관리를 정부에게 맡기거나 둘 중의 하나이다. 자본주의 아니면 사회주의이지 그 중간노선이란 있을 수 없는 것이다.

위에서 언급한 일련의 일들이 어떻게 진행되는지에 관해서는 전쟁중이나 인플레이션이 심할 때 그 직권에 의해 가격을 고정시키려는 정부의 시도에 대해 관찰해본 사람이라면 잘 알 수 있는 일이다. 오늘날 우리는 누구나 다 정부에 의한 가격통제가 그 대상이 되는 재화를 시장에서 사라지게 하는 것 이외의 다른 어떤 결과도 갖지 못한다는 것을 알고 있다. 정부가 가격통제를 채택하는 것은 무엇이든 그 결과가 동일하다. 예를 들어서 정부가 주택임대료에 상한선을 정하면 금방 주택부족이 발생한다. 오스트리아에서는 사회민주당이 주택임대료를 거의 다 폐지시켰다. 그 결과는 예를 들어 비엔나의 경우 세계대전 시작 이후 인구가 상당히 감소하였으며 동시에 그 기간중 지방정부에 의해서 수천채의 새로운 주택이 지어졌음에도 불구하고 수천명의 주민들이 살 집을 찾지 못하고 있는 실정이다.

또다른 예, 즉 최저임금제에 대하여 알아보기로 하자. 고용자와 노동자간의 관계가 법률제정이나 조직의 폭력적 행동에 의하여 방해받지 않는다면 고용자가 각각의 노동자에게 지불하는 임금은 정확히 그 노동자가 증가시킨 생산물의 가치만큼에 해당된다. 이 수준보다 임금이 높아질 수는 없는데, 그 까닭은 만일 그렇게 되면 고용자가 더이상 이윤을 남길 수 없게 될 것이며, 그 결과 수지가 맞지 않는 생산활동을 중단할 수밖에 없을 것이기 때문이다. 뿐만 아니라 임금이 그 이하로 떨어질 수도 없는데, 그렇게 되면 노동자들이 대우가 더 좋은 다른 산업으로 옮겨가 고용자는 인력부족으로 인하여 생산을 중단할 수밖에 없을 것이기 때문이다.

따라서 경제에는 항상 모든 노동자가 그 임금에서 일자리를 찾을 수 있고, 또한 사업을 시작하고자 하는 기업가는 누구나 그 임금수준에서 이윤을 남길 수 있는 임금수준이 존재한다. 이 임금수준은 경제학용어로 '정태적', 혹은 '자연적' 임금이라고 한다. 다른 조건이 그대로일 때 생산과정에 투입되는 자본의 양이 감소되면 임금은 하락된다. 이에 더하여 우리는 단순히 '임금', 혹은 '노동'이라고 말하는 것이 그렇게 정확한 것이 아님을 인식하여야 할 것이다. 노동력은 질이나 양(단위시간당으로 계산할 때)에 있어서 천차만별이며 노동임금 역시 그러하다.

경제가 균제상태(장기균형)에서 벗어나지 않는다면 정부에 의한 간섭이나 노조가 취하는 강제적 조치들에 의하여 노동시장이 교란되지 않는 한 실업이란 있을 수 없을 것이다. 하지만 사회의 균제상태란 우리들의 사고과정에서 꼭 필요한 임시적인 지적 방편으로 경제이론에 의하여 만들어진 상상 속의 가공물에 지나지 않는데, 그것은 우리를 둘러싸고 있으며 우리가 그 안에서 살고 있는 경제에서 일어나는 일들의 실제 진행과정에 대하여 명확한 개념을 형성하게 해준다.

인생이란 불행히도 잠시도 멈추는 법이 없다. 경제에 있어서 정지상태란 존재하지 않으며 오로지 끊임없는 변화와 이동 및 기술혁신, 그리고 새로운 사건의 끊임없는 출현이 있을 뿐이다. 따라서 한편에서는 그에 대한 수요가 감퇴되어 생산활동이 중지되거나 축소되는 산업이 있는가 하면, 동시에 다른 한편에서는 생산설비가 확장되거나 처음으로 착수되는 산업이 존재한다. 지난 몇십 년만 보더라도 아주 많은 새로운 산업이 출현했음을 알 수 있다. 예를 들어 자동차산업, 항공산업, 영화산업, 합성섬유산업, 통조림산업, 그리고 라디오산업 등이 있다. 이들 산업은 오늘날 수백만명의 노동자를 고용하고 있는데, 그중 일부만이 새로이 증가된 인구에 의해 채워졌다. 그 나머지는 활동이 중지된 생산분야에서 왔거나, 기술진보 때문에 이제는 전보다 적은 수의 노동자를 필요로 하는 산업에서 이전해왔다.

때에 따라서는 생산의 개별분야간의 관계에서 일어나는 변화가 아주 느려서 새로운 형태의 직업으로 자리를 옮겨야 할 노동자가 전혀 생기지 않는 경우도 있다. 이 경우에는 이제 막 그들의 생계비를 벌기 시작하는 젊은이들만이 새로운, 또는 확장하는 산업으로 상대적으로 더 많이 진입할 것이다. 그러나 대체적으로 보아 인류의 복지를 급속도로 증진시키기 위하여 큰 걸음으로 발전하는 자본주의체제에서는 각 개인이 그러한 변화에 적응할 여유를 주지 않을 정도로 진전이 너무나 빨리 일어난다. 2백여 년 전에는 한 젊은이가 어떤 기술을 익히면 그가 지나치게 보수적이기 때문에 피해를 보게 되리라는 두려움 없이 평생 자기가 배운 방식대로 기술을 발휘하며 살 수 있었다.

오늘날에는 모든 것이 다르다. 노동자 역시 변화하는 상황에 적응하여 그가 배운 것에 더 보태거나 새로운 것을 배우기 시작해야 한다. 그는 때에 따라서는 이제 더이상 전처럼 많은 수의 사람을 필요로 하지 않는 직업을 버리고 방금 새로 등장한 직업으로 바꾸거나 전보다 더 많은 사람을 필요로 하는 직업으로 바꾸어야만 한다. 비록 옛날 직업에 그대로 머문다 할지라도 상황이 요구하면 새로운 기술을 습득하여야 할 것이다.

이 모든 것은 임금의 변화라는 형태로서 노동자에게 영향을 미친다. 만일 어떤 특정 생산분야가 상대적으로 너무 많은 노동자를 고용하고 있다면 그중 일부가 해고될 터인데, 그 해고된 사람들은 동종의 생산분야에서 일자리는 찾는 게 쉽지 않을 것이다. 해고된 노동자가 노동시장에 가하는 압력은 그 생산분야의 임금수준의 하락으로 나타난다. 이와 같은 임금의 하락은 노동자로 하여금 새로운 노동자를 찾고 있기 때문에 높은 임금을 지불할 태세가 갖추어져 있는 생산분야에서 직장을 찾도록 유도할 것이다.

이와 같은 논의를 통해 볼 때 노동자가 지닌 일자리를 가지려는 욕구와 높은 임금을 바라는 욕구를 충족시키려면 어떻게 해야 할지 자명하다. 일반적으로 바람직스럽지 않은 부대효과를 노동자들에게 주지 않으면서 정부의 간섭이나 다른 제도적인 압력에 의해서 방해받지 않는 시장에서 정상적으로 결정되는 수준보다 더 높은 수준으로 임금을 끌어올리는 것은 불가능하다. 개별산업이나 한 나라에서의 임금인상은 노동자가 다른 사업에서 이동해오는 것이나 타국으로부터의 이민을 금지할 수 있을 때에만 가능하다. 그러한 임금인상은 진입이 금지된 노동자의 희생 위에 이루어지는 것이며, 그 결과 진입이 금지된 노동자들의 임금은 이동의 자유를 방해하지 않았을 때에 비하여 낮아진다.

한 집단에 대한 임금인상은 모두 다 여타 집단의 희생 위에서 이루어진 것이다. 노동의 자유로운 이동을 방해하는 정책은 상대적으로 노동력이 부족한 산업이나 국가에서만 노동자에게 이로움을 준다. 그렇지 않은 산업이나 국가에서 임금을 올릴 수 있는 것은 단 한 가지밖에 없다. 그것은 자본의 증가나 생산기술의 개선에 의한 노동의 일반적 생산성의 증가이다.

그러나 만일 정부가 균형임금, 또는 자연임금보다 더 높은 수준에서 최저임금을 책정한다면 그 이전에 그래도 이익을 남기던 기업 중 일부는 이제 더이상 영업활동을 하기 힘들어진다. 따라서 그러한 기업들은 생산규모를 축소하고 노동자들을 해고시킬 것이다. 그 결과 외부로부터 노동시장에 대해 강제로 부과된 임금의 인위적인 상승은 실업을 만연시킨다.

물론 오늘날에는 법으로 최저임금을 결정하는 것이 대대적인 규모로 행해지지는 않는다. 그러나 노동조합이 차지하고 있는 힘센 위치가 명시적인 법제정이 이루어지지 않더라도 노조로 하여금 동일한 효과를 가져올 수 있게 하고 있다. 노동자들이 고용자와 협상하기 위하여 노동조합을 결성하는 것은 그 자체가 반드시 시장기능을 교란시키는 것은 아니다. 또 노동조합이 양당사자간에 합당하게 맺어진 계약을 아무런 예고 없이 파기하여 파업에 들어갈 수 있는 권리를 성공적으로 쟁취하는 것도 그 자체로는 노동시장에 있어서 그 이상의 교란을 가져오는 것은 아니다.

　노동시장에 등장한 새로운 관행은 파업에 수반되는 강제행위 및 노조가입 의무조항인데 이것은 오늘날 유럽 공업국가들에 있어서 보편적인 것이다. 노조를 결성한 노동자들이 회원이 아닌 자에게 고용의 기회를 주지 않고 파업중에는 비회원이 파업중인 노동자의 자리를 차지하지 못하도록 종종 공개적인 폭력행위를 불사하고 있음은 노조가 고용자에게 제시하는 임금인상 요구가 정부의 법에 의해 최저임금을 결정하는 것과 동일한 힘을 지니고 있음을 의미한다. 고용자는 그가 회사문을 닫아버리지 않으려 한다면 노조의 요구에 따르지 않을 수 없기 때문이다. 그 결과 그는 생산량을 축소해야만 되는 수준에서 임금을 지불할 수밖에 없는데, 비용상승에 따라 전과 같이 큰 시장을 갖지 못하기 때문이다. 따라서 노조가 쟁취한 임금인상은 실업의 원인이 된다.

　이와 같은 연유에서 발생하는 실업은 노동시장이 필요로 하는 노동자의 수와 자질이 끊임없이 변화하기 때문에 발생하는 실업과는 그 정도 및 기간에 있어서 전혀 다르다. 만일 실업의 원인이 전적으로 산업의 발전에 있어서의 항상적인 진보에 있다면 실업률이 높지도 않을 것이며, 또 지금처럼 영구히 존속하는 제도와 같은 성격을 지닐 수 없을 것이다. 한 생산분야에서 일자리를 갖지 못하는 노동자는 규모가 커지거나 새로 막 등장한 여타분야에서 쉽게 일자리를 찾게 될 것이다.

　노동자가 이동의 자유를 누리고 한 산업에서 여타산업으로의 이동이 법, 혹은 다른 비슷한 장애물에 의해 저해되지 않는다면 새로운 상황에 대한 적응은 그리 힘들지 않고 비교적 빨리 이루어진다. 뿐만 아니라 노동력 교환소(증권거래소 같은)가 세워지면 이와 같은 종류의 실업은 더욱 더 감소될 것이다.

그러나 강제력을 지닌 기관이 노동시장의 움직임을 방해하므로 인하여 발생하는 실업은 끊임없이 생성·소멸하는 일시적 현상이 아니다. 그것은 그러한 실업을 있게 한 원인이 계속하여 힘을 발휘하는 한 고칠 수 없다. 즉 법률이나 노조의 강압적 행동이 정부나 노조의 간섭이 없었을 때 실업자가 일자리를 찾고자 하는 압력 때문에 도달하게 되는 임금수준 다시 말하면 일자리를 원하는 사람 모두가 일자리를 찾을 수 있는 수준에서 임금이 결정되지 못하게 하는 한 그러한 실업은 해소되지 않을 것이다.

실업자에 대한 정부, 혹은 노조의 재정적 지원은 단지 그러한 해악을 더 확대시킬 뿐이다. 경제의 동태적 변화 때문에 실업이 발생할 경우 실업보조금은 노동자가 새로운 상황에 맞추어 적응하는 것을 연기시킬 뿐이다. 즉 실업보조금을 받는 노동자는 그의 옛 직종에서 일자리를 더이상 찾지 못하게 되더라도 새로운 직업을 찾는 것이 필요하지 않다고 여길 것이다. 적어도 그는 새로운 직종, 혹은 다른 지방으로 옮겨가기 전에 또한 일자리를 찾을 수 있는 수준까지 요구임금을 내리기 전에 전보다 더 오랜 시간이 경과하도록 할 것이다. 따라서 실업보상 수당이 지나치게 낮게 책정되지 않는다면 그것이 존재하는 한 실업은 사라질 수 없다고 말할 수 있을 것이다.

실업이 정부의 직접적인 간섭이나 노조에 의한 강제적 노동관행을 용인한 결과로 발생하는 경우, 실업의 결과 발생하는 희생을 고용자, 혹은 노동자 중 누가 부담해야 할 것인가 하는 문제가 발생한다. 국가나 정부, 혹은 지방공동체는 결코 그러한 비용을 부담할 수 없다. 그들은 그 비용을 고용자나 노동자측에 전가시키거나 부분적으로 양자 모두에게 지운다.

만일 그 책임이 노동자에게 지워진다면 그들이 처음 받았던 인위적 임금인상의 혜택을 부분적으로, 혹은 전적으로 빼앗기게 되며 경우에 따라서는 인위적 임금인상의 결과로 얻었던 것보다 더 많은 비용을 부담할 수도 있다.

고용주에게도 그가 지불하는 임금에 비례하여 세금을 내도록 하면 실업보조금에 대한 부담을 지울 수 있다. 이 경우에 실업보험은 균형수준 이상으로의 임금인상과 동일한 효과를 지니기 때문에 노동자를 고용하는 데서 오는 이익이 감소하며, 따라서 이익을 남기면서도 고용할 수 있는 노동자의 수가 줄어든다.

그 결과 실업은 점점 더 커지는 나사모양으로 더욱 더 퍼지게 된다. 자본의 소모가 일어나거나 새로운 자본형성의 속도가 전보다 느려지면 노동의 고용조건은 다른 상황이 동일한 한 열악해질 것이기 때문이다.

다른 경우 같았으면 하지 않았을 공공사업을 일으켜 실업을 해소하려는 노력 역시 헛된 것이다. 그런 사업에 필요한 자원은 그렇지 않으면 다른 데 쓰였을 자원을 조세나 대부에 의하여 조달함으로써 충당할 수밖에 없다. 이 경우 산업에서의 실업의 감소는 여타산업에서의 실업이 증가하는 한도내에서만 가능하게 된다.

간섭주의에 대하여 어떤 측면에서 고찰하든지 그것이 그 주창자나 창안자들이 의도하지 않았던 결과로 끌어간다는 것이 분명하며 간섭주의를 주창하는 사람들의 관점에서 보더라도 그것은 상식 이하이며 자기파괴적이고, 또 어리석은 정책으로 보일 게 틀림없다.

6. 자본주의 :
사회조직 중 유일하게 실현 가능한 제도

　분업에 바탕을 두는 사회조직으로서 생각할 수 있는 여러가지 가능성에 대한 검토는 어느 것이든 항상 같은 결론에 이른다. 즉 생산수단의 공동소유인가, 사적 소유인가 하는 선택만이 있을 뿐이다. 중간적인 형태의 사회조직이란 무용지물이며, 또 실제로 자기 파괴적임이 입증될 것이다. 만일 우리가 사회주의 역시 쓸모가 없음을 인식하게 되면 자본주의가 분업에 바탕을 둔 사회조직으로서 유일하게 실현가능성이 있는 제도임을 인정하지 않을 수 없을 것이다. 이론적인 탐구의 이와 같은 결론은 역사가나 역사철학자에게는 놀라운 일이 아닐 것이다. 정부나 대중으로부터 언제나 적대시되어 왔음에도 불구하고 자본주의가 자신을 유지하는 데 성공했다면, 또한 이론가나 실제적인 사람들로부터 그것보다 훨씬 더 광범위한 동정을 받았던 사회협동의 다른 형태에게 자리를 내어주지 않았다면, 이것은 사회조직의 여타제도들이 전혀 실현가능성이 없었다는 사실에 그 원인을 돌릴 수밖에 없을 것이다.

　우리들이 왜 중세시대에 존재하던 사회 경제조직으로 되돌아갈 수 없는지에 대해서 더이상 설명할 필요는 없을 것이다. 유럽의 근대국가들이 현재 점유하고 있는 유럽 전지역에 걸친 중세적 경제체제는 현재 그 지역에 살고 있는 사람의 극히 일부만 지탱할 수 있었을 뿐이며, 또한 오늘날 자본주의적 생산형태가 해주는 것보다 훨씬 더 적은 양의 물질적 재화를 개개인의 욕구충족을 위하여 쓸 수 있게 해줄 수 있었을 뿐이다. 우리가 인구를 현재의 10분의 1, 혹은

20분의 1로 줄일 각오가 되어 있거나 근대인으로서는 상상하기 힘들만큼 형편없는 물자에 만족하도록 강요하려 하지 않는 한 중세시대로의 복귀란 논외의 것이다.

중세시대, 혹은 그들이 말하는 대로 '새로운' 중세시대로의 복귀가 그를 위해 애쓸 만한 가치가 있는 유일한 사회적 이상이라고 주장하는 저자들은 무엇보다도 물질적인 태도와 정신자세를 들어 자본주의를 비난한다. 하지만 스스로 믿고 있는 것보다 훨씬 더 깊게 그들 자신이 물질적인 사고에 빠져 있다. 이런 저자들의 대부분이 그러하듯이 중세시대적 특성을 지닌 정치·경제조직 형태로 되돌아간 이후에도 사회가 자본주의에 의해 창출된 제반 생산기술의 발전과 높은 노동생산성을 그대로 유지할 수 있다고 생각하는 것은 우둔한 물질주의 이외의 아무것도 아니기 때문이다.

자본주의적 생산방식이 지니는 높은 생산성도 자본가적 정신자세, 그리고 인간과 인간의 욕구충족에 대한 자본가적 접근방법의 결과이다. 그것이 근대적 기술의 산물인 이유는 기술의 발전이 필연적으로 자본가적 정신자세에서 따라 나올 수밖에 없기 때문이다. 역사에 대한 물질적 해석이라는 마르크스의 기본원리보다 더 어리석은 것은 없다. 그에 따르면 '수공업공장은 중세시대를 만들었으며 증기기관에 의한 공장은 자본주의사회를 만들었다'고 한다. 증기력을 이용한 공장을 개발하여 실제로 사용한다는 생각을 처음으로 할 수 있게 한 필요조건들을 창출하는 데 전제가 되었던 것이 바로 자본주의사회이다. 자본주의가 기술을 창출한 것이지 그 반대가 아니다.

그러나 그것이 기초를 이루고 있는 지적인 기반을 파괴하더라도 우리 경제가 지니고 있는 기술적 물리적 장치들이 그대로 유지될 수 있으리라고 생각하는 것도 이에 못지않게 어리석다. 일단 그 시대에 중심이 되는 정신자세가 전통주의 및 권위에 대한 신앙으로 되돌아가게 되면 경제활동은 더이상 합리적으로 행해질 수 없게 된다. 모든 이가 오로지 명상적인 삶을 살고자 하는 환경에서 자본주의경제와 그에 부수되는 근대적 기술의 촉매나 마찬가지인 기업가가 존재하기를 바라는 것은 생각하기 힘든 일이다.

만일 우리가 생산수단의 사적 소유에 기반을 두지 않는 모든 제도가 현실성이 없다고 규정한다면 사회협동과 결사의 기초인 사유재산이 마땅히 보존되어져야 하며, 그것을 폐기하려는 노력에 대해서는 그것이 어떠한 것이든지 과감하게 대항해야 된다는 필연적인 결론이 내려질 것이다. 바로 이러한 이유에서 자유주의는 그것을 파괴시키려는 시도에 대항하여 사유재산제도를 보호하고자 하는 것이다. 따라서 사람들이 자유주의자들을 사유재산에 대한 변호자라 부른다면 그것은 옳은 일이 될 것이다. '변호자'라는 말이 연유된 그리스어는 '옹호자'라는 말이 연유된 것과 같기 때문이다. 물론 외래어를 쓰느니보다 보통사람이 쓰는 국어로 자신을 표현하는 게 더 나을 것이다. 많은 사람들에게 있어서 '사과', 혹은 '변명하는 사람'이라는 말은 방어되고 있는 것이 부당하다는 느낌을 주기 때문이다.

이와 같은 표현을 사용하는 데 함축되어 있을 수도 있는 경멸적인 암시에 대한 거부보다 더 중요한 것은 사유재산제도가 아무런 변명이나 정당화, 그리고 후원이나 설명을 필요로 하지 않는다는 점이다. 사회의 존속은 사유재산에 달려 있으며 사람들은 사회를 필요로 하므로 남들의 이익은 물론 그들 자신의 이익을 해치지 않기 위해서는 사유재산제도를 굳건히 지켜야 할 것이다. 사회는 사유재산이라는 기초 위에서만 존속이 가능하다. 누구든 사유재산의 유지를 주장하는 사람은 동시에 인류를 묶어놓은 사회적 결속관계의 보존 및 문화와 문명의 보존에 대해 주장하는 것과 같다. 그는 사회와 문화 그리고 문명의 옹호자이며 방어자인 셈이다. 또한 그는 위의 것들을 그가 추구해야 할 목표로 삼고 있으므로 동시에 그것에로 이끌어가는 하나의 길, 즉 사유재산제를 추구하고, 또 그것을 방어하여야 할 것이다.

생산수단의 사적 소유를 주장한다고 하여 자본주의사회가 완전무결하다고 주장하는 것은 아니다. 이 지상에 완전한 것이란 존재하지 않는다. 자본주의사회에서도 이런 것 저런 것이, 때에 따라서는 모든 것이 이 사람 저 사람의 마음속에 쏙 들지는 않을 것이다. 그래도 실현 가능한 유일한 제도이다. 전 사회질서의 본질이며 기반인 사유재산제도를 변경시키지 않는 한 자본주의의 이런저런 특성을 수정할 수는 있을 것이다. 그러나 다른 대안이 존재하지 않으므로 그저 이 제도에 만족할 수밖에 없다.

자연계에도 우리가 좋아하지 않는 것이 존재할 수 있다. 그렇다고 해서 우리가 자연현상의 본질적인 특성을 변경시킬 수는 없다. 예를 들어 어떤 사람이(실제로 그런 주장을 한 사람이 많지만) 인간이 음식을 먹어 그것을 소화시켜서 살의 일부로 만드는 과정이 구역질난다고 생각한다면 그와 그 문제에 대하여 논쟁을 해봐야 소용이 없다. 우리는 그에게 다음과 같이 말할 수밖에 없을 것이다.

"이 길이 아니면 굶어죽는 수밖에 없다. 제3의 방법은 존재하지 않는다."

재산에 대해서도 마찬가지로서 선택은 이것이냐 저것이냐, 즉 생산수단의 사적 소유냐, 혹은 모든 사람의 기아와 고통이냐 둘 중의 하나인 것이다.

자유주의에 반대하는 자들은 자유주의의 경제원리를 '낙관적'이라고 부르기 좋아한다. 그들이 그러한 용어를 쓰는 것은 자유주의적 사고방식을 비난하거나 경멸하려는 의도를 나타내는 것이다.

자유주의원리를 '낙관적'이라고 부름으로써 자유주의자가 자본주의를 가장 이상적인 세계라고 여기는 것처럼 나타내려 한다면 그것은 몰상식에 지나지 않는다. 자본주의가 좋은가, 또는 더 나은 제도를 생각할 수 있는가, 그리고 어떤 철학적 형이상학적 논거에 따라 그것을 폐지시켜야 하는가와 같은 문제는 자유주의와 같이 과학적인 근거에 바탕을 둔 이념과는 전혀 무관한 것이다. 자유주의는 경제학과 사회학이라는 실증과학에서 도출되는 것으로서 그것은 자기들의 고유영역에서 어떠한 가치판단도 내리지 않으며 무엇이 있어야 하는지, 또는 무엇이 좋고 나쁜지에 대해서 얘기하지 않고 다만 무슨 현상이 존재하며 어떻게 그러한 일이 일어나게 되었는가에 대해서만 확실히 밝히고자 할 뿐이다.

만일 이들 과학이 사회를 조직하는 방법으로서 생각할 수 있는 대안 중에서 여타 사회조직체제는 작동이 불가능하므로 단 하나, 즉 사유재산제도에 근거를 둔 제도만이 실현가능성이 있다는 결론을 내릴 때 그것을 '낙관적'이라고 규정하는 것을 정당화시킬 수 있는 것은 아무것도 없다. 자본주의가 실용적이며 실제운용이 가능하다는 결론은 낙관주의와는 무관한 것이다.

말할 것도 없이 자유주의에 반대하는 자들은 이 사회가 아주 나쁘다는 편견을 지니고 있다. 이와 같은 주장이 가치판단을 포함하는 것이라면 그것은 아주 주관적이며 그렇기 때문에 비과학적인 견해를 넘어서고자 하는 토론의 대상이 되지 못한다. 그러나 그것이 자본주의 사회제도내에서 일어나는 일들에 대한 부정확한 이해에서 나오는 것인 한 경제학과 사회학이 그것을 바로잡아 놓을 수 있을 것이다. 이것 역시 낙관주의는 아니다. 다른 것은 차치하고서 자본주의가 아닌 다른 사회제도가 더 나은 제도라는 것을 증명하는 것은 고사하고 그것의 실용성이 있다는 것이나마 입증되기 전에는 자본주의가 수많은 결함을 지니고 있다는 발견이 사회정책의 문제를 논함에 있어서 아무런 중요성을 지니지 않는다. 그러나 아직 그와 같은 증명은 이루어지지 않았다. 과학은 자본주의를 대신하는 것으로 생각해볼 수 있는 사회조직의 형태 중 그 어느 것이든 자기 모순적이며 아무 쓸모가 없어서 그 주창자들이 바라는 결과를 가져올 수 없다는 것을 증명하는 데 성공하였다.

이러한 맥락에서 '낙관주의'와 '비관주의'에 대하여 논의하는 것이 얼마나 정당하지 못한 일이며, 또한 자유주의를 '낙관적'이라고 규정하는 것이 비과학적이며 감정적인 사고를 논쟁 속에 도입함으로써 자유주의를 별로 좋지 않은 빛으로 감싸려고 몹시 애쓰는 일이란 것은, 우리가 만일 그들의 방식을 따른다면 사회주의나 간섭주의에 바탕을 둔 국가를 건설하려는 것이 가능하다고 믿는 사람들을 같은 방법으로 '낙관주의자'라고 부를 수 있다는 사실에서 잘 알 수 있다.

경제문제에 대하여 관심을 지니는 대부분의 저자들은 자본주의제도에 대하여 상식 이하의 어린이 같은 욕을 쏟아붓는 한편 사회주의나 간섭주의, 혹은 농지사회주의나 신디칼리즘조차도 아주 훌륭한 제도라고 열성적으로 칭찬할 기회를 놓치는 법이 없다. 이와는 대조적으로 비록 아주 온건할망정 자본주의제도를 칭송한 저술가들은 얼마 되지 않는다. 그렇게 원한다면 이들을 '낙관주의자'라고 부를 수는 있을 것이다. 그러나 만일 그렇게 한다면 그 사람을 반자본주의적 저술가들을 사회주의, 간섭주의, 농지사회주의 및 신디칼리즘에 대한 '극단적인 낙관주의자'라고 부르는 것은 수천배나 더 타당할 것이다. 이러한 일이 일어나지 않는 대신 바스티아와 같은 자유주의적 저술가만을 '낙관주의자'라고 부르는 것은 이 경우에 우리가 다루고 있는 것이 진정으로 과학적인 분류가 아니라 파당적인 풍자에 지나지 않는다는 것을 명확히 보여준다.

자유주의가 주창하는 것은 반복하건대 어떤 특정한 관점에서 볼 때만 자유주의가 좋다는 것이 결코 아니다. 그것이 말하고자 하는 바는 단순히 사람들이 마음속에 품고 있는 목표를 달성하기 위해서는 오로지 자본주의만이 적합할 뿐 사회주의나 간섭주의, 그리고 농지사회주의, 혹은 신디칼리즘에 바탕을 둔 사회를 건설하고자 하는 시도는 필연적으로 실패할 수밖에 없다는 것이다. 이와 같은 진리를 감당할 수 없었던 정신병자들은 경제학을 음울한 과학이라 불렀다. 그러나 경제학이나 사회학이 세상에 있는 그대로를 우리에게 보여준다고 해서 음울하지 않는 것은 다른 과학 예를 들어 기계학이 영구운동의 불가능성을 가르쳐준다고 해서, 혹은 생물학이 모든 살아 있는 것들의 생명은 유한하다는 것을 가르쳐준다고 해서 음울하지 않은 것이나 마찬가지이다.

7. 카르텔, 독점 및 자유주의

자유주의에 대하여 반대하는 사람들은 자유주의적 계획들을 채택하는 데 필요한 전제조건이 지금의 세상에서는 더이상 존재하지 않는다고 주장한다. 그들은 주장하기를 각 산업에서 중간 규모의 수많은 기업들이 경쟁하고 있던 당시에는 자유주의가 아직 실용성이 있었다고 한다. 그러나 오늘날에는 트러스트나 카르텔, 또는 그외의 다른 독점적 기업들이 시장을 완전히 장악하고 있으므로 자유주의는 어떻든 끝난 것이나 마찬가지라고 주장한다. 이 경우 그렇게 된 것은 정치가 그것을 죽인 것이 아니라 자유기업에 내재하는 피할 수 없는 진화과정의 결과라고 한다.

  분업은 경제의 각 생산단위에 대하여 특수한 기능을 부여한다. 이와 같은 과정은 경제가 발전하는 한 결코 중단되지 않는다. 우리는 이미 오래전에 한 공장에서 모든 종류의 기계를 생산하던 시대를 지나왔다. 오늘날에는 특정한 형태의 기계제작에 전념하지 않는 기계공장은 경쟁에서 이기기 힘들다. 특화의 진척에 따라서 개별공급자가 봉사할 수 있는 영역이 계속해서 더 확대되어야 할 것이다. 단 몇 가지 종류의 직물만 생산하는 직조공장에 의해 공급되는 시장은 모든 종류의 직물을 다 짜는 직조가에 의해 공급되던 시장보다 더 커야만 한다.

  생산에 있어서 이와 같이 더욱 심화되는 특화는 의심할 나위 없이 모든 영역에서 전세계를 시장으로 하는 기업의 출현을 가져오는 경향이 있다. 이러한 진전이 보호주의적이거나 그 밖의 반자본주의적인 조치에 의하여 억제되지 않는다면 결과적으로 생산의 모든 분야에 걸쳐서 상대적으로 적은 수의 기업들이, 경우에 따라서는 단 하나의 기업이 고도로 전문화된 생산활동을 전개하여 전세계를 그 시장으로 하는 상황에 도달할 것이다.

  물론 오늘날의 우리의 처지는 이와는 아주 먼 거리에 놓여 있는데, 그렇게 된 것은 모든 정부가 다 관세나 그와 동일한 결과를 갖는 정책을 통하여 단일화된 세계시장을 각자의 작은 시장으로 분할하여 자유로운 세계시장에서는 경쟁의 대상이 될 수 없거나 아예 존재하지도 못할 기업들은 인위적으로 보호해온 결과이다. 통상정책에 대한 고려 이외에도 기업집중을 표적으로 하는 이와 같은 정책들은 그것들만이 생산자의 독점적인 담합으로부터 소비자가 착취당하는 것을 방지해왔다는 이유로 옹호된다.

이와 같은 주장이 과연 얼마나 옳은지 평가하기 위하여 전세계에 걸쳐 분업이 고도로 발달되어 있어 판매되는 모든 재화의 생산이 단일기업에 의해 이루어지고 있으며 그로 인하여 물품구매자인 소비자는 언제나 단일판매자와만 거래해야 된다고 가정하자. 오류를 범하고 있는 경제원리에 의하면 그와 같은 상황 아래서는 생산자가 엄청난 이윤을 내기 위해 물건의 가격을 그가 원하는 만큼 높게 책정할 수 있으며, 그 결과 소비자의 생활수준을 현저히 저하시킨다고 한다. 이러한 생각이 전혀 잘못된 것이라는 것을 알아보기는 그리 힘들지 않다. 독점가격은 그것이 정부의 간섭정책에 의해 가능하도록 된 것이 아닌 한 오로지 기업이 광산물 및 다른 천연자원에 대한 독점적 지배력을 지니고 있을 때만 지속적으로 유지시킬 수 있다.

제조업에 있어서 한 독점기업이 다른 데서 얻는 것보다 더 많은 이익을 내게 되면 상호경쟁의 결과 독점을 깨뜨리고 가격 및 이윤을 일반적 수준으로 되돌려놓게 될 경쟁기업의 등장이 촉진될 것이다. 그러므로 제조업에 있어서의 독점이란 일반적인 현상이 될 수 없는데, 한 경제가 지니고 있는 부의 크기에 대응하여 생산과정에 투자되는 자본의 총량 및 고용 가능한 노동자의 수(따라서 사회생산물의 양)가 고정되어 있기 때문이다. 어떤 특정 생산분야, 혹은 몇 개의 분야에서 생산규모를 축소함으로써 독점기업이나 독점기업들의 제품단가 및 총이윤을 증가시키고자 고용할 자본 및 노동의 양을 축소하는 것은 가능하다.

이렇게 해서 자유로워진 자본과 노동은 다른 산업으로 흘러들어 갈 것이다. 그러나 만일 모든 산업의 가격을 올리려고 생산규모를 축소하고 그 결과 노동과 자본을 방출한다면, 이 방출된 노동과 자본은 전보다 낮은 가격에 제공될 것이므로 그러한 행동은 결국 기존기업의 독점적 위치를 깨뜨릴 새로운 기업의 등장에 대한 큰 자극제가 될 것이다. 따라서 제조업에서 카르텔이나 독점기업의 존재가 일반적인 현상이 되리라는 생각은 전혀 가당치 않다.

토지나 광산물에 대한 통제에 의해서만 진정한 의미의 독점기업이 성립할 수 있다. 지구상에 있는 경작 가능한 땅이 전부 다 세계적인 독점기업의 수중으로 집중될 수 있다는 생각에 관해서는 더이상의 논의가 필요하지 않으므로 여기서 우리가 고찰할 것은 유용한 광산물에 대한 통제에서 오는 독점이다. 이와 같은 독점은 이미 몇몇의 그리 중요하지 않은 광물에 대하여 존재하며, 다른 광물을 독점하려는 시도가 언제인가는 성공할 수도 있으리라는 것은 충분히 상상할 수 있는 일이다.

이것은 그러한 독점적 광산의 소유주가 광산임대료를 높이려 할 것이며, 그 결과 소비자들은 소비를 줄이고 비싸진 물자에 대한 대체품을 찾을 것임을 뜻한다. 세계적인 석유독점은 수력발전이나 석탄 및 기타 등등에 대한 수요를 증가시킬 것이다. 세계경제의 관점에서 본다면 이것은 우리가 다 써버릴 수는 있으되 다시 채워놓을 수는 없는 비싼 자원을 이용함에 있어서 보다 더 근검절약하여 독점기업이 존재하지 않는 경제에서 보다 더 많은 양의 미래세대를 위하여 남겨 놓게 됨을 의미한다.

독점이라는 도깨비, 이것은 경제의 부단한 발전에 대해서 얘기할 때면 언제나 등장하는 것인 만큼 우리가 불안해 할 필요는 없다. 현실성이 있는 세계적 독점이란 오직 몇몇의 1차 상품생산에 대해서만 가능하다. 그와 같은 독점의 결과가 좋은지 나쁜지를 결정하기는 그리 쉽지 않다. 경제문제를 다룸에 있어서 시기심을 떨쳐버리지 못하는 사람들의 눈에는 독점기업이 그 소유주에게 더 큰 이윤을 준다는 바로 그 사실 때문에 유해한 것으로 보일 것이다. 선입견을 지니지 않고 이 문제에 대해 접근하는 사람은 누구나 그러한 독점이 쓸 수 있는 양이 제한되어 있는 광물자원을 보다 더 절약해서 쓰게 하리라는 것을 알게 될 것이다. 만일 독점가의 이윤에 대해 진정으로 샘이 난다면 아무런 위험 없이, 또 해로운 경제적 결과를 가져올 것이라는 예상을 꼭 해야 할 필요도 없이 광산으로부터의 수입에 조세를 부과함으로써 독점이윤을 국고로 환수할 수 있을 것이다.

이와 같은 세계적 독점과 대조를 이루는 것이 국내 및 국제적인 독점인데, 그것들이 경제를 그대로 내버려두었을 때 경제제도의 자연적인 진화과정에서 발생하는 것이 아니라 반자유주의적인 정책의 산물이라는 바로 그 이유 때문에 오늘날 그러한 독점이 실질적인 중요성을 지니게 된다. 어떤 특정상품에 대하여 독점적인 지위를 확보하려는 노력은 거의 모든 경우에 있어서 관세로 인하여 하나의 세계시장이 작은 규모의 국내시장들로 분할되었기 때문에 비로소 현실성을 지니게 된다. 이러한 것들 말고 조금이나마 중요성을 지니는 카르텔로서는 특정한 천연자원의 소유주들이 자기 고장의 좁은 영역 안에서 형성하는 카르텔이 있는데, 그것이 가능한 것은 높은 운송비가 타지역의 생산자들과의 경쟁에서 이들을 보호하기 때문이다.

　트러스트나 카르텔, 그리고 어떤 사람에 대해 단일상품만을 공급하고 있는 기업이 지니는 경제적인 효과에 대한 판단을 내림에 있어서 시장에 대한 '지배'라든가, 혹은 독점기업에 의한 '가격독재'라는 말을 하는 것은 기본적인 오류이다. 독점기업은 지배력을 행하는 것이 아니며, 또 가격독재를 할 위치에 서 있지도 않다. 시장지배라든지 가격독재라는 말을 쓸 수 있는 것은 논의대상이 되는 상품이 엄밀하고도 실제적인 의미에서 인간생존을 위해 꼭 필요하며, 또 어떠한 물건으로도 대치할 수 없는 경우에나 가능하다. 이것은 분명히 어떤 상품에 대해서도 그렇지 않다. 시장에서 그 물건을 사려고 하는 사람의 생존에 있어서 그것이 없으면 안되는 경제재는 없다.

　독점가격의 형성을 경쟁가격의 형성과 구별지우는 것은 어떤 특정 조건에서 독점기업이 많은 판매자들이 경쟁을 하고 있는 경우에 시장이 결정하게 될 가격(경쟁가격)보다 높은 가격(독점가격이라 부를 수 있다)에 더 적은 양을 판매함으로써 보다 큰 이윤을 남길 수 있다는 사실이다.

　독점가격의 등장에 요구되는 특수한 조건이란 가격상승에 대한 소비자의 반응이 비싼 가격에 적은 양을 팔아 보다 더 큰 이익을 얻는 것을 배제할 만큼 그렇게 급격한 수요의 감소를 초래하지 않음을 의미한다. 만일 시장에서 독점적 지위를 지니고 또 그것을 이용하여 독점가격을 실현시키는 것이 실질적으로 가능하다면 해당산업에서는 평균보다 큰 이윤을 얻게 될 것이다.

　보다 많은 이윤에도 불구하고 독점가격을 경쟁가격으로 끌어내린 연후에 더이상 그렇게 높은 이윤을 얻지 못하리라는 두려움 때문에 같은 업종에 종사하는 새로운 기업의 출현이 이루어지지 않을 수도 있다. 그러나 우리는 이와 밀접한 관련을 맺고 있는 산업이 상대적으로 적은 비용으로 카르텔화되어 있는 상품의 생산에 뛰어들 수 있어서 잠재적인 경쟁자가 될 수 있는 가능성도 고려에 넣어야 한다. 그렇지 않더라도 대체재를 생산하는 산업이 즉시 출현하여 생산규모를 확장함으로써 호전된 여건을 유리하게 활용하려 할 것이다.

　이와 같은 요인들로 인하여 제조업에서 독점기업이 출현하는 것은 그것이 특정한 원재료에 대한 독점적 지배력을 지니고 있지 않는 한 거의 불가능하고 드문 일이다. 만일 실제로 독점이 발생한다면 그것은 언제나 특허권이나 그와 비슷한 특권, 관세에 의한 규제, 조세법 및 면허제도와 같은 법적 조치가 있기 때문에 가능하다. 수십년 전만 하더라도 사람들은 흔히 수송독점에 대해 말하곤 하였다. 이와 같은 수송독점이 어느만큼 면허제도 때문에 발생한 것인지는 불분명하다. 오늘날의 사람들은 대체로 그것에 더이상 관심을 갖지 않는다. 자동차와 비행기가 이제 철도에 대한 위험스런 경쟁자가 되었다. 그러나 이러한 경쟁자가 출현하기 이전에도 수상 운송수단을 이용할 수 있다는 가능성이 몇몇 노선에 대해서는 철도회사가 그 서비스의 대가로 받을 수 있었던 요금에 대해 분명한 상한선을 그었다.

　오늘날의 사람들이 흔히 그러는 바대로 독점기업의 형성이 자본주의사회가 지니는 자유주의적인 이상을 실현시키는 데 꼭 필요한 전제조건을 파기해버렸다고 주장하는 것은 지나친 과장은 물론 사실에 대한 오해이다. 독점의 문제를 비틀어보든 뒤집어보든 마음대로 하더라도 결국은 특정 천연자원에 대한 통제가 있거나, 법적 조치의 제정 및 그 실시가 독점기업의 형성에 요구되는 필요조건을 만든 경우에만 독점가격이 가능하다는 사실로 되돌아올 것이다. 광업 및 그에 관계되는 생산분야를 예외로 하면 경제의 순조로운 발전과정 그 자체에는 경쟁을 배제하려는 경향이 존재하지 않는다. 고전파 경제학 및 자유주의적 사상이 처음 발전되었을 당시에 존재하였던 경쟁의 조건이 이제 더이상 충족되지 않는다는 자유주의에 대한 반론은 결코 정당화될 수 없는 것이다. 그러한 조건들을 다시 성립시키기 위해서는 단지 자유주의의 몇 가지 요구들, 예를 들어 국내 및 국가간의 자유무역이라는 요구들만 실현시키면 될 것이다.

8. 관료화

사회에 있어서 자유주의적 이상을 실현시키는 데 필요한 조건들이 오늘날에는 더이상 성립되지 않는다고 흔히 말하는 데에는 위에서 언급한 것 말고 또다른 의미가 있다. (그것에 따르면) 분업의 진전에 의하여 필연적으로 등장하게 된 거대기업에 고용되는 사람의 수가 점점 더 늘어날 수밖에 없는데, 이들 기업들은 영업활동을 함에 있어서 자유주의자가 특별히 비판의 대상으로 삼았던 정부의 관료사회와 점점 더 같아질 것이다. 매일매일 그것은 더욱 더 거추장스러워질 것이고 기술혁신에 대하여 덜 개방적이 될 것이다.

중역진의 선정이 이제는 더이상 그 직무상의 드러난 능력에 의해서 이루어지지 않고 순전히 형식적인 기준, 즉 학력이나 연공서열, 그리고 흔히 개인적인 편애에 따라 이루어지게 될 것이다. 그 결과 공기업에 대해 대조를 이루던 사기업의 특징들이 마침내 모두 사라지게 된다. 고전적 자유시대에서는 모든 종류의 자유로운 독창성을 마비시키며 노동의 기쁨을 말살시켜 버린다고 해서 정부에 의한 기업소유에 대하여 반대하는 것이 정당화되었을런지 모르겠으나 민간기업의 영업이 공공기업에 못지않게 관료적이며 현학적이고 형식적인 오늘날에는 이제 더이상 그렇지 못하다는 주장이 그것이다.

이와 같은 반론이 타당한지의 여부를 판별하려면 우선 관료주의 및 관료적인 업무처리가 무엇인지, 그리고 이것이 상업적 기업과 상업적 업무처리와 어떻게 다른지를 분명히 인식할 필요가 있다. 상업적 정신자세와 관료적 정신자세간의 대립은 지적인 영역에서의 자본주의(생산수단의 사적 소유)와 사회주의(생산수단의 공동소유)간의 대립에 상응하는 것이다. 그것이든, 혹은 자신의 대가를 주기로 하고 그 소유주에게서 빌린 것이든간에 자기마음대로 쓸 수 있는 생산요소를 소유하고 있는 사람은 주어진 상황 아래서 사회가 가장 요긴하게 원하는 바를 만족시키는 데에 자기가 지닌 생산요소가 고용되도록 노력할 것이다. 만일 그렇게 하지 않는다면 그는 손실을 보게 되며 그 결과 처음에는 소유자 및 기업가로서 그가 하는 활동을 줄여야 할 것이며 결국에는 그러한 위치에서 완전히 축출될 것이다.

그는 이제 더이상 그러한 사람, 혹은 저런 사람(즉 중요한 사람)이 아니며 오직 자신의 노동력밖에는 팔 것이 없으며, 또한 소비자가 원하는 방향으로 생산활동을 끌어나가야 할 책임을 지지 않는 부류로 전락하게 된다. 기업가의 장부처리와 회계의 핵심인 손익계산을 행함에 있어서 기업가 및 자본가는 상당한 정도의 정확성을 지니고 아주 세세한 분야에 이르기까지 업무의 각 단계를 점검할 수 있는 방법, 그리고 가능한 경우에는 영업활동에 있어서 개개 거래행위가 기업 전체의 총성과에 대하여 어떠한 결과를 가져오는지 알아볼 수 있는 방법을 갖고 있다. 화폐적 계산 및 원가회계는 자본주의적 기업가가 갖고 있는 가장 중요한 지적 도구인데 복식부기방법에 대해 '인간이 고안한 가장 훌륭한 발명의 하나'라고 선언한 것은 바로 괴테였다. 괴테가 이렇게 말할 수 있었던 것은 그가 좀스러운 작가들이 기업가에 대해 늘 지니고 있는 시기심에 사로잡히지 않았기 때문이다. 이런 편협한 작가들은 화폐적 계산 및 손익에 대한 관심이 가장 부끄러운 죄라는 후렴을 붙인 합장을 아직도 계속하고 있다.

화폐적 계산이나 회계처리방법, 그리고 판매 및 영업활동에 관한 통계가 있기 때문에 제아무리 규모가 크고 구조가 복잡한 기업일지라도 개별부서의 영업성과를 정확히 알아내어 기업 전체의 실적에 각 부서의 장이 어느 정도나 공헌했는지 판단할 수 있는 것이다. 이와 같은 것들은 각 부서의 관리자들을 평가함에 있어서 믿을 수 있는 지표가 되어 그들이 회사에 대하여 어떤 가치가 있으며 얼마나 보수를 주어야 하는지 알게 해주는 것이다. 더 높고 책임이 무거운 위치로의 승진은 보다 작은 행동영역내에서 보여준 의심할 나위 없는 성공의 결과인 것이다. 원가계산에 의하여 각 부서의 장이 얼마나 열심히 일하고 있는지 알아낼 수 있으며 조직개편, 혹은 비슷한 조처가 지니는 효과에 대해서는 물론 기업의 전영업분야 중 특정분야의 영업성과에 대한 평가를 내릴 수도 있다.

물론 이와 같은 정확한 통제에는 한계가 있다. 우선 각 부서내에 근무하는 개별직원의 성공 및 실패여부를 그 부서의 장에 대해서 했던 것처럼 잘 평가할 수는 없다. 게다가 부서에 따라서는 총생산에 얼마나 기여했는가를 계산에 의해 나타낼 수 없는 경우도 있다. 예를 들어 연구부, 법률부, 비서부, 통계부서 등등이 달성한 것이 무엇인가 하는 것은 특정 판매부서, 혹은 생산부서에 대해 사용했던 것과 같은 방법으로 확인할 수는 없다. 전자의 경우(한 부서내의 개별노동자)는 부서장에게, 후자의 경우(간접적인 부서)에는 기업의 전무(혹은 그에 상응하는)에게 영업성적의 평가를 안심하고 맡길 수 있을 것이다. 그들이 사태를 보다 더 객관적으로 분명히 볼 수 있을 것이며, 그런 판단을 하도록 부름받은 사람들(전무 및 각 부서장)은 그들이 맡고 있는 부서의 생산성에 따라 자신의 소득이 결정되기 때문에 보다 더 정확한 판단을 하고자 하는 개인적인 이해관계를 갖고 있기 때문이다.

모든 거래가 손익계산에 의하여 통제되는 이와 같은 기업형태의 반대형은 공공기관의 행정에 의해 대표된다. 판사가(판사에 대해서 옳은 것은 모든 최고공직자에 대해서도 옳지만) 자기의 의무를 잘 수행했는지 여부는 계산에 의해 드러낼 수 있는 성질의 것이 아니다. 어떤 구역이나 지방이 잘 관리되었는지의 여부나, 거기에 너무 비용이 많이 든 것이 아닌지의 여부를 객관적인 기준에 의하여 판단하기는 힘들다. 관리업적에 대한 판단은 주관적이며 아주 자의적인 의견에 지나지 않는다. 어떤 특정부서가 필요한지, 그것이 너무 많은 사람들을 고용하고 있는 것은 아닌지, 또는 그 조직의 당초 목적을 달성하는 데 적합한지 아닌지에 관한 질문에 대한 대답 역시 어느 정도 주관적인 요소를 포함하는 고찰에 근거하여 결정되지 않을 수 없다.

공공행정에 있어서 그 성공여부를 판별하는 기준에 대해 아무런 의문도 제기할 수 없는 것이 딱 한 가지 있다. 전쟁의 수행이 그것이다. 그러나 여기에서도 분명한 것은 단지 그러한 작업의 성공의 월계관을 썼느냐 하는 것뿐이다. 적대행위가 시작되기 이전의 힘의 분포상태가 전쟁의 결과를 결정하는 데 어느 정도나 영향을 주었는지, 또한 전쟁의 결과 중 얼마나 되는 부분이 지휘관들의 작전수행에 있어서의 유능성과 그들이 취한 조처들이 적합성에 의한 것인가를 정밀하고 정확하게 판별하는 것은 불가능하다. 전쟁의 승리로 유명해진 장군들 중에는 실제로 적이 이길 수 있도록 그가 취할 수 있는 모든 오류를 범했음에도 불구하고 상황이 그런 오류를 넘어설 만큼 아주 유리해서 승리한 사람도 있다. 이미 사라진 장군 중에는 불가피한 패배를 방지하기 위해서 그의 천재성을 발휘해서 할 수 있는 일은 모두 다 했음에도 패전했기 때문에 유죄판결을 받은 경우도 많은 것이다.

민간기업에서 종업원에게 독립된 업무를 책임지우는 관리자는 그 종업원에게 단 한 가지 명령을 내린다. 즉 가능한 한 많은 이익을 내도록 하라는 것이다. 관리자가 종업원에게 지시해야 할 사항은 모두 다 한 가지 명령에 포함되어 있으며, 그가 어느 정도나 그 명령을 잘 따랐는지는 장부를 점검해봄으로써 용이하고도 정확하게 판정할 수 있다. 관료사회의 관리자는 이와는 전혀 다른 위치에 있다. 그는 부하에게 어떠한 일을 완수하라고 얘기할 수 있으되 그 목적을 달성하기 위하여 채택된 수단이 그 상황 아래서 가장 적합하며 경제적인지를 확인할 수 있는 위치에 있지는 않다.

그의 휘하에 있는 전부서에 걸쳐 그가 몸소 나아가 늘 살펴보기 전에는 같은 목적을 달성하는 데 노동력과 자본에 대해 보다 적은 지출로서도 가능하지 않았을런지의 여부를 판단할 수 없다. 결과 그 자체가 수직적 측정의 대상이 아니며 오직 개략적인 평가만이 가능하다는 사실에 대해서는 여기서 논의할 필요가 없다. 우리는 여기서 외부효과라는 관점에서 행정기술을 고려하고 있는 것이 아니라 단순히 관료조직의 내부적 운영이라는 측면을 다루고 있기 때문이다. 즉 여기서 우리가 결과에 대해서 관심을 지니는 것은 단지 그것과

들어간 비용과의 관계에 대해서만이다.

결과와 비용에 관한 그러한 관계를 상업부기 방식을 따라서 계산에 의해 판별한다는 것은 당초부터 불가능하므로 관료조직의 관리자는 부하에게 의무적인 명령을 내린다. 이와 같은 지시에는 평상적이고 정규적인 업무에 대한 일반적인 관행에 따른다는 유보조항이 있다. 그러나 예외적인 경우에는 비용의 지출이 이루어지기 이전에 상부관서의 허락을 받아야 한다. 지루하고 비효율적이긴 하나 그것이 유일하게 가능한 방법이다. 만일 모든 부속기관이나 부서의 장, 그리고 지·분소에 대해 그들이 필요하다고 생각하는 비용을 지출할 수 있는 권한을 준다면 행정비용은 머지않아 천정부지로 증가될 것이다. 이러한 제도가 결정적으로 결함이 있으며 아주 만족스럽지 못하다는 사실을 호도해서는 안될 것이다. 쓸모없는 지출이 허다한 반면에 관료조직이란 상업조직처럼 상황변화에 대처하지 못하는 특성을 지니고 있어 필요한 지출이 이루어지지 않는 경우도 허다하다.

관료화의 효과가 가장 잘 나타나는 것이 그의 대변자인 관료사회이다. 민간기업에 있어서 어떤 사람을 채용하는 것은 특혜를 주는 것이 아니라 고용자와 피고용자 모두가 혜택을 보는 영업상의 거래이다. 고용자는 노동자가 수행한 노동의 가치에 상응하는 임금을 지불해야 한다. 만일 그렇게 하지 않는다면 그의 종업원이 더 나은 월급을 받을 수 있는 직장으로 옮기는 위험에 직면해야 한다. 반면 노동자는 직장을 잃지 않기 위해서 임금을 받는 만큼 열심히 그의 책무를 수행하도록 노력해야 할 것이다.

고용관계가 특혜가 아니고 영업상의 거래행위이므로 피고용자는 그가 고용자의 미움을 받는다 해서 일자리를 쫓겨날 걱정을 하지 않아도 된다. 개인적인 편견에 사로잡혀 그가 받는 월급에 상응하는 가치를 지닌 노동자를 해고하는 고용자는 스스로에게 해를 입히는 것일 뿐 다른 곳에서 유사한 자리를 찾을 수 있는 고용자에게 피해를 주는 것이 아니기 때문이다. 각 부서의 관리자에게 종업원을 채용하고 해고할 수 있는 권한을 주는 데에는 아무런 어려움도 따르지 않는다. 그의 경영활동에 대하여 부기 및 원가계산이 통제력을 지니고 있는 경우에 각 부서장은 자기의 부서가 가능한 한 가장 많은 이익을 내도록 각별히 애쓸 것이므로 자기자신의 이익을 위해서도 최선의 노동자를 휘하에 두려고 애쓸 것이다.

만일 미움 때문에 해고되어서는 안될 사람을 해고하거나 그의 행동이 개인적인 기준에 의해 유발된다면 그 결과로 인해 고통받아야 하는 것은 바로 자기자신이다. 그가 대표로 있는 부서의 성공을 저해하는 행동은 궁극적으로 그의 손실로 되돌아온다. 따라서 비물질적인 생산요소인 노동을 생산과정에 결합시키는 일은 아무런 마찰 없이도 진행될 수 있는 것이다.

관료조직에서는 사정이 아주 다르다. 비록 그가 관리자의 위치에 있다 하더라도 각 부서의 생산적 공헌이나 더 나아가 개별구성원의 공헌에 대한 정확한 평가가 불가능하므로 임명과 대우에서 특혜나 개인적 편견이 개재될 소지가 많다. 관공서의 공식적인 자리를 채우는 데도 영향력 있는 사람의 알선이 어떤 역할을 한다는 것은 그와 같은 자리에 대한 임명권자가 특히 비열한 성격을 지녔기 때문이 아니라 처음부터 누가 그자리에 적합한지를 판단할 객관적인 기준이 없기 때문이다. 물론 가장 유능한 사람이 그자리를 차지해야 할 것이다. 그러나 문제는 과연 누가 가장 유능한가이다. 만일 이런 질문에 대해 철강공이나 식자공에 관한 질문처럼 쉽게 해답을 내릴 수 있다면 아무 문제도 없을 것이다. 그렇지가 못하므로 상이한 사람들의 자질을 비교함에 있어서 필연적으로 자의적인 요소가 개입될 수밖에 없는 것이다.

그러한 자의적인 요소가 발동될 기회를 극소화하기 위해서 임명과 승진에 대한 엄격한 조건을 내세우게 된다. 특정한 지위의 획득은 일정한 교육연한의 이수, 시험의 합격, 그리고 다른 직책에 일정기간 이상 계속해서 근무해야 하는 등의 조건을 충족시켜야 가능하며 승진은 연공서열에 따르게 된다. 이와 같은 방안들이 손익계산의 방법을 이용하여 각각의 일자리마다 가장 적합한 사람을 찾을 수 있는 가능성에 대한 대체물이 될 수 없음은 당연하다. 특히 학교출석이나 시험통과, 그리고 연공서열이 그 선택이 옳은 것이라는 보장을 조금도 할 수 없음을 지적하는 것은 쓸데없는 짓이리라. 옳은 선택을 보장하기는커녕 그 정반대이다.

그러한 제도는 처음부터 정력적이고 유능한 사람이 그가 지닌 힘과 능력에 맞는 자리를 차지하는 것을 막는다. 진정한 가치가 있는 사람치고 미리 정해진 학습계획에 따라서, 또 기성화된 경로를 거치는 승진을 통해서 최고의 위치에 오른 사람은 없다. 관료제도에 관해 신앙적 믿음을 지니고 있는 독일에서조차 '완전무결한 관리'라는 말은 의도야 어떠했든 줏대가 없고 중요하지 않은 사람을 지칭하는 말로 쓰여진다.

따라서 관료적 행정제도의 특징은, 그것이 지출된 비용과 연관지어 영업활동의 실패를 판가름할 수 있는 손익계산이라는 지표를 지니지 못하기 때문에 그러한 결함을 보충하기 위해 업무의 관장이나 인원의 채용에 있어서 일단의 공식적인 처방을 따르도록 하는 전혀 불충분한 방법을 쓸 수밖에 없다는 데 있다. 관료적 경영방식에 대해서 흔히 그 책임을 지우는 모든 해악들(비신축성, 기민성의 결여, 이윤을 추구하는 기업이라면 쉽게 해결될 수 있는 문제에 대하여 어찌할 바를 모르는 것 등)은 이와 같은 원천적인 결함의 소산이다. 국가의 업무활동이 자유주의가 국가의 고유한 기능이라고 인정하는 영역에 국한되는 한 관료제도가 지니는 단점은 있다 하더라도 그렇게 분명히 드러나지 않을 것이다. 관료적 경영이 지니는 단점이 전 경제에 대해서 심각한 문제가 되는 것은 국가가(지방정부도 마찬가지지만) 생산수단을 사회화하여 경제나 대외교역에 있어 주도적인 역할을 수행하려 할 때이다.

대부분의 기업이 민간에 의해 소유되고 있으며, 따라서 시장이 여전히 존재하고 거기서 가격이 결정되는 한 이윤을 극대화하고자 하는 목적을 지닌 공기업이 화폐적 계산방법을 활용할 수 있음은 물론이다. 그러한 공기업의 영업활동과 발전에 있어서 단 하나의 저해요인은 그 경영자들이 국가의 관리이기 때문에 민간기업의 경영특징인 사업의 성패에 대한 개인적인 이해관계를 갖지 않는다는 사실이다. 따라서 공기업의 이사에게 그는 독립적으로 아주 중요한 의사결정을 할 수 있는 자유를 줄 수는 없다.

그의 정책이 원인이 되어 때때로 발생할 수 있는 손실에 대해 본인이 고통을 받지 않으므로 공기업의 이사는 업무처리에 있어서 손실을 나누어 가져야 하기 때문에 진짜 책임있는 이사라면 하지 않을 위험성이 큰 사업에 너무나 쉽게 착수하는 경향이 있다. 그의 권한은 따라서 어떤 방식으로든지 제한되어진다. 예외를 인정하지 않는 규칙에 의해서건 규제위원회의 결정에 의해서건, 혹은 상급자의 동의에 의해서건 크게 제약을 받게 되므로 관료적 경영은 어떠한 경우든지 늘 비현실성이나 변화하는 여건에 대한 대처능력의 결여로 인해 어려움을 겪으며, 그 결과 공기업은 도처에서 하나하나 실패로 돌아가게 된다.

그러나 현실적으로 공기업이 이윤만을 목표로 하고 다른 고려사항에 대해서는 도외시하는 경우란 극히 드물다. 실제로는 예외없이 공기업에게 '국가적', 혹은 기타의 고려사항을 염두에 두도록 요구한다. 예를 들어 물자의 구매나 제품의 판매정책에 있어서 외제보다는 국산품에 더 큰 혜택을 주라고 한다든지 국영철도에 대해서는 정부의 특정 통상정책을 지원할 수 있도록 요율을 책정하도록 요구하기도 한다. 단지 어떤 지역의 경제적 발전을 촉진시키려는 목적에서 이익을 낼 수 없는 노선을 건설하여 그것을 유지하도록 요구하는 한편, 또다른 노선들을 전략적 이유, 혹은 그와 비슷한 이유에서 운영되도록 요구한다.

기업운영에서 그러한 요소들이 중요성을 지니면 원가계산이라는 방법에 의한 영업활동의 통제는 이루어질 수 없다. 연말에 별로 성과가 좋지 않은 대차대조표를 공표해야 하는 국영철도회사의 이사는 다음과 같이 말할 것이다.

"내가 관리하는 철도노선은 이윤을 추구하는 민간기업의 관점에서 보면 분명히 적자를 보였다. 그러나 우리나라의 경제 및 국방정책을 고려에 넣는다면 우리 철도회사가 손익계산에는 포함되지 않으나 아주 많은 업적을 쌓았다는 것을 잊지 말아야 할 것이다."

그와 같은 상황에서는 손익계산이 기업의 성패를 판정하는 데 지닌 가치를 모두 상실하게 되어 그 결과(같은 성향을 지닌 다른 요인들은 논외로 친다 하더라도) 국영기업은 필연적으로 형무소나 세무서처럼 아주 관료주의적으로 운영될 수밖에 없을 것이다.

민간기업은 제아무리 규모가 크다고 하더라도 그것이 전적으로, 그리고 오로지 이윤을 기초로 하여 운영되는 한 결코 관료적일 수 없다. 가능한 한 이윤을 많이 내는 것을 목표로 하는 기업가적 원칙이 끝까지 지켜짐으로 해서 아무리 큰 기업이라 할지라도 각각의 거래나 각 부서가 전체적인 결과에 대해 공헌한 바가 무엇인지 완전한 정확성을 갖고 확인하는 것이 가능하다. 기업이 이윤을 기준으로 영업을 하는 한 관료화가 초래하는 모든 해악으로부터 보호될 것이다.

우리가 오늘날 주위에서 흔히 보는 민간소유기업의 관료화는 순전히 간섭주의 결과인데 간섭주의는 민간기업에게 만일 그들이 자유롭게 영업정책을 결정할 수 있다면 그 영업활동에 있어서 전혀 고려대상이 되지도 않을 것들을 고려에 넣고 의사결정을 하도록 강요한다. 만일 어떤 기업이 국가의 여러 기관으로부터 끊임없이 들볶임을 당하는 것을 피하기 위해 정치적 선입관이나 여러 종류의 신경과민에 대해 정신을 쏟아야 한다면 그 기업은 머지않아 이제 더 이상 손익이라는 확고한 기반에다 계산의 근거를 둘 수 없다는 것을 깨닫게 될 것이다.

예를 들어 미국의 전기나 전화와 같은 공익사업을 하는 회사들은 여론이나 여론의 영향을 받는 입법부나 사법부, 그리고 행정부의 기관들과의 마찰을 회피하고자 천주교 신자나 유대인, 그리고 무신론자나 다원주의자, 또는 흑인이나 아일랜드인, 독일이나 이탈리아인 및 새로 이민온 모든 사람들을 채용하지 않는 것을 정책으로 하고 있다. 간섭주의적 국가에서는 모든 기업이 무거운 형벌을 회피하기 위하여 당국의 원하는 바에 따르지 않을 수 없다. 그 결과는 이윤추구라는 기업가적 경영원리와는 거리가 먼, 위에서 언급한 것과 같은 고려사항들이 기업경영에 있어서 점점 더 중요한 역할을 차지하게 되는 한편 정확한 계산 및 원가계산이 차지하는 비중은 그와 더불어 점점 더 중요성이 덜해져 민간 기업은 공식적으로 규정된 규제 및 규약이라는 정교한 장치를 지닌 공기업의 경영방식을 점점 더 깊이 닮아간다. 즉 단적으로 말해 그것은 관료화되는 것이다.

그러므로 대기업의 관료화는 결코 자본주의경제의 발전에 있어서 단지 간섭주의정책을 채택한 것의 필연적인 결과일 뿐이다. 기업활동에 대한 정부의 간섭이 없다면 아주 큰 규모의 회사들조차도 작은 기업과 마찬가지로 능률적으로 운영될 수 있을 것이다.

제3장

자유주의적 대외정책

1. 국가의 경계

　자유주의자에게 있어서 대내정책 및 대외정책은 상호대립되는 것이 아니므로 그의 눈으로 볼 때 흔히 제기되어 지나칠 정도로 논의가 되는 질문, 즉 대외정책이 대내정책에 우선해야 되는가 아닌가 하는 질문은 불필요하다. 자유주의는 애초부터 전세계를 포용하는 정치적 개념이므로 제한된 지역내에서 자유주의가 실현시키고자 하는 것과 동일한 사상이 세계정치라는 보다 넓은 영역에서도 똑같이 가치있는 일이라고 생각한다. 만일 자유주의자가 대내외정책을 구별한다면 그것은 단지 편의상의 분류를 위해서이며 정치적 문제의 광범위한 영역을 주요형태별로 나누기 위한 것이지, 각각에 대해서 서로 다른 원칙이 유효하다는 견해를 지니고 있기 때문은 아니다.

　자유주의의 대내정책목표는 대외정책목표와 같다. 즉 평화의 추구이다. 그것은 한 국가 안에서와 똑같이 나라와 나라 사이에서도 평화로운 협력관계를 추구한다. 자유주의사상의 출발점은 인간협동이 가치있고 중요하다는 것을 인식하는 것이며, 자유주의의 모든 정책과 실천계획은 인류사회에 현존하는 상호협력관계를 유지시키고 더 확대시키려는 목적을 위해 제시된다. 자유주의가 마음속에 그리는 궁극적인 이상은 아무런 마찰 없이 평화롭게 이루어지는 모든 인류 사이의 완전한 협동관계를 달성하는 것이다. 자유주의적 사고는 언제나 부분에 그치는 것이 아니라 인류 전체에 대해 관심을 갖는다. 그것은 제한된 집단에서 멈추지 않는다. 다시 말하면 그것은 마을의 경계나 지방의 경계, 국가의 경계나 대륙의 경계에서 멈추지 않는다. 자유주의의 사고는 전세계적이며 초교파적인 것으로서 모든 인류와 전세계를 포괄한다. 자유주의는 이러한 의미에서 인본주의이며 자유주의자는 세계의 시민이며 세계주의자이다.

반자유주의적 사상이 이 세상을 지배하고 있는 오늘날에 있어서 세계주의는 대중의 눈으로 볼 때 수상한 존재이다. 독일에는 생각과 감정이 국경내에서 머물지 않고 세계주의적인 성향을 지녔다고 해서 위대한 독일시민들을(특히 괴테) 용서하지 못하는 열정이 지나친 애국자들이 있다. 사람들은 한 국가의 이익과 인류 전체의 이익 사이에는 양립될 수 없는 마찰이 존재하므로 인류전체의 복지를 위하는 데에다 자기의 포부와 노력을 지향하는 사람은 그런 행위로 인하여 자기조국의 이익을 무시하는 것이라 생각하기도 한다.

이보다 더 잘못된 신념은 없으리라. 모든 인류의 복지를 위하여 독일인이 자기동포(동일한 국토와 언어를 나누어 가지며 그들과 더불어 흔히 인종적·정신적 공동체를 형성하는)의 이익을 해치지 않는 것은 전독일민족의 이익을 위해 일하는 사람이 자기 마을의 이익을 희생하지 않는 것과 같다. 그러한 사람은 그가 살고 있는 지방공동체가 꽃피고 번성하는 것을 바라는 것과 똑같은 정도로 전세계의 번영에 대해서도 관심을 갖기 때문이다.

다양한 국가간에 해결할 수 없는 이해의 대립이 존재한다고 주장하며, 또한 필요하면 무력을 사용해서라도 자기들의 나라가 다른 모든 국가에 대하여 우월한 위치를 확보하기를 추구하는 국수주의적 민족주의자들은 일반적으로 대내적 일체성이 갖는 필연성 및 효용성을 가장 강력하게 내세운다. 그들이 외국과의 전쟁의 필요성을 강조하면 할수록 그들은 더욱 더 긴박하게 자기나라 국민들간의 평화와 단합을 부르짖는다. 이러한 국내적 단합에 대한 요구를 자유주의자는 결코 반대하지 않는다. 오히려 각국내에서 행해지는 평화에 대한 요구 그 자체가 자유주의적 사고의 결과이고, 또한 그것이 뛰어난 위치를 차지하게 된 것은 18세기 자유주의사상이 보다 널리 받아들여진 때문이다.

무조건적인 평화를 찬양하는 자유주의철학이 사람들의 마음을 사로잡기 전에는 전쟁이 나라와 나라 사이의 분쟁에만 국한된 것은 아니었다. 각 나라들은 그 내부에서 계속되는 시민간의 분쟁과 피비린내나는 내란에 시달리고 있었다. 18세기의 영국인은 아직까지도 컬러덴에서 동족과의 전투를 위하여 대치중이었으며 아주 최근인 19세기까지도 독일내에서 프러시아가 오스트리아와의 전쟁을 일으켰을 때 다른 독일 지방국가들은 양편으로 갈라져 전쟁에 합세하였다.

그당시 프러시아는 자신이 이탈리아편을 들어서 독일령 오스트리아와 싸우는 것이 조금도 잘못이 아니라고 생각하였으며, 1870년에는 당시 급진전한 일련의 사건이 아니었더라면 오스트리아는 프러시아와 그 동맹국에 대항한 전쟁에서 프랑스에 합세했을 것이다. 프러시아 육군이 그토록 자랑하는 수많은 승리는 프러시아 군대가 다른 독일 지방국가와의 전투에서 거둔 승리이다. 각 국가에게 그 내부문제를 다룸에 있어서 평화를 유지하도록 하라고 처음 가르친 것이 자유주의였는데, 자유주의는 이들 국가가 다른 나라와의 관계에서도 그러한 평화를 유지하도록 가르치고자 한다.

자유주의는 국제적 분업이 지니는 중요성으로부터 전쟁에 반대하는 결정적이고도 부정할 수 없는 주장을 도출하는데, 분업은 이미 오래전에 한 국가의 경계를 넘어서는 현상이 되었다. 오늘날의 문명국가치고 그가 필요로 하는 모든 것을 하나의 자급자족적 공동체로서 스스로의 생산물에 의해 직접적으로 충족시키는 나라는 없다. 모든 나라들은 외국에서 물품을 수입하고 그 대신 국내생산물을 수출함으로써 그 대가를 지불한다. 재화의 국제적 교환을 방해하거나 정지시키는 것은 무엇이든지 전인류문명에 치명상을 입힐 것이며, 수백만명의 복지는 물론 그 존재의 기반마저 흔들어놓을 것이다.

  모든 국가가 서로 외제품에 의존하고 있는 오늘 같은 시대에서는 더이상 전쟁이 일어나서는 안된다. 국제적 분업에 참여하고 있는 국가가 일으킨 전쟁으로 인하여 수입품의 유입이 중단되면 결정적인 영향을 받기 때문에 전쟁가능성을 고려에 넣는 정책은 처음부터 국민경제를 자급자족적 형태가 되지 않으면 안될 것이다. 그러한 정책은 평화시에서조차도 국제적 분업이 자국의 경계선내에서 더이상 나아가지 않도록 하는 데 목표를 두어야 할 것이다. 만일 독일이 국제적 분업관계에서 탈퇴하여 모든 필수품들을 국내생산으로 충족시키려 한다면 독일노동자의 연간 총생산량이 감소될 것이며 그 결과 국민복지와 생활수준, 독일민족의 문화수준은 현저히 낮아질 것이다.

2. 자결권

  시민의 뜻에 맞추어 아무런 마찰 없이 정부를 바꿔나갈 수 있는 가능성이 민주주의 헌법에 의하여 보장되는 경우에만 국가가 대내적 평화를 누릴 수 있다는 것은 이미 지적한 바와 같다. 국제적인 평화를 유지하는 데도 이러한 원리의 일관된 적용 이외에 더 요구되는 것은 없다.

  전 시대의 자유주의자들은 이 세상 사람들은 천성적으로 평화를 애호하는데, 군주들만이 다른 지방을 정복함으로써 힘과 부를 증가시키고자 전쟁을 바란다고 생각하였다. 따라서 항구적인 평화를 보장하기 위해서는 세습군주에 의한 통치를 시민에 의존하는 정부의 통치로 대치하기만 하면 충분하다고 믿었다. 만일 어떤 민주공화국에서 그것이 자유주의로 전환되기 이전에 역사적으로 결정되어 현존하는 국경이 이제 더이상 주민들의 정치적인 희망과 합치되지 않는다는 것이 드러난다면 국민의 뜻을 나타내는 국민투표 결과에 맞추어 국경을 재조정할 수 있어야 할 것이다. 만일 어떤 지역의 주민들이 그들이 현재 속해 있는 나라가 아닌 다른 국가에 귀속되고자 하는 의지를 분명히 나타냈다면 그에 맞추어 국가의 경계를 변경시킬 수 있어야 할 것이다.

17세기와 18세기에 걸쳐서 러시아의 황제는 그 주민들이 한 번도 러시아에 속하기를 바란 적이 없는 광범위한 지역을 그 제국내에 편입시켰다. 비록 러시아제국이 완전히 민주주의적인 헌법을 채택했다 하더라도(실제로 그렇게 하지는 않았으나) 이 지역 주민들의 욕구가 충족될 수는 없었을 것이다. 그들은 간단히 말해 러시아인들과 정치적인 유대관계를 맺고자 하지 않았기 때문이다. 그들의 민주적 요구사항은 러시아제국으로부터 해방을 쟁취하여 독립된 폴란드, 핀란드, 라트비아, 리투아니아 등을 건국하는 것이었다. 이러한 요구들이나 그와 비슷한 성질의 요구들이 다른 민족(예를 들어 이탈리아인, 슐레스비히 홀슈타인 지역의 독일인, 합스부르크내의 슬라브인들)의 경우 무기에 호소하지 않고는 해결될 수 없었다는 사실이 비엔나회의 이후 유럽에서 발발했던 모든 전쟁의 가장 중요한 원인이었다.

국가의 구성원이 되는 문제와 관련하여 자결권이 갖는 의미는 다음과 같다. 그것이 단일마을이든 한 지역 전체든, 혹은 몇 개의 연결된 지역이든간에 특정지역의 주민들이 자유롭게 실시된 국민투표에 의해 현재 속해 있는 국가에 더이상 속하기를 원치 않으며 그대신 새로운 국가를 형성하고자 한다거나, 또는 다른 국가에 소속되기를 희망한다는 사실을 분명히 밝힌다면, 그들의 희망은 존중되어져야 하며 그에 따르도록 해야 한다. 이것이 혁명과 내란, 그리고 국가간의 전쟁을 방지하는 단 하나의 현실적이고도 효과적인 방법이다.

이와 같은 자결권을 '국가의 자결권'이라고 부르는 것은 문제를 잘못 이해하는 것이다. 그들이 소속되기를 희망하는 국가를 결정하는 것은 이미 경계를 정한 국가적 단위가 지니는 자결권이 아니라 각 지역주민이 지니는 자결권이다. '국가의 자결권'이라는 말이 한 국가가 다른 나라 영토에 속하는 지역에 살고 있는 주민들을 그들의 의사에 반해 분할·점유할 권리를 지니는 것으로 이해된다면 그것은 아주 중대한 오해이다. 국가의 자결권이라는 말을 이와 같이 이해함으로써 이탈리아의 파시스트들은 비록 그 지역 주민들이 그럴 의사를 갖고 있지 않음에도 테신주 및 다른 주의 일부를 스위스로부터 떼어 이탈리아에 병합시키려는 요구를 정당화시키고자 하였다.

독일계 스위스, 네덜란드에 대해서도 범게르만주의자들은 비슷한 주장을 한다. 그러나 우리가 말하는 자결권이란 국가의 자결권이 아니라 독립된 행정단위를 이룰 수 있을 만큼 큰 모든 지역주민들의 자결권이다. 만일 이와 같은 자결권을 개개인에 이르기까지 줄 수만 있다면 그렇게 해야 할 것이다. 이것은 당면한 기술적 고려사항들 때문에 현실적이지 못한데, 기술적으로 보아 한 지역은 단일한 정부단위로 통치되어야 하며 자결권의 행사 역시 국가를 다스리는 데 하나의 지역단위로 간주할 수 있을 만큼 큰 지역주민의 다수의사에 국한되어야 할 것이다.

19세기에 있어서 자결권이 실제로 발휘된 경우(또는 20세기에 있어서 자결권이 효력을 발휘하도록 된다면), 그것은 단일민족(즉 동일한 언어를 사용하는)으로 이루어진 국가의 건설을 초래하는(초래하였을) 한편, 몇 개의 민족으로 구성된 국가의 와해를 가져왔는데 이것은 오로지 국민투표에 참여할 권리를 지닌 사람들의 자유로운 선택결과이다. 한 민족집단 전구성원이 참여하는 국가의 형성은 자결권의 목표라기보다는 자결권을 행사하는 결과이다. 만일 동일한 언어를 사용하는 사람들 중 일부가 그들 전부를 포함하는 국가의 일원이 되기보다는 정치적으로 독립된 공동체를 형성하는 것이 더 좋다고 느낀다면 우리는 그들을 설득하여 같은 언어를 사용하는 사람들은 마땅히 단일 독립국가를 형성해야 한다는 민족주의원칙을 받아들이도록 유도할 수 있을 것이다.

그러나 만일 우리가 국가가 지니는 더 고차원의 권리를 내세우면서 그들의 의사에 반하여 정치적 운명을 결정한다면, 그것은 다른 형태의 탄압 못지않게 자결권을 훼손시키는 행위이다. 비록 그것이 정확히 언어권에 따라서 이루어진다 해도 스위스를 독일과 프랑스 및 이탈리아가 분할·점유한다면 폴란드의 분할과 마찬가지로 자결권의 중대한 훼손이 될 것이다.

3. 평화의 정치적 기초

세계대전의 결과로 영속적인 평화가 정말 필요하다는 인식이 점점 더 보편화되었을 것으로 여기기 쉽다. 그러나 아직도 사람들은 영속적인 평화유지가 오로지 자유주의의 실천방안들을 보편적으로 실천에 옮기고, 또한 그러한 원리를 계속해서 일관성 있게 견지함으로써만 가능하다는 것과 지난 수십년간 풍미하였던 반자유주의적 정책의 자연적이고도 필연적인 결과가 바로 세계대전이었다는 사실을 잘 깨닫지 못하고 있다.

이치에 맞지도 않으며 사려분별이 없는 헛된 구호에 따르면 전쟁의 원인이 자본주의에 있다고 한다. 전쟁발발의 원인과 보호주의정책이 서로 관련이 있음은 분명한데 이에 근거하여 사람들은 사실에 대한 아주 중대한 오해의 결과로 보호주의를 자본주의와 동일시한다. 사람들은 얼마전만 하더라도 민족주의적인 출판물들이 소속된 국가가 없으며, 보호관세를 반대하고, 전쟁을 혐오하며 평화를 추구한다 하여 국제자본(국제금융자본, '국제황금트러스트')을 맹렬히 비난하는 글들로 가득차 있었음을 잊고 있다. 군수산업에 전쟁유발의 책임이 있다는 것 역시 전혀 말이 되지 않는다. 군수산업이 출현하여 크게 성장한 것은 전쟁을 하고자 하는 정부와 백성들이 무기를 요구했기 때문이다.

국가가 제조업자들에게 특혜를 주려고 제국주의적인 정책을 사용한다는 것은 전혀 얼토당토않은 일이다. 군수산업도 다른 것과 마찬가지로 수요를 충족시키기 위하여 등장하였다. 만일 각국이 총알이나 폭약보다 다른 것들을 더 원했다면 공장주들은 전쟁물자보다는 후자를 생산하였을 것이다.

오늘날 평화에 대한 욕구는 상당히 보편적인 것이라 할 수 있다. 그런데도 전세계인들은 평화를 보장하기 위해 어떠한 조건이 충족되어야 하는지 전혀 알지 못하고 있다.

평화를 깨뜨리지 않으려 한다면 침략을 유발하는 원인을 모두 제거해야 할 것이다. 그러기 위해서는 국가나 민족집단이 그들이 지닌 생활여건에 아주 만족하여 전쟁이라는 절망적인 모험의 필요성을 전혀 느끼지 않는 세계질서가 창출되어야 할 것이다. 자유주의자는 설교와 훈화를 통해서 전쟁을 없앨 수 있으리라고 기대하지 않는다. 그는 전쟁의 원인을 제거할 수 있는 사회여건을 창출하고자 한다.

이와 관련하여 첫번째로 요구되는 것이 사유재산이다. 전쟁시에도 사유재산이 존중되어져야 한다면, 즉 승자가 개인의 재산을 점유할 권리를 갖지 않는다면, 그리고 이미 사유재산제도가 아주 널리 퍼져 있어서 승자가 공유재산을 점유하는 게 별이익이 되지 않는다면 전쟁을 일으키려는 중요한 동기 하나가 없어지는 셈이다. 그러나 이것만 가지고 평화를 보장하기는 힘들다. 민족자결권의 행사가 겉치레 행위로 전락되는 것을 막으려면 한 영토에 대한 지배권을 어떤 정부로부터 다른 정부로 이전시키는 것이 가능한 한 무의미한 것이 되도록 하는 정치제도가 필요하다. 그런데 이를 위해 필요한 것이 무엇인지에 관해 사람들은 아직 분명히 이해를 지니고 있지 못하다. 따라서 몇 가지 예를 들어 이를 분명히 밝혀보기로 하자.

중부유럽 및 동부유럽지역의 언어 및 민족집단에 관한 지도를 살펴보면 북부 및 서부 보헤미아지방의 경우 철도선이 언어나 민족의 경계선을 수없이 여러번 가로질러 가는 것을 알 수 있다. 이 경우 만일 각국이 간섭주의나 국가주의정책을 따르고 있다면 국가의 경계를 언어상의 경계와 일치시킬 수 있는 길은 없을 것이다. 독일의 영토에서 체코의 기차를 운영할 수는 없을 것이며, 수마일마다 서로 다른 나라의 관리하에 놓이게 될 기차선을 운영하는 것은 더더욱 불가능하다. 철도여행중 몇 분, 또는 15분마다 형식요건이 다양한 관세장벽을 거쳐야 한다는 것은 생각조차 하기 어려운 일이다.

따라서 그러한 경우에 간섭주의자나 국가주의자들이 그와 같은 지역의 '지리적' '경제적' 통일성이 '파괴'되어서는 안되며 문제가 되는 영토는 따라서 단일'통치자'의 휘하에 놓여져야 한다고 주장하는 것은 이해할 수 있는 일이다(이 경우 어떤 나라든지 모두 다 자기만이 그런 지역을 통치할 자격이 있으며, 또 자기가 가장 유능한 통치자라는 것을 입증하고자 애쓸 것이 분명하다). 이런 경우에 대하여 자유주의는 아무런 문제도 지니지 않는다. 즉 정부의 간섭을 받지 않는다면 사설철도는 수많은 나라의 상이한 영토를 아무 문제 없이 가로질러 갈 수 있다. 만일 관세장벽이 없고 사람이나 짐승, 상품의 이동에 아무런 제한이 없다면 몇 시간 동안의 기차여행중 국경을 얼마나 빈번히 넘나드는 가는 아무런 문제가 되지 않는다.

언어지도를 보면 다른 나라의 땅으로 둘러싸인 영토가 존재함을 알 수 있다. 즉 같은 민족들과 육지로 연결되지 않은 채 폐쇄된 마을이나 언어상의 섬 속에서 살고 있는 경우가 있다. 그러한 지방들이 현재와 같은 정치상황하에서는 그 모국과 결합될 가능성은 없다. 그런데 한 국가의 영토가 관세장벽에 의해 보호받고 있다는 사실 때문에 영토상의 연속성이 하나의 필수조건이 된다. 조그마한 '외국의 속령'들이 관세나 다른 보호무역장치에 의해 인접한 영토로부터 격리된다면 머지않아 경제적인 질식상태를 맞게 될 것이다. 그러나 일단 자유무역이 허용되고 국가는 사유재산의 보호유지에 전념한다면 이 문제의 해결은 극히 단순해진다. 그렇게 되면 어떠한 언어상의 섬이라 하더라도 그것이 영토상의 교량에 의해서 중심지역과 연결되어 있지 않다고 해서 국가로서의 권한이 침해당하는 것을 묵묵히 따라야 될 필요는 없을 것이다.

악명높은 '회랑지대의 문제' 역시 제국주의나 국가주의, 또는 간섭주의 제도하에서만 발생한다. 내륙에 위치한 국가는 그 나라를 바다로부터 격리시키는 영토를 지니고 있는 다른 나라의 간섭주의적이며 국가주의적인 정책의 영향으로부터 벗어나서 자유롭게 대외무역을 하기 위해서 바다로 이르는 '회랑'이 필요하다고 생각한다. 만일 자유무역이 일반화되어 있다면 '회랑'을 소유함으로써 내륙국가가 무슨 이익을 얻을 수 있는지 이해하기 힘들다.

한 '경제구역'(국가주의적인 관점에서)을 다른 경제구역으로 이전시키는 것은 경제적으로 심각한 결과를 야기시킨다. 예를 들어, 이미 두 번이나 그러한 경험을 할 수밖에 없었던 알사시아지방의 면화산업이나 북구 실레지아지방의 폴란드 직물산업에 관해서 생각해 보면 그와 같은 것을 잘 알 수 있다. 만일 어떤 지역의 정치적 귀속관계의 변화가 그 주민의 경제적 이익, 또는 불이익을 수반한다면 투표를 통하여 그들이 진정으로 귀속하기를 원하는 나라를 결정할 수 있는 자유가 본질적으로 제한받게 된다.

각 개인의 의사결정이 손해를 볼지도 모른다는 두려움이나 이익을 볼 수 있다는 희망 때문이 아니라 자기자신의 자유의지에 의하여 이루어질 때 비로소 그것을 진정한 의미의 자결이라 할 수 있다. 자유주의원칙에 기초를 둔 자본주의세계에는 '경제'구역이 따로 없다. 그런 세계에서는 지구의 전 지표가 단일경제영역을 이룬다.

자결권은 다수를 구성하는 사람들의 이익을 위해서만 쓰여지기 쉽다. 소수를 보호하기 위해서는 몇 가지 대내정책이 필요한데, 여기서는 먼저 교육에 대한 국가정책에 관하여 알아보기로 하자.

오늘날 대부분의 국가에서는 취학, 또는 최소한 가정에서의 개인교육이 의무적이다. 부모들은 그 자녀를 일정기간 동안 학교에 보내거나 학교를 통한 공공교육 대신에 그에 해당하는 교육을 가정에서 해야 할 의무가 있다. 의무교육에 대한 찬반논쟁은 현재에도 진행중이므로 여기서 다시 그런 문제에 대해 언급할 필요는 없다. 어떻든 그것이 현재 우리가 당면하고 있는 문제와는 전혀 관계가 없다. 이에 관하여는 단 한 가지 옳은 주장이 있는데, 그것은 의무교육정책의 고수가 영구한 평화를 이룩하려는 노력과 상충된다는 것이다.

런던이나 파리, 또는 베를린 주민들은 틀림없이 그와 같은 주장이 있다는 사실을 전혀 믿을 수 없다고 생각할 것이다. 도대체 어떻게 해서 의무교육이 전쟁과 평화와 관련이 있다는 말인가? 그러나 우리는 이 문제를 우리가 자주 그러는 것처럼 서유럽인의 관점에서만 보아서는 안된다. 확실히 런던이나 파리, 또는 베를린에서는 의무교육의 문제를 쉽게 해결할 수 있다. 이들 도시에서는 어떤 언어로 교육을 행하느냐가 전혀 문제시되지 않는다. 이들 도시에 살며 자녀를 학교에 보내는 주민들은 크게 보아 단일민족이라 생각할 수 있다. 또 런던에 살고 있지만 영어를 쓰고 있지 않는 사람들도 교육이 영어로만 행해지는 것이 분명히 자녀들에게 이익이 되리라는 것을 알고 있으며, 그런 사정은 파리나 베를린이라고 해서 다르지 않다.

그러나 서로 다른 언어를 사용하는 민족들이 광범위한 지역에 걸쳐 공존하며, 또 다수언어가 혼합되어 있는 경우에는 의무교육의 문제가 전혀 다른 중요성을 지닌다. 여기서는 어떠한 언어가 교육의 도구로 쓰이느냐 하는 것이 결정적인 중요성을 가진다. 어떤 언어를 사용하느냐가 시간이 지남에 따라 전지역의 민족적 특성을 결정하게 된다. 학교가 자녀들을 그 부모의 국적으로부터 격리시킬 수 있으며, 또한 어떤 한 민족집단을 억압하는 수단으로 쓰일 수도 있다. 학교를 지배하는 자는 누구든지 자기민족을 이롭게 하고 타민족을 해롭게 할 수 있는 힘을 지니게 되는 것이다.

  자녀들을 그 부모가 사용하는 언어를 쓰는 학교로 보내라는 제안 역시 이 문제의 해결책은 아니다. 혼합언어의 배경을 갖고 있는 아이들로 인하여 생기는 문제를 제쳐놓고라고 우선 부모의 언어가 무엇인지 결정하는 것조차 쉬운 문제가 아니다. 복합언어지역에서는 많은 사람들이 그 직업상의 필요에서 그 지역에서 쓰이는 말을 모두 다 사용한다. 뿐만 아니라 때때로 어떤 개인이(물론 생계수단을 생각해서) 공개적으로 자기가 이러이러한 민족이라고 선언하는 것조차 불가능한 경우가 있다.

  간섭주의제도하에서는 그가 그러한 선언을 하면 다른 민족에 속하는 고객들을 잃을 수도 있으며, 다른 민족 출신의 기업가가 제공한 취업기회마저 상실할 수 있다. 그것 뿐 아니라 많은 부모들은 이중 언어를 구사하는 데서 오는 이점을 높이 평가하거나, 혹은 자기 민족에 대한 충성보다는 다른 민족과 동화되는 것을 더 높이 평가하기 때문에 자녀를 자기 민족이 아닌 다른 민족을 위한 학교로 보내기도 한다. 이제 부모들에게 그들 스스로가 자녀를 어떤 학교에 보낼지 결정하라고 한다면 그들은 우리들이 생각할 수 있는 모든 가능한 정치적 탄압에 맞부딪치게 될 것이다.

  여러 민족이 뒤섞여 있는 지역은 어느 곳에서나 학교가 가장 중요한 정치적 경쟁의 대상이 된다. 학교가 공립이며 의무적인 기관으로 남아 있는 한 학교로부터 정치적 색채를 지워버릴 수 없다. 이 문제에 있어서는 단 하나의 해결책밖에 없다. 즉 국가나 정부, 그리고 법률은 학교교육 및 일반교육에 대해 조금도 참견하지 말아야 한다. 공공자금이 그러한 목적에 쓰여져서는 안된다. 젊은이의 양육 및 교육은 전적으로 부모나 사립기관이나 단체에게 맡겨져야 한다.

학교교육의 이점을 향유한 결과 성인이 된 후 죽음을 당하거나 불구가 될 위험을 지니는 것보다 정규교육을 받지 않은 채 자라는 것이 더 나을 것이다. 글을 아는 반신불수보다는 건강한 무식쟁이가 더 나을지도 모른다.
　의무교육을 통하여 행해지는 정신적 강압을 없애버린다 할지라도 아직 다수 언어가 사용되는 지역에 살고 있는 민족집단간의 마찰의 원천을 다 제거시킨 것은 아니다. 학교는 다른 민족을 억압하는 하나의 수단(아마도 우리 생각에는 가장 위험한)일 뿐 그것이 유일한 수단은 아니다. 경제활동에 대한 정부의 간섭은 무엇이든지 통치권을 지닌 집단과는 다른 언어를 사용하는 민족집단에 대한 탄압수단이 될 수 있다. 이런 이유 때문에 평화유지를 위해서는 정부의 활동영역을 문자 그대로 필요불가결한 부문으로 국한시켜야 할 것이다.
　개인의 생명과 자유, 재산과 건강을 보호하는 데 정부라는 기구는 반드시 필요하다. 그러나 이러한 목적을 위한 사법 및 경찰의무조차도 만일 공무를 집행함에 있어서 한 집단을 다른 집단에 비하여 차별대우할 수 있는 근거가 조금이라도 발견된다면 위험해질 수 있다. 편파적인 행동을 할 만한 동기가 없는 나라에서만 생명과 자유, 재산과 건강을 보호할 책임을 지닌 치안판사가 한쪽으로 치우치는 행동을 할 위험이 없을 것이다. 그러나 만일 종교나 민족, 혹은 그와 유사한 것에 있어서의 차이점이 한 국민을 몇 개의 집단으로 분리시켜 놓은 결과 그들 사이의 간극이 너무나 깊게 되어 공평성이나 인간애가 발로될 여지가 없어지고 대신 미움만 가득차는 경우에는 사정이 다르다. 이 경우 의식적으로든, 혹은 훨씬 더 흔히 무의식적이로든 편파적인 행동을 하는 판사는 자기민족의 이익을 위하여 판사직에 부수되는 특권을 행사하면서도 자기가 보다 더 높은 차원의 의무를 이행하고 있다고 생각할 것이다.

 정부기구가 개인의 생명이나 자유와 재산 및 건강을 보호하는 것 외에 다른 기능을 지니지 않는 경우에는 그래도 행정부나 사법부가 자유로이 행동할 수 있는 영역을 엄격히 규제함으로써 이들이 스스로의 분별이나 자의적이고 주관적인 판단에 따라 업무를 수행할 수 있는 여지를 없앨 수 있다. 그러나 일단 생산활동에 대한 경영권의 일부가 국가에게 귀속되고, 또 정부기구가 어떤 상품의 처분을 결정하도록 정해지면 모든 시민에게 일정한 권리를 보장해주는 규칙이나 규제사항 아래 행정관료들을 붙잡아두는 것이 불가능해진다. 살인자를 처벌하기 위해 고안된 형법은 적어도 어느 정도까지는 무엇이 살인이고 무엇이 살인이 아닌지에 대하여 경계선을 그어줌으로써 판사자 자기의 판단을 자유로이 구사할 수 있는 업무영역에 대하여 한계를 지어준다.

 물론 변호사들은 누구나 다 아무리 좋은 법조항이라 하더라도 실제적용 및 운용이 왜곡되어 나타날 수 있음을 잘 알고 있다. 그리고 교통·운수와 광산 및 공공용지의 관리책임을 맡은 정부부서의 경우에는 이미 제2절에서 논의한 바대로 다른 것을 이유로 해서 그 자유방만한 행동을 억제할 수도 있겠으나, 쟁점이 되고 있는 국가정책상의 문제에 관해 이들 부서가 불편부당하도록 하는 데 있어서는 아무런 알맹이도 없는 일반적인 업무규정을 만드는 것이 고작이다. 이들 정부부서가 어떤 상황 아래서 정책집행을 해야 될지 사전에 알지 못하므로 여러모로 보아 이들 부서에 대해 상당한 정도로 자유로운 운신의 폭을 줄 수밖에 없을 것이며, 그 결과 작위성이나 편중성, 공권력을 남용할 가능성이 커지게 된다.

 다양한 민족집단이 섞여 살고 있는 지역이라 할지라도 통일된 행정의 필요하다. 거리마다 자기종족만 보호하는 책임을 맡은 독일과 체코 경찰관을 동시에 배치할 수는 없을 것이다. 또 비록 그것이 가능하다 하더라도 만일 두 종족이 관련된 문제에 관하여 중재를 할 필요가 있을 때 누가 나서야 할 것인가 하는 문제가 남는다. 그와 같은 지역에 대한 통일된 통치에서 오는 불리한 결과는 회피할 수 없는 성질의 것이다. 그러나 생명, 자유, 재산 및 건강의 보호라는 필요불가결한 정부기능을 수행함에 있어서도 벌써 어려움이 존재한다면, 정부의 기능을 그 성질상 훨씬 더 임의적 판단이 개입될 여지가 많은 분야로 확장함으로써 그러한 어려움을 거대한 괴물처럼 키울 필요는 없을 것이다.

 이 지구상의 상당한 지역은 단일민족이나 종족, 또는 단일종교를 따르는 사람들로만 구성되어 있지 않고 여러 종류의 민족이 혼합되어 살고 있다. 생산지의 변화를 따라 발생하는 이민의 결과 점점 더 많은 새로운 지역들이 혼합된 민족의 문제를 맞게 된다. 만일 우리가 이와 같이 서로 상이한 집단이 함께 섞여사는 데서 오는 마찰을 인위적으로 키우지 않고자 한다면 마땅히 국가의 행동반경을 오직 국가만이 수행할 수 있는 책무들의 범위 안으로 제한해야 할 것이다.

4. 민족주의

 전제군주에 의해 나라가 다스려지고 있는 한 나라의 경계선을 민족집단간의 경계선에 맞추어 조정하자는 생각은 받아들여지지 않을 것이다. 어떤 힘이 센 군주가 한 지역을 자기 영토에 편입시키고자 할 때, 그는 그 지역의 주민들이 그러한 통치자의 변경에 대하여 동의를 하건 말건 상관하지 않는다. 여기서 문제가 되는 것은 단 하나, 즉 현재의 그가 지니고 있는 군사력이 문제가 되는 지역을 정복하여 속국화하는 데 충분한가 하는 것이다. 이 경우 군주는 자기의 행동을 다소 인위적인 법률상의 권한을 내세워 정당화한다. 그 지역 주민의 민족적 특성이 무엇인가 하는 것은 전혀 고려되지도 않는다.

　자유주의의 등장과 더불어 비로소 군사적, 역사적, 혹은 법률적 고려사항과는 독립해서 어떻게 국가의 경계를 결정하여야 하느냐 하는 것이 문제시되게 되었다. 자유주의는 그 지역에 사는 주민의 다수의사에 따라 국가를 건설해야 한다는 주장을 하고 있으며, 또한 전에는 국경을 정함에 있어서 가장 결정적인 요인이었던 군사적 고려사항들을 도외시하도록 주장한다. 자유주의는 한 나라가 다른 나라를 정복할 권리를 부인한다. 자유주의는 사람들이 도대체 어떻게 해서 '전략적 요충지대'라는 말을 할 수 있는지 이해하지 못하며, 또 평지를 보유하기 위해 타국의 영토 일부를 자국영토에 편입시켜야 한다는 요구를 납득하지 못한다.

　자유주의는 또한 한 지역을 상속받을 수 있는 왕자의 역사상의 권리를 인정하지 않는다. 자유주의적 견지에서 보면 왕은 사람들을 다스리는 것이지 주민은 단순한 부속물에 불과한 어떤 지역을 다스리는 것은 아니다. 전제군주는 신의 자비 덕분에 어떤 지역의 소유권을 표시하는 명칭, 예를 들어 '프랑스 국왕'을 지닌다. 자유주의에 의해 임명된 왕은 그들이 다스리는 영토에게서가 아니라 그들이 입헌군주로서 다스리는 사람들에게서 그의 명칭을 따온다. 따라서 루이 필립은 '프랑스인의 국왕'이라는 칭호를 지녔었으며, 또한 '헬레네인의 왕'이 있었던 것처럼 '벨기에인의 왕'이라는 칭호도 있다.

일반민중이 어떤 국가에 귀속하고자 하는(또는 귀속하지 않고자 하는) 희망을 표시할 수 있는 합법적인 형식, 즉 국민투표라는 제도를 창안한 것은 자유주의였다. 어떤 지역의 주민이 귀속하고자 하는 국가는 선거를 통하여 확인되어져야 할 것이다. 그러나 국민투표가 헛껍질이 되지 않도록 하는 필요한 모든 경제적 정치적 조건들이 충족된다 하더라도(예를 들어 교육에 관한 국가정책과 관련된 것들), 또한 모든 지역주민에 대해 그들이 소속되기를 원하는 국가를 결정할 수 있는 투표가 가능하다 하더라도, 그리고 상황이 바뀌면 그러한 선거를 다시 치를 수 있다손 치더라도 아직도 해결되지 않은 문제가 남아 있어서 민족간의 분쟁요인이 될 것이다. 자기가 소속되기를 바라지 않는 나라에 소속되는 것은 그것이 군사적 정복이 아니라 국민투표에 의해서 결정되었다고 해서 조금도 덜 고통스럽지 않다. 또한 자기 동족의 대다수로부터 언어장벽에 의해 단절되어 있는 사람들은 이중의 고통을 겪는다.

민족적 소수집단이 된다는 것은 언제나 이등국민이 됨을 의미한다. 정치적 문제에 관한 논의는 물론 활자화되고 언어화된 글(연설, 신문의 논평 및 저서)을 통하여 이루어져야 할 것이다. 그러나 소수 언어를 사용하는 집단은 그것을 이용하여 정치적 논쟁이 행해지는 언어를 모국어로 하는 사람들만큼 위에서 언급한 정치적 계몽과 논쟁의 수단을 자유자재로 구사하지 못한다. 사람들의 정치적 사상이란 결국 정치적 저서에 포함되어 있는 사상이 반영되어 나타난 것이다. 또한 정치적 논의의 결과가 일단 법률조항으로 성안이 되면 그것에 복종해야 되는 외국어를 사용하는 사람에 대해 특히 중요한 의미를 지니게 된다. 그럼에도 그는 입법부의 법률제정과정에서 소외되었거나, 또는 적어도 자기가 다수집단의 언어를 사용하는 사람들보다는 적은 정도로밖에 영향을 주지 못했다는 느낌을 지니게 될 것이다. 그래서 그가 소송이나 청원의 당사자로서 법관이나 다른 행정관료 앞에 나아가야 할 때 그와는 다른 이념적 영향하에서 발전되었기 때문에 그에게는 낯선 정치사상을 지닌 사람들 앞에 자신이 서 있음을 알게 될 것이다.

이런 것을 모두 제쳐놓는다 하더라도 소수집단의 사람들이 법정이나 행정당국과의 대면에 있어서 그들에게는 낯선 언어를 사용해야 된다는 사실이 벌써 여러 방면에서 심각할 정도로 제약받는다. 법정에 섰을 경우 자기의 말로 직접 판사와 얘기할 수 있는 것과 통역관의 도움을 받아야 하는 것은 천양지차이다. 그때마다 소수민족의 구성원은 그가 이방인 가운데 살고 있다는 생각을, 그리고 비록 법은 그것을 부정하나 자기가 2등국민이라는 생각을 떨쳐버릴 수 없다.

정부활동을 시민의 생명과 재산의 보유에만 국한시키는 자유헌법을 지닌 나라에서도 위에 언급한 문제들은 상당히 억압적인 것으로 느껴진다. 그러나 간섭주의적이거나 사회주의적인 국가에 있어서는 그러한 문제가 전혀 참을 수 없을 만큼 심각해진다. 만일 행정당국이 자기판단 아래 아무 곳에나 다 간섭할 수 있는 권한을 지닌다면, 또한 판사나 다른 공무원들이 의사결정을 함에 있어서 지나치게 많은 자유권한을 부여받아 정치적 편견이 개입할 소지가 있다면 소수민족집단은 자기자신이 다수당에 소속한 공무원들의 자의적인 판단이나 억압에 내맡겨져 있음을 뼈저리게 느끼게 될 것이다. 학교나 교회가 독립되어 있지 않고 정부의 규제를 받는 경우 어떤 문제가 생기는지에 대해서는 이미 알아본 바와 같다.

　바로 그러한 사실에서 오늘날 도처에서 세력을 떨치고 있는 공격적인 민족주의의 뿌리를 찾아야 할 것이다. 오늘날 국가들 사이에 존재하는 극렬한 적대관계의 원인을 정치적인 데에서 찾지 않고 자연적인 데에서 찾으려는 노력은 잘못된 것이다. 상이한 민족들간에는 타고난 적대감정이 존재한다는 것을 입증하기 위하여 제시되는 징후들은 기실 한 나라 안에서도 발견된다. 바바리아인은 프러시아인을 미워하고 프러시아인은 바바리아인을 미워한다. 프랑스와 폴란드내에 존재하는 개별민족 집단 사이의 증오심 역시 이에 못지않다.

　그럼에도 불구하고 독일인이나 프랑스인, 그리고 폴란드인들은 자국의 경계내에서 평화롭게 살아간다. 그런데 독일인이 폴란드인들에 대해 지니고 있는 적대감정이나 폴란드인이 독일인에 대해 지니고 있는 적대감정이 특별히 중요한 정치적 의미를 지니는 것은 이들 두 민족이 모두 다 독일인 및 폴란드인이 공존해서 살아가고 있는 변경지역의 정치적 지배권을 장악하고 그것을 이용하여 타민족의 구성원들을 억압하려는 데 있다.

　국가간의 미움에 불씨를 당겨서 그것이 모든 것을 태워버리는 큰 불이 되게 한 것은 사람들이 그 부모가 사용하는 언어로부터 자녀들을 격리시키는 데 학교를 이용하려 하고 법정이나 관청, 또는 정치적 및 경제적 조치와 재산몰수 등을 이용하여 외국어를 쓰는 사람을 박해한 데에 그 원인이 있다. 사람들이 자기조국의 정치적 장래를 위한 보다 나은 조건을 만들기 위해서라면 얼마든지 폭력적 수단을 쓸 태세가 되어 있었기 때문에 복합언어 사용지역에 세계평화를 위태롭게 만드는 일련의 억압수단을 구축한 것이다.

　이질적인 민족이 혼합되어 있는 영토에 대해 자유주의적 계획안들이 철저하게 실천에 옮겨지지 않는 한 이민족간의 증오심은 더욱 더 강렬해질 것이고, 또 계속해서 새로운 전쟁과 반란을 야기시킬 것이다.

5. 제국주의

　전 세기의 전제군주들이 정복욕에 사로잡혀 있었던 것은 그들이 지배할 수 있는 힘의 영역을 확장하고 부를 증가시키기 위함이었다. 무력사용 없이 국내외의 적으로부터 그의 통치권을 유지시킬 수 있을 만큼 강력한 영주란 존재하지 않는다. 또한 군대를 유지하고 그의 가족과 시종들을 먹여살리는 데 더이상 돈이 필요하지 않을 만큼 부자인 영주란 존재하지 않는다.

　자유주의국가에서는 그 영토의 경계를 넓히느냐 마느냐 하는 문제가 별로 중요하지 않다. 한 영토에서 갹출된 '수입'은 지역을 통치하는 데 드는 비용에 쓰여져야 하므로 새로운 지방을 병합함으로써 부가 얻어지는 것은 아니다. 또한 다른 나라를 침략하려는 계획을 갖지 않은 자유주의국가에서는 군사력을 강화시키는 것이 중요하지 않다. 따라서 자유주의적 의회는 자기나라의 전쟁수행능력을 증진시키도록 하는 제반조치에 대해 반대하며 대외적으로도 호전적이며 타국을 병합하고자 하는 정책에 반대한다.

　전 세기의 60년대초 자유주의가 연달아 승리를 거두고 있을 때, 적어도 유럽에서는 그의 실현이 보장되어 있다고 생각되었던 평화를 위한 자유주의정책은 모든 지역의 국민들이 자의에 의해 스스로 그들이 소속되기를 바라는 국가를 결정할 권리를 지니고 있다는 가정 위에 세워진 것이다. 그러나 전제군주들이 그들의 권한을 평화롭게 이양하고자 하지 않았으므로 그러한 권리를 확보하기 위해서는 적지 않은 수의 비교적 심각한 전쟁과 혁명이 필요하였다. 이탈리아에 있어서 외국인지배의 타도, 탈국가화의 위협에 대항하여 명맥을 유지한 슐레스비히 홀스타인 지역의 독일인, 그리고 폴란드인 및 남부 슬라브인 들의 해방은 모두 다 무기의 힘에 의해서 시도된 것이었다.

 기존의 정치질서가 자결권에 대한 요구와 대립되었을 때 그 문제를 평화롭게 해결한 것은 여러 곳 중 한 군데밖에 없다. 즉 자유주의적인 영국이 이오니아제도를 해방시킨 것이다. 그외의 모든 지역에서는 동일한 상황이 모두 다 전쟁과 혁명으로 귀결되었다. 통일독일국가를 건설하고자 하는 노력이 비참한 프랑스-독일의 마찰을 불러왔으며, 러시아의 황제가 계속되는 항거를 쳐부쉈기 때문에 폴란드의 문제는 아직도 미해결상태이며, 발칸반도의 문제는 오직 그 일부만 해결되었을 뿐이고, 통치권을 쥐고 있는 왕조의 의사를 거슬리지 않고서는 합스부르크 전제군주제가 지니는 문제를 해결할 수 없다는 사실들이 세계대전의 직접적 원인이 된 하나의 우발적인 사건을 유발시켰던 것이다.

 근대제국주의가 절대군주의 팽창주의적 경향과 구별되는 것은 다음과 같은 사실에서이다. 즉 후자의 경우에는 미점령지역의 자원을 약탈하여 개인적인 축재와 스스로의 영광을 드러내려는 지배왕조나 귀족 및 관료, 장교계층의 구성원이 중심적인 인물이 되었음에 반하여, 전자의 경우에는 국가의 독립을 유지하기 위해서는 그것이 가장 적합한 정책이라고 생각하는 국민대중이 중심인물이라는 사실이다. 인간활동의 어떤 분야이건간에 정부의 간섭으로부터 자유로울 수 있는 분야가 없을 정도로 국가의 기능을 크게 확장시켜 온 반자유주의적 정책의 복잡한 연결망하에서는 몇 개의 민족집단이 공생하고 있는 지역의 정치적 문제에 대하여 조금이나마 만족스러운 해결책을 찾을 수 있을 것으로 기대하는 것은 헛된 일이다.

이 지역에 대한 통치가 자유주의적인 노선을 따라서 온전히 이루어지지 않는 한 다양한 민족집단을 대함에 있어서 권리의 평등성이 성립되기를 기대하기는 곤란하다. 이 경우 오로지 통치자와 피치자만이 있을 뿐이다. 유일한 선택은 그가 망치가 될 것인가 모루가 될 것인가 하는 것이다. 따라서 민족국가(혼합된 민족이 살고 있는 지역에까지 그 통치력이 미치는)를 가능한 한 강하게 만들려는 노력이 민족보존의 필수요건이 된다.

언어적으로 혼합되어 있는 지역의 문제가 이미 오래전부터 사람이 살고 있던 지역에 국한해서 발생하는 것은 아니다. 자본주의는 이제까지 사람들이 살아온 대부분의 지역보다 훨씬 더 생산조건이 양호한 새로운 지역을 문명세계를 위해 개척했다. 자본과 노동은 가장 조건이 좋은 지역으로 흘러가기 마련이다. 자본주의의 발전에 따라 시작된 새로운 이민은 지금까지 전세계에서 일어났던 민족의 이동보다도 더 활발하다. 자국의 동포가 정치적 힘을 지니고 있는 지역으로 이동해 갈 수 있는 나라는 몇 안된다. 그런데 그런 조건이 충족되지 않는 곳에서는 이민이 우리가 위에서 보았던 복합언어지역의 문제들을 야기시킨다. 어떤 특수한 경우에는 이 문제에 관한 해외식민지의 상황이 오랫동안 사람이 살아온 유럽지역과는 다른 경우도 있으나 여기서는 이에 관하여 논의하지 않기로 한다.

여하간에 소수민족이라는 불만스러운 상황에서 기인하는 분쟁이나 마찰은 두 가지 경우 모두 같다. 자국 국민을 그러한 운명에서 보호하고자 하는 각국의 희망이 한편에서는 유럽사람들이 살기에 적합한 식민지 쟁취를 위한 노력으로 나타나며, 또 한편으로는 우월한 경쟁력을 지닌 외국산업에 대항하여 조건이 좋지 않은 상황에서 생산활동을 하고 있는 국내기업을 보호하기 위한 수입관세 정책을 사용함으로써 노동자의 이민을 불필요하게 하려는 노력으로 나타난다. 뿐만 아니라 보호된 시장을 가능한 한 최대한으로 확대하려는 의도에서 유럽인이 살기 적합하지 않다고 여겨지는 영토까지 획득하려는 노력이 행해진다. 근대적 제국주의가 시작된 시기를 전세기의 70년대 후반으로 잡을 수 있는데, 그때부터 유럽의 공업국가들은 자유무역정책을 버리고 아프리카와 아시아의 식민지 '시장'의 쟁탈전에 나섰다.

'제국주의'라는 용어가 근대적 영토팽창정책을 지칭하는 데 처음 쓰인 것은 영국과 관련지어서이다. 영국제국주의는 사실 새로운 영토의 병합보다는 영국국왕 산하에 있는 다양한 속영들을 규합하여 단일 통상정책을 적용할 수 있는 지역의 창출을 위하여 더 노력하였다. 이것은 세계에서 가장 광범위한 식민지의 모국으로서 영국이 처한 특수한 상황에 기인한 것이다. 어떻든 영국 제국주의자들이 모든 속령과 모국을 포함하는 관세동맹의 창설을 통하여 달성하고자 하였던 것은 독일, 이탈리아, 프랑스, 벨기에, 그리고 여타 유럽국가들이 식민지 획득을 통해 달성하고자 하던 바, 즉 보호된 수출시장의 창출과 다름이 없다.

제국주의정책이 목표로 하였던 상업상의 광대한 목적은 어느 곳에서도 달성되지 못하였다. 예를 들어 전영국관세동맹이라는 꿈은 현실화되지 않았다. 지난 수십년간에 걸쳐 유럽국가들이 병합한 영토는 물론 그들이 '양보'에 의해서 얻을 수 있었던 영토는 세계시장에 대한 원자재나 반제품의 공급자로서, 또는 선진공업국의 제품소비시장으로서 아주 작은 역할밖에 갖지 않았기 때문에 그와 같은 식민지화가 여건의 본질적인 변화를 가져오지는 못하였다. 유럽제국이 저항능력이 없는 원시인들이 살고 있는 지역을 병합하는 것만으로 제국주의가 목표로 하였던 바를 달성하는 데 충분하지 못하였다. 그들은 스스로를 방어할 태세와 능력을 갖춘 민족이 소유하고 있는 영토에까지 영토확장을 위한 시도를 하지 않을 수 없었다. 그런데 바로 여기서 제국주의정책은 난파되었거나, 혹은 곧 그렇게 될 것이다. 압시니아, 멕시코, 코카서스, 페르시아, 중국 어디에서나 제국주의 침략자들은 후퇴중이거나 아니면 이미 심각한 어려움에 빠져들었다.

6. 식민지 정책

신대륙의 발견 이래 유럽제국의 식민지정책을 이끌어온 여러가지 고려사항과 목표들은 자유주의의 원칙들과 아주 뚜렷한 대조를 이룬다. 식민지정책의 기본사상은 여타종족에 대하여 백인종족의 군사적 우월성을 이용하자는 데 있었다. 유럽사람들은 문명이 그들에게 만들어준 모든 무기와 편의 등으로 무장하고서 약한 민족을 정복하고 그들의 재산을 약탈하여 그들을 노예화시키러 나섰다. 식민지정책의 유일한 목표가 원주민들에게 유럽문명이 가져다준 축복을 나누어 골고루 나누어주자는 데 있다고 주장하며 식민정책의 진정한 동기를 정당화시키거나 눈감아 주려는 시도가 있어왔다. 비록 그것이 세계의 아주 먼 지역까지 정복자들을 파유한 정부의 진정한 의도였다 하더라도 자유주의자는 그와 같은 식민지가 어떻게 해서 유용하거나 이익이 된다고 하는지 그 근거를 알지 못한다.

만일 우리가 그렇게 믿는 바와 같이, 유럽문명이 아프리카 원주민의 문명이나 아시아문명(이들 후자도 그 자체로서 훌륭하겠으나)보다 진정코 우월하다면 유럽문명은 이 지역의 주민들이 자발적으로 그것을 따르도록 감화시킴으로써 유럽문명의 우월성을 입증할 수 있어야 한다. 불과 창이라는 수단이 아니고는 그것을 전파시킬 수 없다는 것보다 유럽문명의 빈약성을 더 잘 나타내주는 것이 또 어디 있겠는가?

역사에 있어서 식민지주의의 역사보다 더 피에 물든 장·절은 없다. 쓸데없이, 그리고 까닭없이 피를 흘렸다. 번창하던 토지가 황폐화되었으며 전민족이 파괴되고 말살되었다. 이런 모든 것을 변명하거나 정당화할 수는 없다. 아프리카나 아세아의 중요지역에 대한 유럽인의 지배는 절대적이었다. 이와 같은 것은 자유주의 및 민주주의의 원칙들과 극명한 대조를 이루는 것으로서, 우리는 마땅히 그것의 폐지를 위해 전력을 다해야 한다. 오직 한 가지 문제는 이처럼 참기 어려운 상황을 어떻게 하면 가장 덜 해로운 방법에 의해 해결할 수 있겠는가 하는 것이다.

가장 간단하지만 급진적인 해결책은 유럽국가들이 이 지역으로부터 정부관료, 군인 및 경찰을 철수하고 원주민들을 자유로이 두는 방법이다. 이와 같은 조치가 즉시 행해지거나, 식민지의 이양에 앞서 원주민들의 자유로운 국민투표가 선행되거나 하는 것은 별차이가 없다. 진정으로 자유로운 투표의 결과가 무엇일런지는 의심할 여지가 없기 때문이다. 해외영토에 대한 유럽인의 지배에 대해 그 지역주민이 동의하리라고는 기대할 수 없다.

아마 이런 급격한 해결책의 즉각적인 결과로 유럽인들이 물러간 지역이 무정부상태에 빠지거나, 적어도 끊임없는 분쟁에 휘말릴 것이다. 지금까지는 원주민들이 유럽인들에게서 선한 것보다는 사악한 방식만 배웠다고 가정하는 것은 별무리가 없을 것이다. 이것은 원주민들의 잘못이 아니라 그들에게 악행밖에는 가르친 것이 없는 유럽 정복자들의 잘못이었다. 이들 정복자들은 무기와 여러 종류의 파괴장치를 식민지에 가져왔으며 가장 저질적이며 잔혹한 자들을 관료와 경찰로 식민지에 파견하였으며, 또한 칼끝의 위협 아래 그 피비린내나는 살벌함에서 볼세비키 독재제도에 버금가는 식민통치규칙을 만들었다.

유럽인들은 그들이 식민지에 심어놓은 나쁜 행실의 예들이 이제 악한 열매를 맺는다 해서 놀랄 것이 없다. 어떻든 그들은 마치 바리새파 사람들처럼 원주민들의 비천한 공중도덕성에 대해 불평할 권리가 없다. 마찬가지로 원주민들은 아직 자유를 누릴 만큼 성숙되지 않아 그들이 스스로의 힘으로 살아나가려면 적어도 몇년간은 더 외국통치자의 채찍 밑에서 교육받아야 한다는 유럽인들의 주장은 정당화될 수 없다. 이 '교육' 그 자체가 현재 식민지에 만연하는 형편없는 상황(비록 그것의 결과가 유럽인의 군대나 관료가 전부 철수한 연후에나 분명히 드러나겠지만)에 대해 적어도 부분적인 책임이 있기 때문이다.

식민지에서의 철수 이후 발생할 것으로 간주되는 무정부상태를 미연에 방지하고, 따라서 원주민들의 이익과 편익을 위하여 자기들이 통치를 계속하는 것이 우월한 종족의 일원으로서 유럽인들의 의무라고 주장하는 사람도 있을 것이다. 이와 같은 주장을 뒷받침하기 위하여 유럽 식민지통치 이전의 아프리카나 아시아 일부지역이 처해 있었던 상황을 일부러 무시무시한 그림으로 나타낸 경우도 있을 것이다. 예를 들어 중앙아프리카지역에서 있었던 아랍인에 의한 노예사냥이나 인도의 독재자들 다수가 보였던 방약무인한 잔혹행위를 회상할 수 있을 것이다. 물론 이와 같은 주장에는 위선적인 요소가 많으며, 또한 예를 들어 아프리카에서 노예무역이 번창할 수 있었던 것은 아메리카식민지에 살고 있던 유럽인의 후계자들이 노예시장에 구매자로서 참여하였기 때문에 가능했던 것이다.

식민지에 대한 유럽인의 통치를 유지시키는 것을 찬동하는 이유로서 원주민의 이익을 위해서라는 것외에 생각되는 게 없다면 차라리 식민통치를 완전히 종식시키는 것이 더 낫다고 말해야 할 것이다. 타인의 이익을 위한다는 명목으로 그 사람들의 일에 끼여들 권리를 지닌 자는 아무도 없으며, 또한 누구라도 기실은 자신의 이익을 생각하면서도 마치 그가 타인의 이익을 위하여 헌신적으로 일하는 것처럼 가장해서는 안될 것이다.

그런데 식민지에 대한 유럽인의 지배력과 영향력을 계속 유지하는 게 낫다는 주장에는 이것외에도 다음과 같은 것이 있다. (이에 따르면) 만일 유럽제국이 적도지역의 식민지를 자기들 통치하에 두지 않았다면, 또한 만일 유럽제국의 경제체제가 공산품을 대가로 하는 적도지방으로부터의 원자재 수입 및 해외농산물 수입에 그토록 의존적이지 않았다면 이들 해당지역을 세계시장이라는 연계조직에 편입시키는 것이 옳은지의 여부에 관해 조용히 논의하는 게 가능할 것이다. 그러나 이미 식민지화에 따라 이들 영토가 전세계적인 경제공동체에 강제로 편입된 것이 현실이므로 사태는 사뭇 다르다.

　오늘날 유럽경제는 아프리카 및 아시아의 대부분을 여러가지 원자재의 공급자로서 세계시장에 포함시키는 체제에 바탕을 두고 있다. 물론 원자재를 해당지역의 원주민들로부터 무력에 의해 빼앗아 오는 것은 아니다. 즉 그것을 하나의 진상품으로서 가져가는 것이 아니라 유럽산 공산품과의 자발적인 교환에 의해서 넘겨받은 것이다. 따라서 이들 사이의 관계는 어느 일방의 이익만을 위한 것이 아니며, 오히려 이와는 정반대로 상호이익이 되는 관계이고, 식민지 주민은 그러한 관계에서 영국이나 스위스인들 못지않게 많은 이익을 얻는다. 이와 같은 무역관계의 중단은 원주민은 물론 유럽인들에 대해 큰 경제적 손실을 가져올 것이며 상당히 많은 사람들의 생활수준을 저하시킬 것이다.

　전세계를 향한 경제관계의 완만한 팽창과 세계경제의 점진적인 개발이 지난 150여 년 간에 걸쳐서 부를 증가시킨 가장 중요한 요인이었다면 이제 와서 이러한 추세를 역전시킨다는 것은 세계경제에 있어서 전대미문의 파국을 부르는 것과 같다. 이와 같은 이유에서 발생하는 파국은 그 범위와 결과에서 세계대전의 경제적 결과에 부수된 위기를 훨씬 능가할 것이다. 원주민이 자기들의 정치적 운명을 스스로 결정할 수 있는 기회를 주기 위하여, 그렇게 된다고 해도 기실 이것은 원주민에게 자유를 가져다주기보다는 그전 통치자만 바뀔 뿐인데, 유럽인은 물론 동시에 식민지 주민들의 경제적 복지가 더 나빠지도록 내버려둬야 한단 말인가?

　위에서 제기된 것이 식민지정책에 대한 문제를 판단함에 있어서 결정적인 요소가 되야 할 것이다. 식민영토가 국제무역에 참여하는 것을 보장하는 데 필요한 법적 정치적 요구조건을 유지시키기 위하여 그 주둔이 필요하다면 유럽의 관리, 군대 및 경찰이 해당지역에 남아 있어야 할 것이다. 식민지에서 통상, 산업 및 농업정책을 수행할 수 있어야 할 것이며 광산을 개발하고 해당국의 생산물을 기차나 강을 이용하여 해안으로 수송하여 결국에는 그것을 유럽이나 미국으로 가져갈 수 있어야 할 것이다. 이런 모든 것들이 계속해서 가능하도록 하는 것이 유럽, 미국, 그리고 오스트레일리아인뿐 아니라 아시아나 아프리카의 원주민들에게도 이익이 된다. 식민지를 다룸에 있어서 식민통치자가 이와 같은 한계를 넘어서지 않는다면 자유주의적인 견지에서조차 그들의 행동을 반대할 수 없을 것이다.

그러나 누구나 알 듯이 식민통치자들은 위와 같은 원칙을 너무나 심각하게 위반하였다. 벨기에령 콩고에서 자행된 것으로 믿을 만한 영국특파원들이 보도한 무시무시한 만행을 다시 회상할 필요조차 없다. 그러한 잔혹행위를 벨기에 정부가 의도적으로 자행한 것이 아니라 콩고에 파견된 식민용병들의 지나치고도 악한 성격탓이라고 한다하더라도 대부분의 식민통치국가들이 그들의 해외속령에서 모국상품에 대해 우선적 지위를 부여하는 통상제도를 구축한 것을 보면 오늘날의 식민정책이 마땅히 있어야 할 것과는 전혀 다른 고려사항들에 의해 주도되고 있음을 알 수 있다.

모든 경제정책상의 문제와 관련지어 유럽 및 백인종의 이익과 식민지 유색인종의 이익을 조화시키기 위해서는 아직 의회제도가 존재하지 않는 해외영토에 대한 행정에 있어서 국제연맹에게 최고권한을 부여해야 할 것이다. 국제연맹은 아직 자치가 이루어지지 않는 지역에 대해 가능한 한 빨리 자치가 이루어지도록 해야 할 것이며, 또한 모국의 권한이 외국인의 재산 및 시민으로서의 권리, 그리고 무역관계의 보호에 국한되도록 감시하여야 할 것이다. 만일 식민지 모국의 정책조치가 식민지역에 있어서 무역, 통상, 그리고 일반적인 경제활동의 안전을 보장하는 데 필요한 수준을 넘어서는 경우 해당 지역에 사는 외국인은 물론 원주민들이 그들의 불평을 직접 국제연맹에 호소할 수 있는 권리가 주어져야 할 것이며, 국제연맹에 그러한 불평을 효과적으로 해결할 수 있는 권한을 주어야 할 것이다.

이와 같은 원칙의 적용은 그 효과에 있어서 유럽제국의 해외영토를 전부 다 국제연맹의 관할하에 두자는 것과 같다. 그러나 그러한 조치 역시 오직 잠정적인 것으로 간주되어야 한다. 최종목표는 식민지를 그들이 오늘날 그 아래서 살고 있는 전제적 통치자의 마하에서 완전히 해방시키는 데 두어야 할 것이다.

이처럼 어려운 문제에 대한 이와 같은 해결방안(시간이 흐르면 흐를수록 그 실행이 점점 더 어려워지는)에 대해 식민지를 소유하지 않은 유럽 및 미주대륙의 국가들뿐 아니라 식민통치국가 및 원주민 역시 만족해 해야 할 것이다. 식민통치국가들은 그들이 결국은 식민지에 대한 지배권을 유지할 수 없으리라는 것을 인식해야 할 것이다. 자본주의가 이들 지역으로 침투함에 따라 원주민들은 자기의존적이 되어서 이제는 더이상 원주민의 상류층과 모국을 위해 행정을 관장하고 있는 장교나 관료간에 문화적 이질성이 존재하지 않는다. 군사적 정치적으로 볼 때, 오늘날의 힘의 배분양상을 한세대 이전과는 판이하게 다르다.

유럽제국, 미국 및 일본이 중국을 식민화하려던 노력은 실패하였다. 이집트에서는 영국이 벌써 퇴각중이며 인도에서는 이미 방어적 태세에 들어갔다. 심각한 공격에 대항하여 네덜란드가 동인도제도에 유지하지 못하리라는 것은 잘 알려진 사실이다. 아프리카나 아시아의 프랑스 식민지도 같은 상황이다. 미국은 필리핀에 대해 그리 달갑지 않게 여기고 있으며 적당한 기회가 오면 포기할 준비가 되어 있다. 식민지를 국제연맹의 관할하에 두게 되면 식민통치국가들은 그들의 자본투자를 하나도 잃지 않고 소유할 수 있을 것이며, 또한 국제연맹은 식민통치국가들이 원주민의 봉기를 억제하기 위해 희생해야 하는 것을 방지해줄 것이다. 평화적 방법을 통해 그들에게 정치적 독립을 보장해주고, 그와 더불어 앞으로 그들의 정치적 독립을 위협할지도 모르는 주변국가가 있을 수 없도록 하겠다는 제안에 대해 원주민 역시 감사해 하지 않을 이유가 없을 것이다.

7. 자유무역

보호관세 및 자유무역의 결과에 대한 이론적 논증이 고전경제학의 주춧돌이다. 고전경제학의 이론은 너무나 명료하고 분명하며 논쟁의 여지가 없어서 반대자들이 그에 대한 대안으로서 제시한 것 중 제기된 즉시 그것이 틀렸으며 우스꽝스러운 것이라는 사실이 입증되지 않은 주장이 이제까지 없었다.

그럼에도 불구하고 오늘날 우리는 보호관세(때에 따라서는 전면적인 수입금지조치)가 전세계에 만연하고 있음을 본다. 자유무역의 모국이라 할 수 있는 영국에서조차 보호주의가 상승추세 속에 있다. 시일이 지남에 따라 국가적 자급자족의 원리가 새로운 추종자를 얻고 있다. 헝가리나 체코슬로바키아처럼 인구가 수백만명밖에 안되는 나라들조차 고관세 및 수입금지정책을 사용하여 스스로를 세계의 다른 국가들로부터 고립시키려 한다. 미국의 대외통상정책은 해외에서 보다 싸게 생산된 전제품에 대해 그 차이만큼 수입관세를 부과하려는 것을 기조로 하고 있다.

이런 상황을 정말 그로테스크하게 만드는 것은 모든 나라가 수입을 줄이고자 하면서 동시에 수출은 증가시키고자 한다는 사실이다. 이와 같은 정책의 결과는 국제분업 관계를 방해함으로써 노동생산성의 저하를 가져온다. 이와 같은 결과가 그동안 더욱 더 분명히 드러나지 않았던 것은 자본주의제도의 발전이 그것을 능가할 만큼 현저했었기 때문이다. 그러나 만일 보호관세가 생산활동을 보다 조건이 좋은 지역에서 그렇지 못한 지역으로 쫓아내지 않았더라면 오늘날 누구나가 전보다 더 잘살 수 있었으리라는 것은 의심의 여지가 없다.

완전한 자유무역하에서는 자본과 노동이 생산활동을 위해 가장 여건이 좋은 곳에 고용된다. 그렇지 않은 지역들은 더 나은 조건하에서 생산활동을 할 수 있는 곳이 없는 한 이용될 것이다. 교통수단의 발달, 기술의 개량, 그리고 새로 상거래의 대상으로 된 지역의 보다 철저한 탐색에 의해 생산활동에 있어서 현재 쓰이고 있는 지역보다 훨씬 더 유리한 조건을 지닌 지역이 있다는 것이 발견된다면 생산은 이 새로운 지역으로 이전해간다. 즉 자본과 노동은 생산여건이 좋지 않은 곳에서 보다 나은 곳으로 이동하는 경향이 있는 것이다.

그러나 자본과 노동의 이동은 완전한 자유무역뿐 아니라 한 국가에서 다른 국가로 그것들을 옮겨가는 데 아무런 장애물이 없을 것을 전제로 하고 있다. 고전적 자유무역이론이 전개되었을 당시에는 이와 같은 사실이 현실과 거리가 먼 것이었다. 자본과 노동의 자유

이동을 가로막는 일련의 방해물이 있었다. 현지상황에 대한 무지, 법과 질서 유지에 대한 일반적인 불안감, 그리고 그와 비슷한 이유로 인하여 자본가들은 외국에 투자하는 것을 꺼렸다. 노동자들은 외국어를 몰라서 뿐 아니라 법적, 종교적, 그리고 여타의 어려움 때문에 그들이 조국을 떠날 수조차 없음을 알게 되었다. 19세기초에 한 나라 안에서의 자본과 노동의 이동이 일반적으로 자유로웠다는 것은 사실이지만, 한 나라에서 다른 나라로의 이동에는 상당한 장애가 있었다. 경제이론에서 대내 및 대외무역을 구분하는 단 하나의 근거는 전자의 경우 자본과 노동의 이동이 자유로운 데 반해 국가간의 상거래에 있어서는 그렇지 못하다는 사실에서 찾을 수 있다. 따라서 고전파 이론이 해결하지 않으면 안되었던 문제는 한 나라에서 다른 나라로 노동과 자본의 이동이 금지되어 있는 경우에 국가간 소비재의 자유무역이 가져오는 결과는 무엇인가였다.

  리카도의 이론이 이 질문에 대한 해답을 제시하였다. 상이한 나라들 사이에 있어서 생산활동의 분포는 다른 나라에 비하여 가장 우월한 산업분야에 각국의 자원을 집중 투입하는 데서 결정된다. 중상주의자들은 생각하기를 생산여건이 별로 좋지 않은 나라는 수출보다 수입이 많아 결국은 돈이 한푼도 없는 지경에 이르게 된다고 하였다. 따라서 그들은 그와 같이 통탄할 만한 일이 발생하지 않도록 때맞추어 보호관세 및 수입금지조치를 취할 것을 요구하였다.

  고전파이론은 이와 같은 중상주의적 걱정이 근거없는 것임을 보였다. 전산업 분야에 걸쳐 생산조건이 다른 나라의 그것에 비하여 좋지 않은 나라조차도 수입하는 것보다 더 적게 수출되는 것을 걱정할 필요는 없기 때문이다. 아주 분명하고, 또 아직까지 아무도 그것을 부정하지 못할 만큼 이론의 여지가 없는 방법에 의해 고전파

이론은 상대적으로 좋은 생산여건을 지니고 있는 나라조차도 비교적 생산조건이 좋지 않은 나라로부터 자기가 그것을 생산한다면 물론 다른 나라보다는 더 잘 만들 수 있지만, 그가 다른 상품을 더 잘 만드는 것만큼은 잘 만들지 못하는 재화를 수입하는 것이 더 낫다는 것을 알 수 있을 것이라고 논증하였다.

따라서 고전적 자유무역이론이 정치가에게 하고자 하는 말은 다음과 같다. 어떤 나라는 천연적으로 생산여건이 비교적 좋은 나라가 있는가 하면 그렇지 못한 나라도 있다. 만일 정부에 의한 간섭이 없다면 국제분업이 모든 나라로 하여금 다른 나라에 비해 그 생산조건이 어떠하든간에 세계경제에서 스스로 제자리를 찾게 할 것이다. 물론 비교적 좋은 생산조건을 지닌 나라가 더 잘살게 될 것이다. 그러나 이것은 어떤 경우이든 정치적 조치로 바꿀 수 있는 성질의 것이 아니다. 그것은 순전히 자연적 생산요소의 차이가 가져오는 결과이다.

이것이 전 시대의 자유주의가 직면하였던 상황이었으며, 이에 대해 전 시대는 고전적 자유무역의 원칙으로 대응하였다. 그러나 리카도 이후 세계의 상황이 현저히 달라져 세계대전 발발 전 60여 년간에 걸쳐 자유무역이론이 대면하지 않으면 안되었던 문제는 18세기말부터 19세기초에 걸쳐서 자유주의가 다루어야 했던 문제와는 사뭇 다르다. 19세기에 들어와 자본과 노동의 자유로운 이동을 방해하던 장애물이 부분적으로나마 제거되었다.

19세기 후반에 들어와서는 자본가가 외국에 투자하는 것이 리카도 시대보다 훨씬 더 쉬워졌다. 법과 질서가 훨씬 더 견고한 기반 위에 세워졌으며 다른 나라나 그곳의 관습에 대한 지식이 널리 퍼지게 되었고, 합작회사가 해외투자사업의 위험을 여러 사람에 대해 분산시켜 주어 위험을 감소시켰다. 물론 19세기초의 국가간 자본이동이 국내에서의 이동만큼 용이했었다고 한다면 그것은 지나친 과장일 것이다. 아직도 많은 차이점이 남아 있었으나 자본이 각국의 국경내에 머물러 있어야 한다는 가정은 이제 더이상 옳은 것이 못된다. 노동에 관해서도 이것은 이제 더 이상 옳지 않다. 19세기 후반에는 이미 수백만명이 외국에서의 보다 나은 일자리를 찾기 위해 유럽을 떠났다.

고전적 자유무역이론이 가정한 조건들, 즉 자본과 노동의 이동불가능성이 이제 더이상 사실이 아니므로 국내적 상업에 있어서의 자유무역의 결과와 국제적 상업에 있어서의 자유무역의 결과를 구별하는 것도 이제 더이상 옳지 않다. 만일 자본과 노동의 국제이동이 한 나라 안에서의 이동처럼 자유롭다면 국내외 상거래에 있어서 자유무역이 가져오는 효과를 구별해서 인식할 필요는 없을 것이다. 따라서 전자에 대해서 옳은 것은 후자에 대해서도 옳을 것이다. 자유무역의 결과 조건이 비교적 양호한 지역이 생산에 쓰여지며 조건이 열악한 지역은 쓰여지지 않는다. 자본과 노동은 생산조건이 별로 좋지 않은 지역으로부터 더 나은 지역으로 흘러 들어갈 것이며, 또는 보다 더 정확히 말해 오랫동안 사람이 살아오고 있어 인구밀도가 높은 유럽국가로부터 생산여건이 보다 더 양호한 미국이나 오스트레일리아로 흘러 들어갈 것이다.

그들이 오랫동안 거주해오고 있는 유럽의 국토외에 자국민을 보내 식민지를 건설하기에 적합한 해외영토를 보유하고 있던 유럽국가들에게 있어서는 이와 같은 사실이 단지 자국민의 일부를 해외영토로 이주시켜 정착시키는 것을 뜻한다. 예를 들자면 영국이 그러한 경우인데, 영국국민의 일부는 오늘날 캐나다, 오스트레일리아, 또는 남아프리카에 살고 있다. 영국을 떠난 이민들은 새로운 고향에서도 영국시민권과 국적을 유지할 수 있었다. 그러나 독일의 경우는 사정이 달랐다. 독일은 독일인을 보내 식민지로 건설하기에 적합한 해외영토가 없었으므로 독일이민이 상륙한 곳은 외국의 영토였으며, 또한 그는 외국시민들 사이에서 살아가야 했다. 그 결과 독일이민은 외국시민이 되어야 했으며 한두세대, 또는 기껏해야 3대가 지나기 전에 다른 나라 사람의 일원으로 되어가는 동화과정이 종료될 것으로 기대되었다. 따라서 독일정부는 그 나라 자본 및 노동의 일부가 다른 나라로 이동해가는 것을 그냥 두고보고만 있을 것인가 하는 문제에 봉착하였다.

통상정책에 있어서 19세기 후반에 영국 및 독일이 직면하였던 문제가 똑같은 성질의 것이라고 생각하는 오류를 범하지 말자. 영국이 직면했던 문제는 그 시민의 일부를 해외속령으로 이주시키는 것이 옳은가 하는 것이었으며, 영국으로서는 그와 같은 이민을 막아야 할 이유가 없었다. 그러나 독일이 지녔던 문제는 전에 이민간 수십만, 혹은 수백만명의 독일인이 이미 그랬던 바와 같이 이민 후 일정기간이 경과하면 독일시민권 및 국적을 포기하고 현거주지의 국적을 취득할 것이 확실시되는 그 국민의 일부가 영국의 해외속령이나 남미제국 및 여타 국가로 이주해가는 것을 그대로 두고볼 것인가 하는 것이었다.

그런 일이 일어나기를 바라지 않았으므로 독일제국은 60년대와 70년대초에 걸쳐 착실히 자유무역정책을 향해 나아가고 있던 정책방향으로부터 70년대말에 들어와서 독일의 농업 및 공업을 외국의 경쟁으로부터 보호하기 위한 수입부과금제를 채택한 것을 기점으로 해서 보호무역주의로 방향을 전환하였다. 그같은 관세보호를 받아 독일의 농업은 그보다 조건이 좋은 농장을 지닌 동부유럽 및 해외로부터의 경쟁을 어느 정도 막을 수 있었으며, 또한 보호관세를 이용하여 독일의 주요공업이 카르텔을 형성함으로써 제품의 국내 시판가격을 국제시장 가격보다 높게 유지하였고, 또한 거기서 남은 이윤을 바탕으로 해외시장에서 그 경쟁자들보다 오히려 더 싼값에 팔 수 있었다.

이와 같은 일에도 불구하고 보호주의로 되돌아감으로써 달성하고자 했던 궁극적인 목적은 달성되지 않았다. 보호관세를 적용한 결과 생계비 및 생산비가 높아질수록 독일의 해외무역 여건은 더욱 더 나빠질 수밖에 없었다. 물론 새로운 통상정책을 쓴 이래 독일이 30여 년 간에 걸쳐 대단한 경기호황을 누렸음이 사실이다. 그러나 그와 같은 호황은 보호관세 없이도 일어날 수 있었다. 그 까닭은 그와 같은 호황이(보호관세 때문에 발생한 것이 아니고) 독일이 지니고 있는 풍부한 천연자원을 보다 더 잘 이용하게 한 철강 및 화학산업에서의 새로운 공법의 도입이 가져다준 결과이기 때문이다.

국가간 노동의 자유로운 이동을 금지시키고 자본의 이동마저도 상당한 정도로 억제시킨 반자유주의적 정책은 19세기초와 19세기말에 존재하였던 국제무역 여건상의 차이를 어느 정도 말소시켜 버렸으며, 또한 국제무역환경을 자유무역이론이 성립되기 이전의 상태로 되돌려놓았다. 자본, 그리고 무엇보다도 노동의 이동이 또다시 억제되게 되었다. 따라서 오늘날과 같은 상황하에서는 소비재에 대한 자유무역이 생산요소의 이동을 가져오지 못한다. 그 결과 각 국가들은 (국제분업보다는) 자국내에 머물면서 상대적으로 여건이 좋은 생산분야 및 생산형태에 전념하던 종전의 상태로 되돌아가게 되었다.

국제무역의 발전을 위한 전제조건이 무엇이든간에 보호관세가 달성할 수 있는 것은 단 한 가지뿐이다. 즉 천연적·사회적 여건이 가장 좋은 지역에서 생산이 행해지는 것을 막고 그 대신 조건이 나쁜 지역에서 생산이 이루어지도록 하는 것이다. 따라서 보호주의의 결과는 항상 노동생산성의 감소로 나타난다. 자유무역주의자가 세계각국이 보호무역주의정책을 사용하여 싸우고자 하는 해악이 진정한 해악이라는 것을 부정하는 것은 아니다. 그가 주장하는 바는 단지 제국주의자나 보호주의자가 권고하는 방법으로는 그러한 해악을 없앨 수는 없다는 것이다. 따라서 자유무역주의자는 이에 관해 다른 해결책을 제안한다. 영구한 평화의 필요불가결한 전제조건들을 창출하기 위해 현재의 국제적 상황이 지니고 있는 특징 중에서 자유주의자가 변화시키기를 바라는 것은 다름이 아니라 독일, 또는 이탈리아의 이민들이 세계분업체제내에서 서자취급을 받고 있다는 사실과, 반자유주의정책의 결과로 그들이 일단 이민간 후 본래의 국적을 버릴 수밖에 없다는 사실이다.

8. 이동의 자유

자유주의는 때때로 그 실천강령이 지나치게 부정적이라는 이유로 비난받아 왔다. 사람들은 자유주의의 실천강령이 부정적인 것은 자유의 본성 때문이며 자유의 본성은 무엇인가로부터의 자유로밖에는 생각될 수 없는 것이라고 주장한다. 자유를 요구하는 것은 기본적으로 어떤 종류의 속박을 거부하는 것이기 때문이다. 이와는 대조적으로 권위주의적 정당의 실천강령은 긍정적이라고 생각한다. 일반적으로 '부정적' '긍정적'이라는 어휘에는 이미 확고한 가치판단이 내포되어 있으므로 이와 같은 방법으로 얘기하는 데는 자유주의가 내세우는 정치적 실천방안의 가치를 손상시키고자 하는 은밀한 의도가 나타나 있다.

자유주의적 실천방안(생산수단의 사유제도에 바탕을 둔 사회의 건설)이 여타의 정치적 실천방안 못지않게 긍정적이라는 것을 여기서 새삼 반복할 필요는 없을 것이다. 자유주의적 실천방안에 있어서 부정적인 것이 있다면 그것은 자유주의가 주장하는 방안들을 실천에 옮기는 데 있어서 방해가 되는 모든 것을 부정하고 거절하며, 또 그에 대항하여 싸우는 데 있다. 이와 같은 방어자세 때문에 자유주의의 실천강령(그렇게 치면 모든 운동이 다 그렇지만)은 그 상대자가 취하는 태도에 따라 결정된다. 반대가 심하면 그에 대한 자유주의의 반격도 강할 것이며 반대가 약하거나 없는 경우에는 그 상황에 맞는 단 몇 마디면 족할 것이다. 또 자유주의에 대한 반대가 역사의 흐름에 따라 그 모습을 바꾸어왔으므로 자유주의의 방어자세 역시 그에 맞추어 변화되어 왔다.

이와 같은 양상은 이동의 자유라는 문제에 관해 자유주의자가 취하는 태도에 가장 잘 나타나 있다. 자유주의자는 모든 사람이 그가 원하는 곳이면 어디에서든지 살 수 있는 권리를 가져야 한다고 주장한다. 이것은 물론 '부정적'인 요구가 아니다. 누구나 자기생각에 가장 나은 곳에서 일하고, 또 소득을 처분할 수 있다는 것이 생산수단의 사적 소유에 기초를 둔 사회의 본질이다.

이와 같은 원칙이 부정적인 측면을 지니게 되는 것은 그것이 이동의 자유를 제한하려는 세력을 만났을 때 비로소 그렇게 되는 것이다. 이런 측면에서 볼 때 이동의 자유라는 권리의 요구는 역사적으로 여러번 그 모습을 바꿨다. 18세기 및 19세기에 걸쳐 자유주의가 등장하였을 때는 외국으로의 이민의 자유를 위하여 싸웠다. 그러나 오늘날은 투쟁이 외국으로부터의 이민의 자유에 대한 것이다. 당시에는 자유주의가 한 나라 안에서 농촌사람이 도시로 이동하는 것을 방해하는 법률과 자기조국을 떠나 외국으로 이주해서 보다 잘살아 보려는 사람들을 강력하게 징벌하는 법률에 대해서 싸웠다. 그러나 그당시 해외로부터의 이민은 대체로 자유로웠으며 크게 방해받지 않았다.

누구나 잘 알듯이 오늘날은 상황이 다르다. 이와 같은 추세는 중국 하층민의 이민을 막고자 하는 법률을 시발점으로 수십년 전에 시작되었다. 오늘날에는 세계의 어느 곳이든지 이민가기에 적합한 국가는 누구나 예외 없이 이민을 전면적으로 금지하거나, 강력히 억제하는 법률을 지니고 있다.

이와 같은 정책은 다음의 두 가지 관점에서 살펴볼 수 있다. 첫째, 노동조합의 정책으로서, 그리고 둘째, 국가적 보호주의의 정책으로서, 클로즈드 샵(노조원만 고용하는 제도)이나 강제파업 및 계속 작업하고자 하는 사람들에 대한 폭력적 간섭외에 노동조합이 노동시장에 대하여 영향을 미칠 수 있는 유일한 방법은 노동의 공급을 제한하는 것이다. 그러나 노조가 이 세상에 살고 있는 노동자의 수를 줄일 수 있는 힘은 없으므로 노조가 할 수 있는 일은 고용의 기회를 차단함으로써 타산업에 종사하거나, 다른 나라에 살고 있는 노동자의 희생 위에 해당산업, 혹은 해당국가의 노동자수를 감소시키는 것이다. 어떤 특정 생산분야에 고용되어 있는 사람들이 같은 나라 안의 다른 산업에 종사하는 노동자의 고용을 방해하는 것은 현실정치적인 이유에서 일정한 한계를 지닌다. 이에 대하여 외국인 노동자의 입국을 제한하는 데는 정치적으로 특별한 어려움이 없다.

유럽의 거의 전지역에 비하여 미국이 천연적 생산조건 및 동시에 노동생산성의 측면에서 볼 때, 훨씬 더 좋은 조건을 지니고 있기 때문에 그 결과 임금도 높다. 만일 이민을 막는 장애물이 없다면 유럽노동자는 보다 나은 일자리를 찾아 대거 미국으로 이주해갈 것이다. 그러나 미국의 법률은 이것을 아주 힘들게 하고 있다. 그 결과 미국에서는 완전한 이민의 자유가 있을 때 실현될 것보다 훨씬 더 높은 수준에서 임금이 유지되는 반면, 유럽에서는 임금이 그보다 낮다. 미국노동자는 이익을 보지만, 유럽노동자는 손해를 본다.

그러나 이민제한의 경제적 효과를 분석하면서 그것이 임금에 미치는 일차적 영향에 대해서만 살펴보는 것을 오류이다. 그것의 효과는 그보다 훨씬 크다. 이미 제한의 결과 비교적 생산조건이 나쁜 지역에는 노동의 초과공급이 있는 반면 상대적으로 생산여건이 좋은 나라에는 노동의 부족이 있어서 이민의 자유가 완전한 경우보다 전자의 경우는 생산이 필요 이상 더 커지는 반면, 후자의 경우는 그것이 축소된다. 따라서 이민의 자유를 제한하는 것은 보호관세를 부과하는 것이나 마찬가지 효과를 지닌다. 세계의 한쪽에서는 비교적 좋은 조건의 생산기회가 이용되지 않고 있는 반면 다른 곳에서는 별로 좋지 않은 생산기회까지 착취된다. 인류 전체의 관점에서 볼 때 그 결과는 노동생산성의 저하이며 인류가 쓸 수 있는 재화의 감소라 할 수 있다.

따라서 경제적인 이유를 근거로 해서 이민제한정책을 정당화시키려는 시도는 당초부터 성공할 수 없는 것이다. 이주의 자유를 제한하면 노동생산성이 떨어지리라는 것은 의심의 여지가 없다. 미국이나 오스트레일리아의 노동조합이 이민을 방해하는 것은 자기들의 특권을 확보하기 위하여 다른 나라 노동자의 이익뿐 아니라 사실은 모든 사람의 이익에 대항하여 싸우는 것이 된다. 그럼에도 불구하고 완전한 이민의 자유를 허용하였을 때 얻어지는 전반적인 노동생산성의 증가가 미국이나 오스트레일리아 노동자들이 외국인노동자의 이민을 허용함으로써 받는 희생과 손실을 모두 보상하고도 남을 정도가 되지 않겠는지는 불분명하다.

만일 미국이나 오스트레일리아의 노동자들이 만약의 경우를 대비하여 위에서 제기된 것 말고도 그들의 정책을 지지하는 또다른 논거를 갖지 않았더라면 이민을 제한하는 데 성공하지 못했을 것이다. 어떻든 아직은 자유주의적 원칙 및 사상이 상당한 영향력을 지니고 있기 때문에 최대한의 생산성 달성이라는 목표보다 더 높고 중요한 고려사항을 내세워야 자유주의에 대한 공격이 가능하다. 이미 위에서 본 대로 보호관세를 정당화시키는 데 '국익'이라는 말이 쓰이고 있다. 이제 이민금지를 찬성하는 데도 똑같은 말이 쓰이고 있다.

이 주장에 따르면 아무런 이민 금지조항이 없으면 비교적 인구밀도가 높은 유럽지역으로부터 굉장한 숫자의 이민이 오스트레일리아와 미국대륙으로 건너가 이 지역을 범람시킬 것이라 한다. 그들이 떼를 지어 올 것이므로 이민 후에 본국민에 동화되리라는 것은 생각할 수 없는 일이다. 이전에 미국으로 건너온 이민들이 금방 영어를 배우고, 미국식 생활방식을 채용한 것은 그들이 그렇게 한꺼번에 많은 숫자가 건너온 것이 아니기 때문이다.

즉 소수의 이민집단은 이민을 오자마자 곧 넓은 미국대륙에 광범위하게 퍼져서 금방 미국인의 일부로 융화될 수 있었다. 옛날만 해도 다음 이민이 오기 전에 먼저 온 사람은 벌써 반은 미국사람이 되어 있었다.

그런데 동화작용이 이처럼 급속히 이루어지게 된 이유 중의 하나는 외국으로부터의 이민이 지나치게 많지 않았다는 것이다. 하지만 사람들은 생각하기를 그러한 양상이 이제부터는 달라질 것이며, 머지않아 미국에 있어서 앵글로색슨족의 입지향상(보다 정확히 말하면 앵글로색슨족의 배타적인 지배력)이 위협을 받게 될 것이라고 한다. 이런 측면에서 보면 몽고족계통의 아시아인들이 대거 이민오는 것이 특히 더 두려운 일이라는 것이다. 이상이 이민에 반대하여 내세워진 새로운 반론이다.

미국에 관해서는 이와 같은 두려움이 상당히 과장된 듯하다. 오스트레일리아에 대해서는 분명히 그렇게 과장된 것은 아니다. 오스트레일리아는 대략 오스트리아 정도의 인구를 지니고 있는데 면적은 수백배 더 크며 자연자원으로 보면 비교할 수 없을 만큼 더 풍부하다. 따라서 만일 오스트레일리아가 문호를 개방한다면 머지않아 그 인구의 대부분이 일본인, 중국인 및 말레이시아인이 되리라는 것이 거의 분명한 일이다.

오늘날 대부분의 사람들이 외국인, 특히 인종이 다른 외국인에 대하여 지니는 혐오감이 너무나 커서 그와 같은 적대감정을 평화적으로 해결하기가 힘들다. 오스트레일리아 사람들이 영국인이 아닌 유럽인들이 자국내에서 일자리를 찾아 영구한 가정을 꾸미는 것을 허용하리라고는 거의 생각되지 않으며, 더구나 아시아인에 대해서 그러리라는 것은 전혀 기대할 수 없는 영국계 오스트레일리아인들은, 오스트레일리아대륙을 정착지로서 처음 개척한 것이 영국인이라는 사실이 앞으로 언제까지고 오스트레일리아대륙을 배타적으로 소유할 수 있는 특권을 영국인에게 주었다고 말한다. 그러나 세계 여타

국가 국민이 생각하는 것은 오스트레일리아인들이 현재 살고 있는 지역에 대한 소유권을 인정하지 않는다는 것이 아니다. 다만 그들이 생각하는 것은 현재 놀리고 있는 좋은 조건의 토지를 경작하는 것을 오스트레일리아인들이 허용하지 않기 때문에 자기들이 자국내에 만연하는 별로 좋지 않은 여건 아래서 생산활동을 계속하도록 강요하는 것이 불공평하다는 것이다.

이 문제는 세계의 장래를 위해서 특히 중요성을 지닌다. 정말로 인류문명의 운명이 우리가 얼마나 이 문제를 잘 해결하느냐에 달려 있다. 한쪽에는 그들이 갈 수 없는 땅에서 찾을 수 있는 것보다 훨씬 더 나쁜 생산조건하에서 일하기를 강요당하는 수천만, 아니 수억만의 유럽인 및 아시아인이 있다. 그들은 금지된 천국으로 가는 문을 열어 그들의 노동생산성을 증가시킴으로써 보다 나은 생활수준을 갖게 하라고 요구한다. 또 한편에는 생산여건이 좋은 땅을 자기 것이라고 부를 수 있을 만큼 운이 좋은 사람들이 있다. 그들은(그들이 생산수단의 소유자가 아니고 노동자라면 더욱 더) 그와 같은 지위가 보장하는 높은 임금을 포기하려 하지 않는다.

뿐만 아니라 국가 전체가 외국인의 홍수를 두려워한다. 현재보다 여건이 좋은 지역에 살고 있는 사람들은 그들이 언제인가는 자기나라 안에서조차 소수집단으로 전락하여 오늘날 체코슬로바키아, 이탈리아 및 폴란드에 거주하는 독일인이 당하고 있는 것과 같은 모진 민족적 박해를 받게 될지도 모른다는 두려움을 지니고 있다.

그러한 두려움이 정당화될 수 있음을 부정하기는 힘들다. 오늘날 국가가 보유하고 있는 막대한 권한에 비추어 보면 소수민족집단은 다수를 이루는 타민족집단의 박해를 각오하여야 할 것이다. 국가에게 그것이 오늘날 지니고 있는 것과 같은 광범위한 권한이 주어지며 또한 여론이 그게 옳다고 하는 한 이민족의 수중에 정부가 장악되어 있는 나라에서 살아야 한다는 생각은 정말 소름끼치는 일이다. 정의라는 가면하에 통치권을 지닌 다수에 의해 움쩍할 때마다 박해를 당할지도 모르는 국가에서 살아야 한다는 것은 두려운 일이다. 이민족이라는 이유로 학교다니는 어린이가 불이익을 당하고 그가 소수민족에 속한다고 해서 판사나 관료 앞에서 죄지은 사람이 되어야 한다면 참으로 무서운 일이다.

이제 이러한 관점에서 위에서 언급한 마찰에 대해 생각해보면 전쟁이 유일한 해결책인 것처럼 보인다. 이 경우에 전쟁이 발발한다면 숫적으로 열세인 민족은 패망할 것이다. 예를 들어 수천만의 인구를 지닌 아시아의 여러 나라들이 오스트레일리아로부터 백인의 후손을 쫓아내는 데 성공할 수 있을 것으로 기대된다. 그러나 우리는 그러한 가상적 상황에 대해 더 생각하고 싶지 않다. 그러한 전쟁들(그처럼 심각한 세계적 문제가 단 한 번의 전쟁으로 다 해결되리라고는 기대할 수 없다)이 인류문명의 가장 무시무시한 파국을 가져오리라는 것은 자명하기 때문이다.

우리가 인류생활의 모든 면에 대해 간섭하려 드는 간섭주의적인 국가상이나 사회주의적인 국가상을 고집하는 한 이민의 문제에 대한 명확한 해결책을 찾기 힘들 것이다. 자유주의적 실천방안을 채택하기만 하면 현재로서는 전혀 해결될 가망이 없을 것으로 보이는 이민의 문제가 완전히 사라질 것이다. 만일 오스트레일리아가 자유주의적인 원칙에 의해서 다스려진다면 오스트레일리아대륙의 한 지역에서는 일본인이 다수를 이루며, 또다른 한 지역에서는 영국인이 다수를 이루고 있다는 사실에서 도대체 무슨 어려움이 발생할 수 있다는 말인가?

9. 유럽합중국

　이 세상에서 미합중국이 가장 힘세고 부유하다. 이 세상 어느 곳에서도 미국만큼 자본주의가 정부의 간섭 없이 자유롭게 발전할 수 있었던 곳은 없다. 그 결과 미합중국의 국민은 다른 나라 사람들보다 훨씬 더 잘산다. 더욱이 60여 년이 넘게 미국은 어떤 전쟁에도 휘말리지 않았었다. 만일 미국인들이 원주민 말살을 위한 전쟁을 일으키지 않았더라면, 만일 그들이 1898년 스페인과의 쓸모없는 전쟁을 하지 않았더라면, 그리고 그들이 세계대전에 참여하지 않았더라면 오늘날의 미국인들 중 전쟁이란 것이 어떤 것인지에 관해 자기의 참전경험을 들어 얘기할 수 있는 사람은 몇 안될 것이다. 그들이 현재 누리고 있는 번영이 자유주의 및 자본주의의 정책들이 세계 어느 곳에서보다도 미국내에서 더 잘 실행에 옮겨진 덕분이라는 사실을 미국사람들이 스스로가 깨닫고 있을런지 의심스럽다. 많은 외국인들조차도 도대체 어떻게 해서 그렇게 선망의 대상이 되고 있는 미국이 부유해지고 강해졌는지 알지 못한다. 그러나 시기심에 가득 차서 미국문화의 '물질주의'에 대해 깊은 경멸심을 지닌 자를 예외로 하면 자기나라가 미국처럼 풍요롭고 힘이 세기를 바라지 않는 사람은 없다.

　그런 목표를 달성하는 가장 간단한 방법으로서 '유럽합중국'을 건설하자는 주장이 이곳저곳에서 제기되었다. 유럽대륙의 개별국가 그 자체로는 인구가 지나치게 적고, 또 관할할 수 있는 영토가 너무 작아서 점점 더 강성해지고 있는 미국, 러시아, 대영제국, 중국, 그리고 앞으로 아마 남미에서 생겨날 수도 있는 비슷한 연합체제에 대항하여 우월한 위치를 차지하기 위한 국제적 경쟁에서 자기 스스로의 자리를 지키기조차 힘들다는 것이다. 따라서 그들은 마땅히 군사적 정치적 통일체로 통합되어야 하며 방어 및 공격동맹에 의해 결합되어야 하는데, 그것만이 향후 수세기에 걸쳐 세계정치무대에서 유럽이 과거에 누렸던 우월한 위치를 지닐 수 있도록 보장해줄 것이라는 것이다.

범유럽공동체라는 발상이 특별한 지지를 받고 있는 것은 현재 유럽 각국이 추구하고 있는 보호관세정책이 얼마나 불합리한 것인가에 대한 인식이 나날이 더 강해지고 있기 때문이다. 국제적 분업의 진전만이 경제복지의 증진을 가져오고 대중을 위한 생활수준의 향상과 그에 따르는 문화창달을 가져올 수 있다. 그런데도 모든 나라의 경제정책은 특히 유럽의 소국들에 있어서는, 바로 그러한 국제분업을 파괴하려는 목표를 지니고 있다. 1억 2천만 명이 넘는 부유한 소비자라는 잠재시장을 가지고 있으며, 관세나 그와 유사한 조치에 의해 방해당하지 않는 조건하에서 생산활동을 하고 있는 미국의 산업이 처한 환경과 독일, 체코슬로바키아, 또는 헝가리의 산업이 처한 환경을 비교해보면 소규모 자급자족경제를 건설하려는 것이 얼마나 바보스런 짓인지 알 수 있다.

유럽합중국을 건설할 것을 주장하는 사람들이 맞서서 싸우려 하는 해악이 실제로 존재한다는 것은 의심할 나위 없으며 하루라도 속히 그것을 제거시킬 수 있다면 그만큼 더 나을 것이다. 그러나 유럽합중국의 건설은 그것을 위해 적합한 수단이 되지 못한다.

국제관계의 개선은 어느 것이든지 한 나라가 가능한 한 모든 수단을 써서 다른 나라의 희생 위에 영토를 확장하려는 것을 막는 데 목표를 두어야 할 것이다. 현재 그처럼 중요한 의미를 지니고 있는 국가간의 경계라는 문제는 마땅히 그 중요성이 덜해지도록 해야 할 것이다. 외교정책상 가장 중요한 문제는 다름아닌 영속적인 평화의 유지라는 것을 각국이 인식해야 할 것이며, 또한 그들은 국가의 활동범위를 가능한 한 작게 해야만 그러한 평화유지가 가능하다는 것을 이해하여야 한다.

그렇게 될 때에 비로소 한 국가의 통치하에 있는 영토의 크기나 넓이가 개인에 대해 예나 지금이나 마찬가지로 국경분쟁에 있어서 국민들이 강물처럼 많은 피를 흘리는 것이 당연하다고 여겨질 정도로 그렇게 중요한 것이 되지 않을 것이다. 자기나라나 자기민족 이외에는 아무것도 보이지 않고 국제적 협력관계가 얼마나 중요한지를 잘 알지 못하는 좁은 소견을 세계적인 관점으로 대치하도록 해야 할 것이다. 그러나 이것은 어떤 민족이나 개인이 그의 국적이나 민족적 특이성으로 인하여 핍박받지 않는 국가간의 결사체, 즉 국제적 초국가가 건설되어야만 가능할 것이다.

언제나 이웃의 파멸을 겨냥하는 민족주의적 정책은 결국 모든 이의 파멸을 가져올 것이다. 그와 같은 지역주의를 극복하여 그 동기에 있어서 진정으로 세계주의적인 정책을 수립하기 위해서는 무엇보다도 먼저 세계의 모든 나라가 그들의 이해가 상호 대립되는 것이 아니며 각국이 자기만이 아닌 모든 나라의 발전을 증진시키려 노력하고, 또 다른 나라(혹은 그 일부)에 대해 폭력을 사용하고자 하는 시도를 냉정하게 거부하는 것이 자기나라의 이익을 가장 잘 옹호하는 것이라는 사실을 깨달아야 할 것이다. 따라서 여기서 필요한 것은 쇼비니즘을 더 큰 초국가적인 실체에 대한 쇼비니즘으로 대치하는 것이 아니라 어떤 종류의 쇼비니즘이든 그것은 잘못된 것임을 인식하는 일이다. 국제정치 무대에서 오랫동안 통용되어 온 군사적 방법은 이제 상호간의 전쟁이 아니라 힘을 합치려는 것을 목표로 하는 새롭고 평화로운 방법으로 대체되어야겠다.

그러나 범유럽, 혹은 유럽합중국을 건설하자고 주장하는 사람들은 이와는 다른 목적에 관심이 있다. 그들이 바라는 것은 제국주의적이며 군국주의적인 종래의 정책과는 다른 정책을 추구하는 새로운 국가를 건설하려는 것이 아니라 바로 옛날의 제국주의적이며 군국주의적인 국가관을 재건하고자 하는 데 있다. (그들에 의하면) 범유럽국은 그것을 구성하게 될 개별국가들보다 위대해야 하며 그들보다 더 강해야 되고, 따라서 영국, 미국, 러시아와 같은 강대국에 대해 군사적으로 보다 더 효율적으로 대항할 수 있어야 된다는 것이다. 프랑스・독일・헝가리의 쇼비니즘을 유럽쇼비니즘으로 대체해야 하고, 영국인・미국인・러시아인・중국인・일본인 등 '외국인'에 대항하는 유럽국 공동전선을 구축하여야 할 것이라고 한다.

민족적 특성에 바탕을 둔 국수주의적 정치의식이나 군사정책의 형성은 가능할 수 있겠지만 그것을 지리적 특성에다 바탕을 둔다는 것은 불가능하다. 동일언어를 사용하는 공동체는 같은 민족을 한데 묶어놓지만 언어가 다르면 민족간에 큰 틈이 생긴다. 이같은 사실이 아니었다면 이념적인 것들은 그만두고라도 처음부터 국수주의적인 발상이 자리잡지도 못하였을 것이다. 어느 지리학자가 그렇게 마음이 동한다면 지도를 펼쳐놓고 러시아를 제외한 유럽대륙 전체를 하나의 통일된 지역으로 생각할 수는 있을 것이다. 그러나 그렇다고 해서 정치가가 거기에 바탕을 두어 자기의 계획안을 짤 수 있을 만한 공동체, 혹은 합일체라는 의식이 주민들 사이에 생겨나는 것은 아니다.

라인강 유역에 사는 사람이 동부프러시아 독일인들을 위해서 전쟁터에 나갈 때 그것이 스스로를 방어하는 행위라고 생각하도록 만들 수는 있을 것이다. 그러나 그가 유럽인이라 해서 포르투갈인과 한편이 되어 영국인을 적으로 대하거나 기껏해야 중립적인 이방인으로 취급하라고 한다면 그것을 수긍할 수 있는 독일인은 아무도 없을 것이다. 오랜 역사의 흐름에 따라 독일, 독일인, 또는 전형적으로 독일적인 것에 대한 언급만으로도 독일인의 심장이 빨리 뛰는 것과 같은 역사의 흔적을 사람들 마음속에서 지워버린다는 것은 불가능하리라(자유주의가 그렇게 하고자 하는 것은 아니다). 민족으로서의 그러한 감정은 그것을 바탕으로 하여 독일국, 독일의 정책 및 독일국수주의 등을 구축하려는 시도가 있기 전부터 있어온 것이다. 중앙유럽, 범유럽, 범미주, 혹은 그 비슷한 인위적 기초 위에 국가연합을 결성하여 개별 민족국가를 대신하려 하는 것은 아무리 그 의도가 좋다고 하더라도 위에서 언급한 바와 같은 기본적 결함을 지니고 있다. 그들은 '유럽', 또는 '범유럽', 그리고 '유럽인' '범유럽인'이라는 말이 '독일', 혹은 '독일인'이라는 말과 같은 감성적 의미를 지니지 못하기 때문에 사람들의 마음을 사로잡을 수 없다는 사실을 간과하고 있는 것이다.

이런 종류의 프로젝트에 있어서 언제나 결정적인 역할을 하는 질문으로서 연방국가의 통상정책을 어떻게 하는 게 좋은가 하는 문제에 대해 생각해보면 위에서 언급한 바에 대하여 보다 분명한 이해를 얻을 수 있을 것이다. 현상황 아래서 바라리아인에게 비록 그가 어떤 물건을 더 비싸게 사야 하지만 그것이 독일노동자(예를 들어 삭소니지방의)를 보호하기 위한 조처라는 구실로 관세의 정당성을 주지시킬 수 있을 것이다. 그리고 언제인가는 그에게 자급자족 경제를 건설하기 위한 제반정치적 조치와 보호관세가 이치에 맞지 않는 것이며 결국은 자멸을 가져오는 것이므로 마땅히 폐지되어야 한다는 것을 인식시킬 수 있을 것이다. 그러나 오로지 프랑스인, 독일인, 혹은 이탈리아인이 자국내에서 생산활동을 계속할 수 있도록 도와주기 위해 폴란드인이나 헝가리인에게 세계시장가격보다 더 비싼 가격을 지불하라고 한다면 그런 제안이 성공할 리가 없을 것이다.

상이한 국가의 이익은 상호 대립적인 것이라는 민족주의의 교리나 같은 운명체라는 민족감정을 내세워 보호주의정책을 성공시킬 수는 있겠지만 그와 유사한 것이 연방국가에 대해서는 존재하지 않는다. 나날이 더 굳건해지는 단일 세계경제를 자급자족인 몇 개의 작은 지역으로 쪼갠다는 것은 도대체 얘기가 안되는 일이다. 그렇다고 해서 한 나라가 추구하는 경제적 독립정책에 반대하여 몇 개의 서로 다른 나라로 구성된 보다 큰 정치공동체의 경제적 고립정책을 내세울 수는 없는 것이다. 보호주의와 자급자족경제로 나아가려는 경향에 대한 유일한 대처방안은 그것이 얼마나 해로운 것인지 인식하고 모든 국가의 이해관계를 조화시키는 것이 얼마나 중요한지 인식하는 일이다.

세계경제를 몇 개의 소규모 자급자족경제로 분할시키는 것이 어떤 나라에 대해서도 이익이 되지 않는다는 것을 입증하면 그것에서 자유무역을 옹호하는 결론이 필연적으로 도출되는 것이다. 보호관세라는 지붕 아래 범유럽 자급자족경제를 건설해야 마땅하다는 것을 증명하려면 먼저 포르투갈 사람과 루마니아 사람들이 그들 둘 사이에는 조화가 가능하나 브라질이나 러시아인과는 대립된다는 것을 납득할 수 있어야 할 것이다. 즉 독일이나 프랑스, 그리고 벨기에의 섬유산업을 위해서 헝가리 사람들이 자기들의 섬유산업을 희생하는 것은 좋은 일이나 영국이나 미국의 직물을 수입하면 헝가리인의 이익에 손상이 간다는 것을 보일 수 있어야 할 것이다.

국수주의적인 민족주의는 어떤 종류의 것이든지 그 실현가능성이 없다는 정확한 인식에서 범유럽 연방국가를 건설하자는 발상이 나왔다. 그러나 그와 같은 주장에 찬동하는 사람들이 국수주의적인 민족주의를 대신하여 세우려 하는 것은 그것이 사람들의 의식 속에 살아있는 기초를 갖고 있지 못하기 때문에 성공할 수 없다. 또 그러한 범유럽국가운동의 목표가 달성돼보았자 그것이 세계를 조금도 더 낫게 만들지 않을 것이다. 통일된 유럽국가와 그 영토 밖의 세계적 강대세력과의 싸움은 유럽국가들 사이에 현재 벌어지고 있는 투쟁에 못지않게 파괴적인 것이 될 것이다.

10. 국제연맹

자유주의자의 눈으로 볼 때 국가란 최고의 이상이 아닌 것이나 마찬가지로 최선의 강제수단도 아니다. 형이상학적 국가이론은 선언하기를 (이런 면에서 그것은 절대군주 허영심이나 무례한 태도에 가까운데) 개별국가가 최고의 주권자이며 최후의, 또 최고의 상고심 법정이라고 한다. 그러나 자유주의자에게는 세상이 한 나라의 국경에서 끝나는 것이 아니다. 그의 눈으로 볼 때 만일 국경이 어떤 의미를 지니고 있다면 그것은 우연적인 것이며 부차적인 것일 뿐이다. 그의 정치적 사고는 전인류를 포괄한다.

분업이란 국제적인 것이지 단순히 어떤 국가에 국한되는 것이 아니라는 신념이 자유주의자의 정치철학 전반에 대한 출발점이 된다. 자유주의자는 처음부터 한 나라 안에서의 평화를 이룩하는 것만으로는 부족하며 모든 나라가 평화공존하는 것이 더 중요한 일임을 인식한다. 따라서 자유주의자는 모든 나라를 동등한 사격으로 통합하는 세계국가의 건설이 이루어질 때까지 사회의 정치조직을 계속 확대해나아가야 한다고 주장한다. 이와 같은 이유에서 그는 각국의 국내법을 국제법의 하위개념으로 인식하며, 또 그러한 인식을 지녔으므로 자유주의자는 각국의 사법 및 행정부서가 자국영토내의 평화유지 책임을 맡고 있는 것과 같이 초국가적 사법기관 및 행정기관이 각 나라 사이의 평화를 보장하도록 하라고 요구하는 것이다.

그와 같은 초국가적인 세계기구를 건설하자는 요구는 오랫동안 공상적 사회개혁가라고 생각된 몇몇 사람에 의해서만 제기되었으며, 그 결과 아무도 거기에 귀를 기울이지 않았다. 물론 나폴레옹전쟁 이후에 우리는 종종 세계 주요강대국 지도자들이 회의석상에 모여 합의문을 도출해내는 장관을 보아왔으며, 19세기 중반 이후부터는 점점 더 많은 수의 초국가적 기구들이 창설되었고, 그 중 적십자나 국제우편연맹처럼 널리 알려진 것들도 있음을 알고 있다. 그러나 이 모든 것은 아직도 진정한 초국가적 기구의 창설과는 거리가 먼 것이었다. 이런 면에서 보면 헤이그 평화회의조차도 별진전을 보인 게 아니다. 세계대전의 무시무시함을 보고서야 비로소 미래의 분쟁을 예방할 수 있는 국제기구의 창설이라는 발상이 광범위한 지지를 얻게 된 것이다. 전쟁이 끝나자 승전국들은 '국제연맹'이라는 모임의 결성에 착수했는데, 전세계인들은 이 모임이 정말 효과적인 미래의 국제기구를 위한 씨앗이라고 생각하였다.

어떻든간에 현재 소위 국제연맹이라는 조직은 자유주의자가 바라는 초국가조직의 이상형이 실현된 것은 아니다. 우선 세계의 최강대국 일부는 이 조직에 가입하지 않고 있다. 즉 조그만 나라들은 말할 것도 없이 미국이 이에 가담하지 않고 있다. 뿐만 아니라 국제연맹의 헌장은 출발부터 두 가지 부류의 회원을 구분하고 있어 말썽을 빚고 있다. 즉 완전한 자격을 갖춘 회원국과 세계대전에서 패전국 쪽에 있었기에 온전한 자격을 갖추지 못한 부류가 그것이다.

한 나라안에서 신분제도가 싸움의 씨앗이 될 수 있는 것과 마찬가지로 국가간의 공동체에 존재하는 그와 같은 신분의 차별은 벌써 전쟁의 씨앗을 잉태할 수밖에 없으리라는 것은 자명한 일이다. 이와 같은 결함들이 합쳐져서 국제연맹을 슬프리 만치 약화시키는 결과를 가져왔으며, 또 지금까지 맞부딪쳐 온 중요한 문제 앞에 무력해 할 수밖에 없게 만들었다. 이탈리아와 그리스간의 분쟁, 또는 모슐인의 문제, 특히 억압받고 있는 소수집단의 운명이 그 결정에 전적으로 맡겨져 있는 경우에 그것이 어떤 행동을 했는지 생각해보면 국제연맹이 얼마나 불완전한가 잘 알 수 있다.

국제연맹이라는 엉터리 조직을 진짜 참된 초국가기관으로 변신시키기 위해서는 그것이 현재 지니고 있는 약점이나 결함을 가능한 한 관대히 보아야 한다는 생각이 여러 나라, 특히 영국에서 유행하고 있다. 문제가 무엇이든간에 그러한 기회주의는 아무런 쓸모도 없다. 현재의 국제연맹이 진정한 국제기구라면 이 정도는 되어야 한다고 일반적으로 요구되는 바와는 거리가 먼 기구임을 누구나 다(현조직의 사무요원들을 제외하면) 인정할 것이다. 현재의 국제연맹이 여러모로 부족한 점이 많다는 이와 같은 사실을 축소하거나 무시할 것이 아니라 오히려 반복적으로 꾸준히 강조함으로써 그와 같은 엉터리를 진정한 국제연맹으로 변신시키는 데 있어 꼭 필요한 변화에 대해 사람들이 더욱 더 관심을 쏟도록 해야 할 것이다.

  현재의 연맹이 정직하고 진지한 자유주의라면 누구나 다 그렇게 되기를 바라고 있는 바의 완전한 실현이라는 믿음 때문에 생기는 지적 혼동보다 초국가적 기구의 창설이라는 생각에 대해 더 누를 끼친 것은 없다. 영속적인 평화를 보장할 수 있는 진정한 연맹을 전통과 지난 역사에 의해 정해진 각국의 경계선은 전혀 변경될 수 없는 성질의 것이라는 원칙 위에 창설한다는 것은 불가능하다. 현재의 국제연맹은 이전의 국제법이 지녔던 기본적인 결함을 그대로 다 지니고 있다. 즉 그것은 국가들 사이의 분쟁을 해결하기 위한 제반절차를 수립함에 있어서 현상유지, 혹은 기존협약의 이행을 강요하는 데 그치고 있으며, 분쟁해결의 새로운 규범을 만드는 데는 관심조차 없다. 그러나 그같은 상황 아래서는 우리가 이 세상을 꽁꽁 얼어붙어 움직일 수 없는 상태로 만들기 전에는 평화를 달성할 수 없을 것이다.

  비록 아주 조심스럽고, 또 여러가지 단서조항을 달고 있기는 하지만 국제연맹이 일부 국가나, 혹은 어떤 국가의 일부가 요구하는 바에 따라 경계선을 조정할 전망이 있는 것도 사실이다. 국제연맹은 또한 소수민족을 보호해줄 것을 약속(역시 조심스럽게 단서를 달아서)한다. 이와 같은 사실에서 비록 지금은 너무나도 부족한 출발이지만 언젠가는 모든 나라가 바라고 있는 세계평화를 보장해줄 수 있는 이름 그대로의 초국가가 건설될 수 있으리라는 희망을 갖게 된다. 그러나 그러한 문제가 현연맹의 회의가 열리고 있는 제네바나 각국의 의회내에서 해결될 수 있는 것은 아니다. 그 이유는 우리가 당면하고 있는 것이 국제적인 정부의 조직이나 관리방법에 대한 것이 아니라 기실은 이제까지 인류가 당면하였던 것 중 가장 힘든 이념적 문제이기 때문이다.

　여기서 문제시되는 것은 그것이 없이는 제아무리 좋은 평화준수협약이나 분쟁해소를 위한 법정판결일지라도 정작 중요한 순간에 쓸모없는 휴지조각이 되어버리고 말 정신자세를 전세계에 걸쳐 형성할 수 있겠느냐 하는 것이다. 여기서 말하는 정신자세란 아무런 단서도 없이 무조건적으로 자유주의를 받아들이는 것을 말한다. 평화의 전제조건을 마련하고 전쟁의 원인을 제거시키려면 모든 국가 내에 자유주의적인 사고가 팽배해야 하고, 또한 모든 정치조직에 의하여 자유주의의 원칙이 수용되어야 할 것이다. 각국이 보호관세, 이민제한, 의무교육, 간섭주의 및 국가주의를 고수하는 한 언제라도 전쟁으로 확대될 수 있는 분쟁이 끊임없이 일어나 사람들을 괴롭힐 것이다.

11. 러시아

　법을 준수하는 시민 자신의 노동을 통하여 자기자신과 동료를 위하여 봉사함으로써 스스로를 평화스럽게 사회질서 속에 융화시킨다. 그러나 도둑은 자기의 정직한 노동이 아니라 다른 사람의 노동이 맺은 열매를 강제로 빼앗으려 한다. 수천년 동안 인류는 다른 사람들이 열심히 일한 대가로 나온 생산물이 으레히 자기들의 소비를 위해 존재하는 것으로 여긴 군사적 정복자자 봉건영주의 지배하에 있었다. 문명세계를 향한 인류의 진화와 사회적 유대의 강화는 무엇보다도 먼저 이 세상을 지배하고자 한 군대 및 봉건적 신분제도의 정신적 물질적 영향을 극복하고 세습군주가 지니고 있던 이상을 유산계급의 이상으로 대치할 것을 요구하였다.

무사를 귀히 여기고 정직한 노동을 경멸하는 군사적 이상을 극복하는 일이 완전히 이루어지려면 아직도 요원하다. 아직도 세계 여러 나라에는 군국주의시대의 사상과 영상에 전도되어 있는 사람들이 많다. 또 어떤 나라에서는 이미 오래전에 극복된 것으로 여겨졌던 약탈과 폭행에 대한 간헐적인 충동이 되살아나 기승을 떨기도 한다. 그러나 오늘날 중부 및 서부유럽, 그리고 미국에 거주하고 있는 백인종 국가들은 대체적으로 보아 허버트 스펜서가 '군사적'이라고 불렀던 정신자세를 그가 '산업적'이라고 부른 것으로 대치하였다. 오늘날 줄기차게 군사적 이상에 집착하고 있는 나라는 하나, 즉 러시아밖에 없다.

물론 러시아인들 중에 그러한 태도를 동의하지 않는 사람도 많다. 슬픈 일은 그들이 그들의 동포를 설득하지 못하였다는 사실이다. 유럽의 정치에 관하여 러시아가 영향력을 행사할 수 있게 된 이래 러시아는 마치 기회만 있으면 상대에게 달려들어 그가 지닌 것을 빼앗는 강도처럼 행동하였다. 러시아 황제는 제국을 확장함에 있어서 그당시의 세력관계 때문에 생기는 것 이외의 어떠한 제약도 인정하지 않았다.

영토확장이라는 문제에 관한 볼세비키들의 입장 역시 이와 조금도 다르지 않았다. 그들 역시 영토의 정복에 있어서 자기가 지닌 자원이 허락하는 한 가장 멀리 나아가라는 것외에 다른 규칙은 인정하지 않았다. 러시아인들에 의해 서양문명의 파괴를 방지할 수 있었던 것은 다행스럽게도 유럽인들이 러시아 야만인 집단들의 침략을 막을 수 있었기 때문이다. 나폴레옹전쟁이나 크리미아전쟁, 그리고 1877~1878년의 터키전쟁 등에서 러시아인들은 병력의 숫적인 우세에도 불구하고 그 군대가 유럽을 공격할 수 없다는 것을 알았다. 세계대전은 그런 사실을 다시 확인했을 뿐이다.

총검이나 대포보다 더 위험한 것은 마음의 무기이다. 러시아 사람들의 사상에 대한 유럽의 좋은 반응은 무엇보다도 그러한 사상이 러시아에서 나오기 이전에 벌써 유럽에 풍미하고 있었다는 사실에서 그 이유를 찾을 수 있다. 뿐만 아니라 러시아 사람들이 내세우는 사상은 그것이 비록 러시아인의 성격에 아주 잘 맞았을런지는 모르겠으나 원래 러시아인의 것이 아니라 유럽으로부터 빌린 것이라는 것 역시 틀림없는 얘기이다. 지적 불모성이 너무나 커서 러시아인들은 자신의 가장 깊숙한 천성을 스스로 표현할 수 있는 방법을 갖지 못하였다.

전적으로 과학에 기초하고 있으며 그 정책이 과학적 발견의 결과를 응용하는 것에 지나지 않는 자유주의는 항상 비과학적인 가치판단을 하지 않도록 조심해야 한다. 가치판단은 과학이 아니며 순전히 주관적인 것이다. 따라서 국가를 그 가치에 따라 구분하여 어떤 국가가 가치가 있다, 혹은 없다 할 수 없는 일이다. 따라서 러시아인들이 열등하냐 아니냐 하는 것은 여기에서의 논의의 대상이 아니다. 우리는 결코 그렇다고 주장하지 않는다. 우리가 주장하고자 하는 바는 단지 러시아인들이 인간의 사회적 협동이라는 방안에 참가하기를 원치 않는다는 사실뿐이다. 인류사회와 국가들의 공동사회에 대한 그들의 태도는 남들의 축적해놓은 것을 소비하겠다는 사람과 같다.

도스토예프스키나 톨스토이 및 레닌의 사상이 살아 있는 정신적 기초가 되고 있는 사람들이 지속성 있는 사회조직을 만들어낼 수는 없다. 그들은 완전한 야만주의로 돌아갈 수밖에 없을 것이다. 토양의 비옥도나 광물자원에 있어서 러시아는 미국보다 훨씬 더 풍요한 부존자원을 지니고 있다. 러시아인이 미국인들이 추구했던 것과 같은 자본주의정책을 써왔더라면 아마 오늘날 세계에서 가장 부유한 민족이 되었을 것이다. 독재와 제국주의 및 볼세비즘이 그들을 가장 가난한 민족으로 만들었다. 오늘날 그들은 전세계에서 자본과 신용을 조금이라도 더 얻고자 애쓰고 있다.

  일단 이러한 사실을 인식하면 문명세계가 러시아에 대해서 어떠한 태도를 지녀야 할지 자명해진다. 러시아인은 러시아인이 되게 하라. 그 나라 안에서 그들이 무엇을 하든지 그대로 두어라. 그러나 그들이 자신의 국경을 벗어나 유럽문명을 파괴하도록 하지는 말아라. 물론 이것은 러시아의 저작품들을 수입하거나 번역하는 것을 금지하라는 얘기는 아니다. 정신병자가 그것을 읽고 즐길 수 있을 것이다. 그러나 건강한 사람들은 어떤 경우든 그것을 회피하리라. 또 이것은 러시아인들이 그들의 선전·선동을 못하게 하자는 것도 아니며, 또 러시아황제가 세계전역에 걸쳐 그래왔던 것처럼 러시아인들이 뇌물을 주고 환심을 사려는 것을 막으라는 것도 아니다.

  만일 근대문명이 그와 같은 뇌물공세로부터 스스로를 지킬 수 없다면 아무리 애써도 오래 지속될 수 없을 것이다. 물론 미국인이나 유럽인들이 러시아가 좋아져서 그 나라를 찾아가는 것을 막으라는 얘기도 아니다. 스스로의 위험부담과 책임하에 대량학살과 대중의 궁핍상태에 대하여 직접 살펴보게 하라. 마찬가지로 위의 주장은 결코 자본가가 소비에트에 대해 자금을 빌려준다든지, 혹은 다른 방식으로 투자하는 것을 막으라는 것이 아니다. 그들이 빌려준 자금이나 투자한 자본의 일부만이라도 다시 보게 되리라고 믿을 만큼 바보스럽다면 그런 모험을 하도록 두라는 것뿐이다.

그러나 유럽이나 미국의 정부들이 소비에트 러시아로 향하는 수출에 대하여 보조금을 주고 그러한 재정지원을 통하여 러시아의 소비에트 제도를 강화시킴으로써 소비에트의 파괴주의를 지원하는 일은 하지 말아야 할 것이다. 소비에트 러시아로 이민가고 자본을 수출하려고 하는 선동행위는 중단시켜야 할 것이다.

러시아인들이 소비에트제도를 버릴 것인지 말 것인지 여부는 그들 스스로가 결정할 문제이다. 매질과 강제수용소의 나라는 이제 더이상 세상에 대하여 위협이 되지 않는다. 전쟁과 파괴에 대한 강한 의지를 갖고 있음에도 러시아는 이제 더이상 유럽의 평화를 깨뜨릴 만하지 못하다. 그러니 그냥 내버려두는 것이 안전하리라. 우리가 경계해야 할 것은 소비에트의 정책을 지원하고 증진시키려는 우리들 자신의 성향을 거부하는 일이다.

제4장
자유주의와 정당

1. 자유주의자의 '교조주의'

고전적 자유주의는 지나치게 고집이 세고 쉽게 타협하지 않는다고 비난받아 왔다. (이런 주장에 의하면) 자본주의가 초기 반자본주의 정당과의 싸움에서 패배한 것은 그와 같은 자유주의의 완고한 자세 때문이라고 한다. 만일 자유주의가 다른 정파나 마찬가지로 대중적 표어에 대한 타협과 양보의 중요성을 깨달았더라면 아마 아직도 조금쯤은 영향력을 행사하고 있었을 것이라고 한다. 하지만 자유주의는 이제까지 여타 반자본주의정당처럼 정당조직이나 정당기구를 만들지 않아왔을 뿐 아니라 선거나 의회의 협상과정에서 쓰이는 갖가지 정략에 대해 아무런 중요성도 부여하지 않아왔다. 즉 기회주의적 작태나 정치적 흥정을 기도해본 적이 없으며 바로 이와 같은 굽히지 않는 교조주의가 필연적으로 자유주의의 쇠망을 가져온 것이라고 한다.

위에 언급한 것은 모두 사실이다. 그러나 그것들이 자유주의에 대한 반론이 된다고 생각한다면 그것은 아직 자유주의의 기본정신에 대해 오해하고 있음을 나타낼 뿐이다. 인간의 사회적 협동이라는 전체조형물의 기초를 이루는 것은 사상이며, 진실되지 않거나 잘못 이해된 사상 위에다 항구적인 사회조직을 건설할 수는 없다는 것이 자유주의사상이 지닌 최고의, 그리고 가장 깊이있는 기본적 통찰이다. 사회협동을 통하여 인간의 생활을 강화시키자는 이념을 대체할 수 있는 것은 없을 것이다. 비록 그것이 '전략' '외교', 또는 '타협'이라고 하더라도 거짓말은 더욱 더 그렇다. 사람들이 사회적 필요성을 인식하여 사회의 유지와 인류복지의 증진을 위해 필요한 일들을 자발적으로 하지 않는다면 교묘한 전략이나 기교를 써서 그들을 올바른 길로 끌어온다는 것은 불가능하다. 만일 그들이 실수를 저질러서 엉뚱한 길로 나아간다면 교육을 통하여 그들을 계몽시키도록 하여야 할 뿐이다. 만일 계몽시킬 수 없어서 그들이 계속해서 잘못을 저지른다면 파국을 피할 방도가 없을 것이다. 선동적 정치가는 사용하는 모든 술수나 거짓말은 사회의 파괴를 도모하는 자에게나(그것이 신념에 의한 것이든 아니든간에) 적합한 방식이다. 하지만 사회의 진보와 사회적 결속의 진전과 강화는 선동이나 거짓말로 이루어지는 것이 아니다. 이 세상의 어떠한 일도 아무리 교묘한 전략도, 그리고 아무리 현명한 거짓말도 사람들이 인정하지 않고 거부하는 사회이념을 받아들이도록 유도할 수는 없을 것이다.

이 세상이 자유주의로 되돌아가기를 바라는 사람이 할 수 있는 유일한 방법은 그의 동료시민들에게 자유주의의 실천방안을 채택하는 것이 필요하다는 것을 납득시키는 일이다. 이러한 계몽적 작업이 현재 이 사회가 급속도로 그것을 향해 나아가고 있는 파멸을 피하도록 하기 위하여 자유주의가 자기의 힘닿는 데까지 꼭 해야 되고 할 수 있는 유일한 과제이다. 단순히 대중이 그것을 좋아하고 있다고 해서 관습적인 편견이나 오류에 대한 양보와 용납이란 있을 수 없다. 사회의 존속이 계속될 것인가, 또는 수백만명의 인류가 번성할 것인가 멸망할 것인가 하는 문제에 있어서 연약한 마음이나 타인의 감정을 상하지 않겠다는 잘못된 생각 때문에 타협한다는 것은 있을 수 없는 일이다.

자유주의정책이 또다시 세계강대국의 정책을 인도할 수 있게 되고 여론의 혁명이 자본주의가 자유롭게 일할 수 있는 기회를 준다면, 이 세상은 지금까지 반자본주의파가 연합하여 밀어넣은 파국의 구렁텅이에서 점차 스스로를 들어올릴 수 있게 될 것이다. 현재와 같은 정치적 혼돈에서 빠져나오는 길은 이것밖에 없다.

고전적 자유주의가 벗어나지 못하였던 가장 심각한 환상은 이 사회가 필연적으로 택하게 될 진화의 방향에 관한 낙관주의였다. 자유주의의 선구자들(18세기 및 19세기 전반의 사회학자 및 경영학자들)에게는 인류가 점점 더 완전한 단계로 나아가고 있으며, 그와 같은 진보를 막을 수 있는 것은 아무것도 없는 것처럼 보였다. 그들은 그들이 찾아낸 사회적 협동과 상호의존이라는 기본법칙에 대한 이성적 인식이 이제 곧 일반화되고 그 결과 인류를 평화롭게 결속시키는 사회적 유대가 점점 더 긴밀하게 되어 일반적인 복지가 더욱 증진될 것이며, 문명세계는 점점 더 높은 차원의 문화를 건설하게 될 것이라고 굳게 믿었다. 그들의 낙관주의를 흔들어놓을 만한 것은 없었다. 자유주의에 대한 공격이 점점 더 치열해지고 정치에 있어서 자유주의 사상의 고양이 여러 방면에서 공격을 받게 되었을 때 고전적 자유주의자들은 그것이 이제 더이상 쓸모없는 낡은 제도가 퇴각하면서 쏘아대는 마지막 포화로서 이제 곧 자멸해버릴 것으로 그에 대해 자세히 연구해보거나 반격을 가할 필요가 없다고 생각하였다.

자유주의자들은 모든 사람이 사회적 협동이라는 어려운 문제에 관해 정확히 이치를 따져 생각할 수 있는 지적 능력을 지니고 있으며 그에 맞추어 행동할 것이라는 견해를 지니고 있었다. 그들이 주장하고 있는 정치사상에 도달하기까지의 사고의 과정이 아주 명료하고, 또 자명한 데 대해 너무나 강렬한 인상을 지니고 있었기 때문에 자유주의자들은 다른 사람들이 그런 것을 이해하지 못하리라고는 생각하지 못하였다.

그들은 두 가지 사실을 깨닫지 못하였다. 첫째, 대중은 논리적 사고의 능력을 갖지 못하고 있다는 점과, 둘째, 대부분의 사람들에게는 설사 그들이 진실을 볼 수 있는 능력이 있는 경우라 하더라도 당장 즐길 수 있는 일순간의 특별한 이익이 좀 참고 기다려야 하는 더 영속적인 이익보다 더 중요한 것으로 보인다는 것이 그것이다. 대부분의 사람들은 아주 복잡한 사회협동이라는 문제를 끝가지 꿰뚫어 생각해볼 수 있는 지적 능력을 지니고 있지 않으며, 모든 사회적 행위가 요구하는 잠정적인 희생을 감수할 만한 의지력을 지니고 있지도 않다. 간섭주의와 사회주의의 구호, 특히 사유재산의 부분적 징발이라는 제안은 언제나 대중에 의해 열광적인 지지를 받는데 대중은 그러한 조처에서 직접적으로, 그리고 즉시 이익을 보게 될 것으로 기대된다.

2. 정당

오늘날 다른 여러 정당들이 채택하고 있는 것과 똑같은 수단과 방법을 사용하여 자유주의사상의 승리를 쟁취할 수 있다는 생각보다 자유주의의 의미와 특성을 더 크게 곡해하는 일은 없을 것이다.

동일한 권리를 지닌 시민들이 아니라 서로 다른 의무와 권한을 지닌 계급으로 나누어져 있는 계급적 신분사회에는 근대적 의미의 정당이 존재하지 않는다. 상이한 계급에게 주어진 특권과 의무의 면제에 대한 의문이 제기되지 않는 한 그들 사이에는 평화가 존재한다. 그러나 일단 계급 및 신분에 따르는 특권에 대하여 이의가 제기되면 논쟁이 발생하고 그 중 한편이 약세를 인정하여 무기에 호소함 없이 항복하지 않는 한 전쟁을 회피할 수는 없을 것이다. 그와 같은 분쟁에서 각 개인의 입장이란 애초부터 그가 어떠한 신분계급에 속하느냐에 따라 결정된다. 물론 적의 편에 서서 싸우는 것이 더 큰 이익이 된다고 생각하여 자기와 동일한 신분계급을 상대로 싸우는 배반자도 있을 수 있다.

그러나 그런 예외적인 경우를 제외하면 자기가 대립되는 집단 중 어느 편에 가담해야 되느냐는 문제에 봉착하지 않는다. 그는 자기와 같은 신분의 사람들 편에 서며 동일한 운명을 나누어 갖는다. 현재의 상태에 불만인 신분계급은 그당시의 사회질서에 반기를 들어 여타 계급의 반발을 극복하고 그들의 요구를 관철시키려 할 것이다. 그와 같은 분쟁의 최종적인 결과는 반대집단이 모두 축출되지 않는 한 구질서가 신질서로 대체되어 각 신분계급이 전과는 다른 권리를 지니는 새로운 질서의 구축이 될 것이다.

자유주의가 득세함에 따라 모든 종류의 특권을 폐지하자는 주장이 나타났다. 신분과 계급에 바탕을 둔 사회는 이제 동등한 권리를 지니는 시민으로 구성된 새로운 사회질서에 그자리를 내주지 않으면 안되게 되었다. 공격의 대상이 된 것은 여러 신분계층이 누리고 있던 특권은 물론 특권이 존재한다는 사실 그 자체였다. 자유주의는 계급과 신분이라는 장벽을 허물어서 구질서의 질곡으로부터 인류를 해방시켰다. 자유주의의 원리를 따라 건설된 정부가 존재하는 자본주의사회에 이르러서 비로소 각 개인이 정부활동에 직접 참여할 수 있게 되었으며, 또한 정치적 목표와 이상의 결정에 몸소 참여하도록 허용되었다. 전 시대의 계급적 신분사회에서는 정치적 마찰이란 자기들끼리 굳게 뭉쳐 반대세력을 형성하고 있던 상이한 계급간에만 존재하였거나, 만일 그러한 계급간의 마찰이 없었던 경우에는 정치활동을 할 수 있었던 신분계층내에서 누가 우두머리가 되어 영향력과 정치적 힘을 지닐 것인가에 관한 파벌이나 군벌간의 마찰이었다. 이에 대하여 모든 사람이 동등한 권리를 누리는 정치체제(이것은 자유주의의 이상형으로서 아직까지 완전하게 실현된 적이 없다)에 이르러서야 비로소 입법 및 행정에 관한 자기들의 이상을 실현시키고자 하는 개인들의 결사체로서의 정당이 존재할 수 있다. 평화로운 사회적 협동의 보장이라는 자유주의의 목적을 달성할 수 있는 최선의 방법이 무엇인가에 대해서는 견해차가 있을 수 있으며, 그와 같은 견해차는 사상간의 대립이라는 논쟁으로 나타날 것이기 때문이다.

따라서 자유주의사회에는 사회주의정당도 존재할 수 있으며, 또한 특정한 집단에 대하여 특혜적인 법적 지위를 주자는 주장을 내세우는 정당조차 불가능한 것은 아니다. 그러나 이러한 정당들은 그 어느 것이든 그들의 정치적 투쟁과정에서 오직 지적 무기만 사용하겠다는 정도까지는 자유주의를 인정하여야 할 것이다(비록 그들이 승리할 때까지 일시적인 것일망정). 사회주의자이건, 또는 특권의 부여를 내세우는 자이건간에 반자유주의적 정당원들은 자유주의철학을 철저히 거부하고 있음에도 불구하고 자유주의는 정치적 투쟁과정에서 지적 무기가 유일한 투쟁수단이라고 생각하고 있다.

이와 같은 예로서 마르크스 이전의 '공상적' 사회주의자들 중 일부는 자유주의의 틀 안에서 사회주의를 건설하고자 하였으며, 서부유럽이 누리고 있던 자유주의의 황금시대에는 승려와 귀족계급들조차 근대 입헌국가의 테두리내에서 그들의 목표를 달성하려 한 것을 생각할 수 있다.

오늘날 우리가 알고 있는 정당들은 이와는 아주 다르다. 물론 지금의 정당들이 내세우는 정강 중 일부는 사회전반을 대상으로 하고 있으며, 어떻게 하면 사회적 협동을 잘 이룩할 수 있을까 하는 문제를 다루고 있음도 사실이다. 그러나 이것은 전부 다 자유주의의 이념이 그들로부터 억지로 끌어낸 것이다. 진정으로 그들이 바라는 바는 정강정책의 다른 부분(이것이 그들이 관심을 쏟는 유일한 부분이다)에 나타나 있는데, 그것은 일반적인 복지증진이라는 말로써 호도되고 있는 부분과는 해소하기 힘든 모순을 지닌다.

오늘날의 정당은 자유주의가 거둔 승리가 완전하지 못하였기 때문에 용인할 수밖에 없었던 전통적인 특권을 유지하고 연장시키고자 하는 전 시대의 특권계급의 이익을 대변하는 자들뿐 아니라 새로이 신분상의 특권을 누리려고 하는 자들, 즉 새로운 신분계급을 형성하고자 하는 자들의 이익을 대변한다. 자유주의는 모든 사람에게 대하여 그 주장을 호소하며, 또한 누구나 받아들일 수 있는 실천방안을 제시한다. 그것은 어느 누구에게도 특권을 약속하지 않는다. 특권을 추구하는 행위를 포기하라고 권고함으로써 자유주의는 희생까지도 요구한다(물론 이때의 희생은 더 큰 이익을 얻기 위해 비교적 작은 이익을 포기하는 잠정적인 것이지만).

이에 반하여 특수이익집단의 정당은 사회 일부분에 대해서만 지지를 호소한다. 특수이익집단의 정당들은 자기들이 그 이익을 대변하기 위해 애쓰는 집단에 대해서만 여타 국민의 희생을 대가로 하는 특권을 주겠다고 약속한다.

근대의 정당이나 정치이념은 어느 것이나 다 특수한 집단에게 특별한 지위를 부여하려는 자들의 자유주의에 대한 반동에서 생겨난 것들이다. 자유주의의 등장 이전에도 물론 특별한 이해와 권한을 지니고 있으며 상호대립관계에 있었던 특수계층이 존재하였으나, 그때만 하더라도 신분사회라는 이념이 아주 단순하게 아무런 부끄럼 없이 그 모습을 드러낼 수 있었다. 어떤 특별한 이익을 내세우는 사람과 그에 반대하는 사람 사이의 분쟁에 있어서 그당시만 하더라도 그런 제도가 반사회적 성격을 지니고 있다는 사실을 의심하는 사람은 없었으며, 또한 사회적 입장을 내세워 그것을 정당화시키겠다는 가면을 지닐 필요도 없었다. 그러므로 특권적 신분질서라는 구제도와 특수이익을 대변하는 오늘날의 정당이 내세우는 활동과 선전·선동을 직접 비교하기는 곤란하다.

오늘날의 정당이 지니고 있는 참다운 특성에 대해 이해하려면 먼저 그것들이 다 자유주의의 가르침에 대항하여 특수이익을 옹호하고자 하는 데에서 나왔음을 알아야 할 것이다. 이들 정당이 내세우는 주의주장은 자유주의의 가르침처럼 주의깊은 사고 속에서 얻어진 사회이론이 아니다. 자유주의의 정치적 이념은 애초 정치적 응용가능성을 고려하지 않고 발전시켜 나온 기본적인 사상의 체계 속에서 도출된 것이다.

이와는 달리 반자유주의적 정당들이 추구하는 특별한 권리와 특수한 대우는 처음부터 기존 사회기관내에 이미 존재하고 있던 것으로서 그것을 정당화시키기 위해 사후적으로 정치이념을 전개하게 된 것이다. 그런데 그러한 작업은 짧은 시간내에 몇 마디 간단한 말로써 다 처리될 수 있는 것으로 여겨졌다. 농민집단은 농업의 필요불가결성을 지적하는 것으로 충분하다고 생각하였으며, 노동조합 역시 노동이 필요불가결하다는 사실을 호소하였다. 중간계층을 대변하는 정당은 '황금처럼 중요한 중간계층'을 대변하는 사회계층의 존재가 중요함을 지적하였다.

그와 같은 주장이 그들이 추구하는 바가 필요하다거나, 또는 일반에게 이익이 된다는 것을 대중에게 입증하는 데 있어서 아무런 도움도 되지 않는다는 사실이 그들에게는 별로 마음쓸 일이 아닌 듯 싶다. 그들이 자기편으로 하고자 하는 부류는 그러지 않아도 그들을 좇을 것이며 그렇지 않은 사람들에 대해서는 제아무리 자기편으로 끌어들이려 해도 소용이 없는 일이기 때문이다.

따라서 특별한 이해관계를 대변하는 이들 근대의 정당들은 그들이 추구하는 목표가 제아무리 다르고, 또 그들 상호간에 대단히 난폭한 경쟁을 한다 하더라도 자유주의에 대항하는 전투에서는 공동 전선을 형성한다. 정당하게 이해된 모든 사람의 권리란 장기적으로 볼 때 상호대립되는 것이 아니라는 자유주의의 원칙은 그들의 눈에는 마치 황소의 눈 앞에서 펄럭이는 붉은 천과 같다. 그들의 생각에는 한 파벌에 대한 승리(전자에게는 이익이 되며, 후자에게는 손실이 되는)에 의해 해결될 수밖에 없는, 화해할 수 없는 마찰들이 존재하는 것으로 보인다. 이들은 자유주의의 실체란 그것이 주장하는 바와 다르다고 한다. 그것 역시 다른 모든 집단의 이익에 반하여 유산계급, 즉 자본가와 기업가의 특별한 이익을 추구하는 정당정책에 불과하다고 주장한다.

위와 같은 근거없는 주장이 마르크스주의가 내세우고 있는 선전구호의 일부를 이루고 있다는 사실이 마르크스주의가 지금까지 거둔 성공의 많은 부분을 설명한다. 생산수단의 사적 소유에 기초를 둔 사회에서 상이한 계급의 이해관계 사이에 해결할 수 없는 마찰이 존재한다는 교의가 마르크스주의의 본질적인 독단이라고 한다면, 오늘날 유럽대륙에서 활약하고 있는 정당을 전부 다 마르크스주의자의 정당이라고 할 수 있을 것이다.

계급투쟁 및 계급간의 마찰이 필연적이라는 가르침은 그러한 적대관계가 자본주의사회내에도 존재하며, 그 때문에 발생되는 분쟁은 끝장을 보고 말아야 한다는 견해를 지니고 있다는 점에서 민족주의 정당들에 의해서도 받아들여진다. 이들을 마르크스주의자들과 구별 짓는 것은 계급간의 분쟁을 해결하는 방안으로써 이들이 내세우고 있는 것이 그들이 주장하는 바에 따라 이루어진 신분사회로 되돌아 가자는 것과 투쟁의 장을(그들이 꼭 그래야 되리라고 믿는 바와 같이) 국제무대로 되돌려야 된다는 데 있다는 사실이다.

민족주의정당들은 생산수단의 사유에 바탕을 둔 사회에서 위에서 언급한 바와 같은 계급간의 분쟁이 발생한다는 사실을 부정하지 않는다. 단지 그들은 그러한 반목행위가 일어나서는 안되며, 그런 행위를 일소하기 위해서는 정부의 간섭을 통하여 사유재산의 이용을 인도·규제하여야 한다고 주장한다. 즉 자본주의 대신에 간섭주의를 내세우고 있다. 그런데 이러한 주장은 마르크스주의자의 그것과 다르지 않다. 마르크스주의자들 역시 계급과 계급간의 투쟁이나 반목행위가 없는 사회질서의 건설을 약속하고 있다.

계급간의 전쟁이 불가피하다는 가르침이 지닌 참뜻을 이해하려면 그것이 생산수단의 사적 소유를 기초로 하여 성립된 자유사회 구성원의 정당한 이해관계란 상호조화를 이룰 수 있는 것이라는 자유주의의 가르침에 반대하여 제시된 것이라는 것을 염두에 두어야 한다. 자유주의자들은 주장하기를 계급과 신분이라는 인위적인 구분의 폐지, 모든 특권의 부정, 그리고 법률 앞에서의 만인의 평등이 이루어지게 되면 모든 사람들의 정당한 장기적 이해가 일치하게 되므로 사회구성원 전체의 평화적 협동을 가로막는 것이 있을 수 없다고 하였다. 봉건주의나 특수한 지위의 옹호 및 신분과 계급상의 구별을 주장하는 선두주자들이 이와 같은 자유주의의 원리에 대하여 내세운 반대는 어느 것이고 금방 그 근거가 박약하다는 것이 드러나 별로 이렇다할 지지를 받지 못하였다.

그러나 리카도의 상업거래제도에 관한 이론 속에서 혹자는 자본주의사회에서의 이익의 대립에 관한 이론의 씨앗을 볼 수도 있을 것이다. 리카도는 진보적인 경제발전 과정에서 세 가지 형태의 소득, 즉 이윤, 지대 및 임금간의 관계가 변화하게 된다는 사실을 입증할 수 있다고 믿었다. 리카도의 그와 같은 주장이 19세기의 3,40년대에 활약하던 소수의 영국인 저술가들로 하여금 자본가, 지주 및 임금노동자라는 세 개의 계급이 존재한다는 주장과, 또한 이들 집단간에는 해결될 수 없는 적대감이 존재한다는 주장을 하게끔 만들었다. 이와 같은 사고방식이 그후 마르크스에 의해 이용되었다.

『공산당선언』에서 마르크스는 아직 신분과 계급을 구분하지 않았다. 런던으로 건너와서 그당시 잊혀져 있던 2,30년대의 저술들을 읽고, 또 그 영향을 받아 리카도의 이론체계에 대한 연구를 시작한 연후에야 마르크스는 이 경우 그가 해야 할 일이 신분적 차이나 특권이 존재하지 않는 사회에서조차도 화해불가능한 마찰이 존재함을 증명하는 것이라고 깨달았다. 자본가, 지주 및 노동자라는 계급을 구별함으로써 마르크스는 리카도의 이론체계로부터 이해집단간의 적대감이 존재한다는 결론을 내렸다.

물론 그가 늘 이와 같은 계급구분을 고집한 것은 아니다. 어떤 경우에는 둘이나 셋보다 더 많은 계급을 구분하기도 하였다. 그러나 마르크스나 그의 추종자들은 아직까지 계급의 개념과 특성이 무엇인지 밝히려 하지 않고 있다. 『자본론』 제3권의 '계급들'이라는 제목의 장이 단지 몇 마디만에 갑작스레 끝나 버렸다는 것은 의미있는 일이라 하겠다. 마르크스가 계급간의 반목과 계급투쟁을 그의 전이론체계의 초석으로 처음 도입한 『공산당선언』이 나온 이후 그가 죽기까지는 한 세대 이상이 시간이 있었다. 이 기간중 마르크스는 수없이 많은 저술활동을 했는데, 이중 어느 곳에서도 '계급'이 무엇을 의미하는지에 대한 설명이 없다. 계급의 문제를 다룸에 있어서 마르크스는 아무런 증거도 제시하지 않고 단지 독단(또는 차라리 구호라 하자)을 기록하였을 뿐이다.

계급간의 투쟁이라는 주의주장을 입증하려면 두 가지 사실을 확립해야 된다. 한편으로는 각 계급구성원간에 이해관계가 일치한다는 사실과, 또 한편으로는 그중 한 계급을 이롭게 하는 것은 동시에 여타 계급을 해친다는 사실이 그것이다. 그러나 이와 같은 일을 아직 되어진 적이 없다. 실은 아직 그러한 시도조차 없었다. 동일한 '계급내의 동지들'이 모두 다 똑같은 '사회적 상황'하에 있기 때문에 그들간에는 이해가 합치되지 않고 오히려 경쟁이 있는 것이다. 예를 들어 평균 이상의 조건으로 고용되어 있는 노동자는 자신의 소득을 평균수준으로 끌어내릴지 모르는 경쟁자들을 제외시키고자 하는 이해관계를 갖게 된다.

국제마르크스주의자회의에서 채택된 구변좋은 결의문을 통하여 무산자의 국제적 결속이라는 교의가 거듭 반복되어 선언되던 바로 그 시기에(거기에 참석하였던) 미국 및 오스트레일리아의 노동자들은 커다란 이민의 장벽을 쌓고 있었다. 사소한 규제조치의 복잡한 연결망을 써서 영국의 노동조합들은 외부인들이 그들이 종사하고 있는 노동분야에 진입하는 것을 불가능하게 하였다. 이와 같은 면에서 각국의 노동자정당들이 과거 몇 년 동안에 어떠한 일을 했는지는 잘 알려진 사실이다. 물론 그런 일이 일어나지 않았어야 한다고 말할 수는 있을 것이다. 즉 노동자들은 그렇게 행동해서는 안되었으며,

그러한 그들의 행동은 잘못된 것이라고 말할 수도 있을 것이다. 그러나 어떻든 그런 행동이 비록 잠시일지는 모르겠으나, 직접적으로 그들의 이익증진에 기여했음을 부인하지는 못할 것이다.

자유주의는 생산수단의 사유에 기초를 둔 사회내에서 상이한 사람들, 집단 및 계층간에 존재하는 것으로 많은 사람이 생각하고 있는 이익의 대립이 실제로는 일어나지 않는다는 것을 입증하였다. 자본의 증가는 어떠한 것이든지 자본가와 지주의 소득은 절대적으로 증가시키며 노동자의 소득도 절대적으로, 그리고 상대적으로 증가시킨다. 소득에 관해서 보면 사회의 다양한 집단과 계층(기업가, 자본가, 지주 및 노동자)간의 이익에 있어서의 변화는 동시에 일어나며 변화의 각 국면을 지나감에 있어서 같은 방향으로 움직인다. 따라서 바뀌는 것은 총사회생산물에 대한 비율이다. 지주계급의 이익이 다른 집단의 구성원에게 해가 되는 것은 단 한 가지, 즉 광물자원의 진정한 독점이 이루어졌을 경우뿐이다. 기업가의 이익은 결코 소비자의 이익과 괴리될 수 없다. 소비자가 원하는 바를 더 잘 예측하면 할수록 기업가는 더욱 더 번성하게 되는 것이다.

정부의 간섭주의 정책이나 강제력을 지닌 다른 사회적 세력에 의한 간섭 때문에 소유자에 의한 생산수단의 자유로운 처분이 제한될 때에만 이해관계의 대립이 일어날 수 있다. 예를 들어 보호관세를 부과함으로써 어떤 물건의 가격을 인위적으로 인상할 수 있으며, 어떤 직업에 대한 다른 경쟁자들을 제외시킴으로써 특정집단의 임금을 인상시킬 수 있다. 지금까지 잘못된 것으로 밝혀진 적도 없으며 앞으로도 그렇게 될 리가 없는 자유무역파의 그 유명한 논리전개가 이 경우에 적용될 수 있다. 말할 것도 없이 그와 같은 특권은 다른 집단이 이와 비슷한 특별대우를 받아내지 못할 때에만 그러한 조치의 대상이 되는 집단에게 이익이 될 것이다.

그러나 그러한 특권이 갖는 진정한 의미가 무엇인지에 대하여 대중을 기만해서 그들이 그것을 기꺼이 참아내도록 하는 것은 장기적으로 볼 때, 기대할 수 없는 일이다. 그렇다고 해서 그와 같은 조치를 받아들이도록 폭력을 사용하여 강요한다면 상당히 격렬한 저항운동이 생겨날 것이다(간단히 말하면, 모든 사람에게 이익이 되는 평화로운 사회협동체제를 유지하기 힘들 정도의 소요가 발생한다). 만일 우리가 이와 같은 문제를 해결함에 있어서 한 사람, 또는 소수의 사람들이나 집단, 또는 사회계층에 대한 예외적인 조치로서 특권을 인정할 것이 아니라, 예를 들어 국내시장에서 판매되는 모든 상품을 보호하기 위한 수입부과금제의 실시, 또는 대부분의 직업에 대해 신참자의 진입을 막는 비슷한 조치를 취함으로써 그와 같은 특별조치를 일반적인 것으로 바꾼다면 각 특수집단이 얻게 되는 이익이 불이익에 의해 상쇄되며 결국은 노동생산성의 저하를 가져와서 모두가 피해를 입게 될 것이다.

만일 우리가 이와 같은 자유주의의 가르침을 거부한다면 또한 '모든 이의 이익의 조화'라는 반론의 여지가 많은 이론에 대해 조롱을 퍼붓는다면, 반자유주의사상의 모든 학파가 그렇다고 잘못 생각하고 있는 것과는 달리, 더 작은 범위, 예를 들어 동일한 국가의 구성원들(타국가에 대하여), 혹은 동일한 계급의 구성원들(타계급에 대하여) 간에는 이해관계의 일치가 있을 수 있다고 하는 주장 역시 옳은 것이 되지 못할 것이다. 그와 같이 소집단내에는 이해관계의 합일이 존재한다는 것을 증명하기 위해서는 아무도 납득을 하지 못하고 있는(또는 납득하려고 노력하지도 않는) 특이한 논리의 전개가 요구된다. 이와 같은 집단에서의 이해관계의 합일을 입증하기 위한 모든 논증은 기실 그보다 훨씬 더 많은 것, 즉 모든 파벌을 넘어서는 사회 전체에서의 보편적인 이해관계의 합일에 대해 증명하고 있는 셈이기 때문이다.

결국 애초 전혀 해소될 수 없는 것처럼 보이던 이해관계의 대립이 실제에 있어서 어떻게 해결되느냐 하는 데 대한 대답이 인류를 본질적으로 조화를 이루고 있는 공동체로 취급하여 상이한 국가, 계급, 인종간에 해결하기 힘든 반목이 존재한다는 것을 증명할 여지를 주지 않음으로써 얻어지는 것이다.

반자유주의정당들은 그들이 믿고 있는 바와는 달리 동일한 국가, 계급, 인종 등에 있어 이해관계의 합일이 이루어지고 있음을 증명하고 있지 않다. 그들이 이들 특정집단의 구성원에게 권고하는 바는 다른 집단과의 싸움에 있어서 서로 힘을 합치라는 것뿐이다. 그들이 이들 집단내에서는 이해관계가 일치된다고 얘기하는 것은 사실의 기술이라기보다는 가설의 제시에 더 가깝다. 즉 실제로 그들은 '이해관계가 동일하다'라고 얘기하는 것이 아니라 '통일된 행동을 위한 연합체의 결성을 통하여 이해관계는 마땅히 합치되도록 하여야 한다'라고 하는 것이다.

특정이익집단을 대변하는 근대적 정당들은 처음부터 아주 솔직하고도 확실하게 그들이 지닌 정책목표가 특정집단에 대한 특혜의 창출을 도모하는 데 있다고 선언한다. 농업정당은 농민들을 위한 보호관세 및 다른 특혜조치(보조금)의 실시를 주장하며 공무원당은 관리들의 특권을 보호하려 하고, 지역정당은 특정지역 국민의 특수이익을 도모한다. 이들 정당들이 전사회의 복지가 농업이나 공무원 등등의 이익을 증진시킴으로써 더욱 더 크게 증진될 것이라고 선언함으로써 제아무리 많은 변명을 늘어놓는다 하더라도 실제에 있어서 그들은 전사회, 혹은 여타 집단에 대해 고려함이 없이 단일집단의 이익만을 추구하고 있을 뿐이다.

그들이 전적으로 사회의 단일부분의 이익에 대해서만 관심이 있고, 또한 그들이 그러한 집단을 위해서만 노력을 경주한다는 사실은 세월이 흐름에 따라 보다 분명해지고 보다 냉소적인 것이 되었다. 근대적 반자유주의운동이 아직도 유치한 단계에 있었을 때는 이와는 달리 그들이 이러한 문제에 대하여 보다 더 우회적일 수밖에 없었는데, 그 이유는 자유주의철학의 토양 위에서 자라난 당시의 세대들이 아무런 꾸밈없이 다양한 집단의 특수이익을 내세우는 것을 반사회적 행동이라고 간주하도록 배웠기 때문이다.

특수한 이해관계의 보호를 주창하는 사람들이 보다 큰 규모의 정당을 이루려면 각자의 특수이익이 상호대립되는 다양한 세력집단을 규합하여 단일 전투부대를 구성할 수 있어야 한다. 그런데 어느 특정집단에게 주어진 특혜조치가 실제적인 가치를 지니려면 그것이 소수집단에게만 주어지고 동시에 다른 집단에게 주어진 특혜에 의해 압도되지 않아야 한다. 그러나 여건이 아주 유리한 경우가 아니라면 귀족계급의 특권에 대한 자유주의의 단죄가 아직도 그 여력을 지니고 있는 현재로서는 소수집단이 모든 다른 집단을 누르고 자기만이 특권계층으로 대접받아야 한다는 주장을 관철시키기 곤란하다. 따라서 특수이익집단의 정당은 서로 다른, 또 실제로 상호대립되는 이해관계를 지니고 있는 비교적 소규모 집단들을 어떤 방식으로 규합하여 규모가 큰 정당을 만드느냐 하는 문제를 지니고 있다.

그러나 이와 같은 소규모 정당들이 자기만의 특수이익을 갖도록 하겠다는 요구를 내세워 변호하는 정신자세를 보면 다양한 집단간의 공개적인 연합체제의 구성을 통해 대규모 정당을 만든다는 것은 현실성이 없는 일로 보인다. 자신이 속해 있는 집단이나 경우에 따라서는 그 자신의 특수이익을 획득하기 위해 투쟁하는 사람에게 잠정적인 희생을 요구하기란 힘들다. 그가 만일 그러한 잠정적인 희생이 필요한 이유를 이해할 수 있었다면 그는 처음부터 자유주의노선을 따라 사고를 전개했을 터이지, 특수이익을 추구하는 사람의 정신자세를 지니지 않았을 것이다. 또한 그 자신이 타인에게 양보하는 특혜조치보다 그에게 주어지게 될 특별대우에서 더 큰 혜택을 보게 되리라고 공개적으로 말할 수도 없을 것인데, 그 까닭은 그와 같은 결론을 담은 연설이나 저술을 다른 사람들 눈에 띄지 않게 하는 데는 한계가 있어서 결국 이 사람들로 하여금 그들의 요구수준을 더 높이도록 만들 것이기 때문이다.

따라서 특수이익집단의 정당은 조심하지 않을 수 없다. 그들이 추구하는 일에 있어서 이와 같은 점에 대해 언급하는 경우 진실을 호도하기 위한 불분명한 표현을 쓸 수밖에 없을 것이다. 그 결과 그들은 자기들이 권고하는 보호관세가 훨씬 더 광범위한 집단에게 이익이 되는 것으로 묘사하도록 조심하며 제조업자협회가 보호관세의 부과를 주장하는 경우 정당의 지도자들은 각 개별집단의 이익, 또는 개별기업의 이익이 결코 동일하지도 조화를 이루고 있지도 않다는 사실에 대해 언급하지 않으려 애쓴다. 방직업자가 기계와 원사에 대한 보호관세에서 피해를 보게 되는데도 불구하고 보호주의운동에 찬동하는 것은 직물류에 대한 관세가 다른 관세 때문에 그가 받는 손실을 보전하고도 남을 만큼 충분히 높게 책정될 것이라는 기대가 있을 때뿐이다.

사료작물을 재배하는 농부는 사료에 대한 관세부과를 요구할 것이며, 이에 대하여 축산업자는 반대할 것이다. 포도주 제조업자는 포도주에 대한 관세부과를 요구할 터인데, 이것은 도시소비자는 물론 포도를 재배하고 있지 않은 다른 농부에게도 나쁜 일이다. 그럼에도 불구하고 보호주의자들은 공동강령 아래 뭉친 단일정당을 구성하고 있다. 어두움의 장막을 사태의 진상 위에 덮어씌움으로써 이와 같은 일이 가능하였다.

인구의 대다수에게 특혜를 똑같이 나누어주겠다는 것을 기초로 하여 특수이해집단의 정당을 창설하려는 시도는 전혀 무모한 짓이다. 대다수에게 주어지는 특권이란 특권이 아니다. 농산물을 수출하고 있으며 농업이 대종을 이루고 있는 나라에서 농부들의 특수이익을 증진시키기 위해 일하는 농업정당은 장기적으로 볼 때, 불가능하다. 그런 정당이 무엇을 요구하여야 하는가? 보호관세는 반드시 수출을 해야 되는 농부에게 이익을 줄 수 없으며 다수를 이루는 생산자들에 대한 보조금지급도 소수가 그것을 부담할 능력이 없으므로 불가능하다.

이에 대해 자기들의 이익을 추구하고자 하는 소수집단은 위대한 대중이 그들을 뒤에서 지지하고 있다는 인상을 심어야 할 것이다. 공업국가에서 농업정당이 그들의 요구를 내세울 때는 그들이 소위 '농촌인구'라고 부르는 집단에다 토지를 소유하지 못한 노동자와 소농 등을 포함시키는데, 이들은 농산물에 대한 보호관세에 대하여 아무런 관심도 없는 사람이다. 또한 노동자정당들이 어떤 특정노동집단을 위한 요구를 제시할 때는 언제나 위대한 노동자대중을 내세우며 생산의 상이한 분야에 종사하는 노조원의 이익이 동일한 것이 아니라 오히려 서로 대립적이며 동일산업이나 기업내에서도 이해관계의 첨예한 대립이 있다는 사실을 간과해버린다.

이것이 특수이해집단의 특권을 목표로 애쓰는 정당들이 지닌 두

가지 기본적 약점 중의 하나이다. 한편으로는 그들이 소규모 집단에 의존하지 않을 수 없는데, 그 이유는 만일 특권이 대다수에게 주어진다면 그것은 이제 더이상 특권이 아니기 때문이다. 그러나 또 한편으로는 그들이 대다수의 이익을 대변하는 선두주자라는 가면을 써야 비로소 그 요구를 관철할 수 있는 가능성을 지니게 되는 것이다. 상이한 국가의 다수 정당들이 때때로 그들의 선전활동에 있어서 이와 같은 문제를 극복하고 각 사회계층이나 집단에게 그 정당이 승리하게 되면 특별한 이익을 얻게 되리라는 확신을 심어주는 데 성공하였다는 사실은 단지 그 정당지도자들이 뛰어난 외교적 전술적 기술을 지니고 있다는 사실과 투표하는 대중의 판단미숙 및 정치적인 미숙함을 드러내고 있을 뿐이다.

그것이 진정한 해결책이 가능하다는 것을 입증하는 것은 결코 아니다. 물론 어떤 사람이 도시민에게는 저렴한 빵값을, 그리고 농부에게는 높은 곡가를 약속할 수는 있을지 몰라도 그 약속을 동시에 지킬 수는 없을 것이다. 어떤 집단에 대해서 다른 분야에서의 지출 감소 없이 특정 정부지출을 증가시키겠다고 약속하며 동시에 다른 집단에게 조세의 인하를 약속할 수 있을 것이다. 그러나 이 두 가지 약속을 동시에 다 지킬 수는 없다. 이들 정당이 쓰는 기법은 한 사회를 생산자와 소비자로 나누는 것에 기초를 둔다. 재정정책의 문제를 다룸에 있어서 그들은 흔히 실체의 여러 측면 중 하나만을 강조하는 방법을 사용하여 어떻게 해서 그 비용이 조달될 것인지에 대해서는 특별한 관심을 표명하지 않은 채 공공예산에서 특수한 지출을 행할 것을 주장하는 한편, 동시에 무거운 조세부담에 대하여 불평을 토로한다.

이와 같은 정당들의 또 하나의 결함은 그들이 각 특정집단을 위하여 제기하는 요구사항들이 끝이 없다는 점이다. 그들의 눈으로 볼 때 요구사항에 대한 한계는 단 한 가지, 즉 다른 집단이 제기하는 저항뿐이다. 이것은 특수이해집단의 특혜를 추구하는 정당으로서 그 성격에 전적으로 부합되는 것이다. 그러나 정해진 강령을 따르지 않고 일부 집단에 대한 특혜라는 끝없는 욕망의 추구와 다른 집단에 대해 법적 제동을 가하고자 하는 끝없는 욕망의 추구 사이에서 마찰을 일으키는 정당들은 결국 정치제도의 파괴를 가져오지 않을 수 없을 것이다. 사람들은 이와 같은 위기에 대해 점점 더 분명히 인식하게 되었으며 근대국가의 위기 및 근대적 의회제도의 위기에 대해 언급하기 시작하였다. 그러나 실제로 일어난 일은 특수이해집단을 대변하는 정당들이 내세우는 이념에 있어서의 위기일 뿐이다.

3. 의회주의의 위기와
특수이익집단을 대변하는 것으로서의 상원제도

영국과 영국의 식민지 일부에서는 17세기 이후에, 그리고 유럽대륙에서는 나폴레옹의 타도와 2월혁명 및 7월혁명 이래 점진적으로 발전해온 의회주의는 자유주의이념의 일반적인 수용을 전제로 하고 있다. 한 나라를 어떻게 다스려야 할 것인가를 결정할 책임을 지니고 의회에 진출하는 사람들은 누구나 사회의 각 부분과 모든 구성원의 올바로 이해된 이해관계란 서로 합치되는 것이며, 특정집단이나 계급에 대한 특혜조처는 공동의 이익을 저해하는 것으로 마땅히 제거되어야 한다는 확신을 지니고 있어야 할 것이다.

근래에 제정된 헌법이 그들에게 부여한 기능을 수행해야 할 권한을 지닌 의회의 여러 정당들은 어떤 특정 정치문제에 대하여 물론 견해를 달리할 수 있겠으나, 그들이 전국민을 대변하는 것이지 어느 특정 지역구나 사회계층만을 대표하는 것이 아님을 명심하여야 한다. 여러가지 견해차에도 불구하고 결국 공동의 목표와 동일한 목적에 의하여 그들이 단결되어 있으며 차이를 보이고 있는 것은 다만 달성하고자 하는 목표를 어떻게 이룩하느냐 하는 방법에 있어서일 뿐이라는 신념이 가득해야 한다. 그것이 전국민에게 고통을 안겨주며 종국에는 국가의 멸망을 가져온다 하더라도 쓰디쓴 끝장을 보고야 말겠다는 정도로 정당간에 있을 수 없는 간극이 존재하는 것도 아니며, 또한 그 정도로 심한 이해관계의 대립이 있는 것도 아니다.

정당들을 갈라놓는 것은 구체적인 정책문제에 있어서 그들이 취하는 입장의 차이이다. 따라서 두 가지 정당만이 존재한다. 권력을 장악하고 있는 정당과 권력을 장악하고자 하는 정당이 그것이다. 반대당조차도 특정집단의 이익을 증진시키거나 자기당원으로 관료의 자리를 메우기 위하여 정권을 잡으려는 것이 아니라 그들이 지닌 주의주장을 입법화하여 나라를 다스리는 데 있어서 그러한 주장을 실천에 옮길 수 있도록 하기 위하여 정권을 잡으려 하는 것이다.

이와 같은 조건하에서만 의회 및 의회정부가 실현가능성이 있다. 한동안 그러한 조건이 앵글로색슨 국가에서 실현되었으며, 아직도 거기서는 그 흔적의 일부가 발견되고 있다. 유럽대륙에 있어서는 소위 자유주의의 황금시대라고 불리운 기간에서조차 그와 같은 조건이 아주 부분적으로, 그리고 유사하게 충족되었다고밖에 얘기할 수 없다. 수십년 이래 유럽의 상당히 인기있는 의회들에 있어서 그 상황은 이와는 정반대에 가까웠다. 상당한 수의 정당이 존재하며 각 정당은 다시 여러 개의 소집단으로 나뉘어 있어서 외부에 대해서는 공동전선을 펴나 정당 내부에서는 각 위원회로 나뉘어 그들이 여타 정당에 대해 공개적으로 반대하는 것에 못지않게 격렬하게 싸우고 있었다.

각 정당이나 정당내의 각 분파는 그들이 특정이익집단을 대변하고 있다고 믿고 있으며, 각자의 승리를 위해서는 어떠한 희생이라도 치르고자 한다. 사회의 여타 집단의 희생 위에 공공자금을 가능한 한 많이 '우리들의 자금'으로 배정하며, 보호관세나 이민장벽, '사회적 법률의 제정' 및 그와 유사한 특혜조처에 의하여 특정집단의 이익을 옹호하고자 하는 것이 오늘날 각 정당이 내세우는 정책의 전부이며 그 실체이다.

원칙적으로 그들이 요구하는 바가 끝이 없으므로 이들 정당 중 어느 누구도 자기들이 상상하는 목적을 다 달성할 수는 없다. 농민정당이나 노동자정당이 추구하는 바가 다 이루어지리라는 것은 생각할 수 없는 일이다. 그럼에도 불구하고 각 정당은 가능한 한 최대한도로 그와 같은 인상을 심어주려고 노력하며 동시에 선거구민들에게 그들이 바라는 바가 어찌해서 다 이루어질 수 없는지 정당화하려 애쓴다. 이것을 위해 각 정당은 실제로는 자기가 정권을 쥐고 있으면서도 마치 반대당인양 행세하거나, 또는 그가 영향을 미칠 수 없는 세력에게 책임을 전가시키려 한다.

예를 들어 전제국가에 있어서는 국왕에게, 또는 때에 따라서는 외국의 강대세력에 대해 책임을 전가시킨다. 이러한 예로서 '서방 자본주의'가 그것을 막고 있기 때문에 볼세비키는 러시아를, 그리고 사회주의자들은 오스트리아를 행복하게 만들지 못한다는 주장을 보

라. 독일과 오스트리아는 벌써 50년도 넘게 반자유주의정당들에 의해 지배되어 왔는데도 우리는 아직도 그들의 선언문이나 공개발표문, 소위 그들의 '과학적'이론가들의 것에서 현존하는 모든 해악이 '자유주의'원칙이 아직도 그 사회를 지배하고 있기 때문에 발생하는 것이라고 비난하고 있음을 볼 수 있다.

특수이익집단을 대변하는 반자유주의적 정당의 지지자로서 구성된 정당은 그 임무를 수행할 수 없을 것이며, 결국은 모든 이에게 실망을 안겨 줄 것이다. 바로 이것이 사람들이 오늘날, 그리고 벌써 몇 년에 걸쳐 의회주의의 위기에 대해 언급할 때 의미하는 바다.

이와 같은 위기의 해결책으로서 어떤 이들은 민주주의 및 의회제도를 철폐하고 독재자를 영입하여야 한다고 주장한다. 우리는 여기서 독재제도가 나쁜 이유에 대해서 또다시 논의하고 싶지 않다. 여기에 대해서는 이미 충분한 논의가 이루어졌다.

두번째 제안은 여러 종류의 직종, 산업 및 전문직의 대표로 구성된 독립된 합의기구나 조합이 선출하여 구성된 상원에 의하여 기존의 국회를 보완하거나 대치함으로써 모든 시민에 의하여 직접 선출된 의원들로 구성된 일반국회가 지니고 있다고 생각되는 결점을 보완하자는 것이다. 사람들이 주장하기를 대중적인 일반의회의 의원들은 객관성 및 경제에 대한 지식을 결여하고 있다고 한다. 여기서 요구되는 것은 경제정책이지 일반적인 정책은 아니며, 따라서 단순히 지리적인 고려사항을 기초로 하여 결정된 선거구민을 대표하는 의원들이 전혀 이해하지 못하거나 아주 오랜 시간이 지나서야 겨우 사안이 분명해지는 문제에 대하여 산업 및 전문 직업조합에서 선출한 대표들은 즉시 그 해결방안에 동의하게 되리라고 한다.

상이한 직업조합을 대표하는 의원들로 구성된 의회에 있어서 우리가 명확히 인식하고 있지 않으면 안되는 문제는 어떤 식으로 투표를 할 것인가, 혹은 만일 1인1표를 표방한다면, 각 조합에 대해 몇 명의 의원을 배정할 것인가 하는 문제이다. 이것은 상원이 개회되기 전에 결정되어져야 할 문제이다. 그러나 일단 이 문제가 해결되면 이미 투표의 결과가 결정되었으므로 의회를 개회하는 수고를 할 필요가 없다. 물론 각 직장조합간의 힘의 배분이 일단 결정된 후 그대로 유지될 수 있느냐 하는 것은 별개의 문제이다. 어떻든간에 그것은 언제나(이 문제에 대해 스스로를 기만하지 말자) 국민 대다수에게 있어서 받아들여지기 힘들 것이다. 다수가 받아들일 수 있는 의회의 구성을 위하여 직업분류에 따라 의회를 분할할 필요는 없다. 모든 것은 직장조합 대표들이 채택한 정책으로 인하여 야기된 불만이 이 제도 자체의 난폭한 전도를 가져올 만큼 거세겠느냐 하는 데 달려있다. 민주주의제도와는 대조적으로 이 제도에는 국민의 절대다수가 원하고 있는 정책의 변화가 반드시 일어나리라는 보장이 없다.

　직업분류에 기초를 둔 의회제도라는 생각에 대하여 우리가 제기할 수 있는 반론은 모두 다 이 한마디에 압축되어 있다. 자유주의자에게 있어서는 평화로운 진보의 과정에 대한 난폭한 단절을 가져오는 모든 가능성을 배제하지 않는 제도란 애초부터 논의의 대상도 되지 않는 것이다.

　직업조합의 대표로 구성된 상원제도를 지지하는 사람들은 한 정파를 다른 정파에 예속시킴으로써가 아니라 차이점의 상호조정에 의해서 의견의 대립을 해소하여야 한다고 생각한다. 그러나 만일 모든 정당이 의견일치에 이르지 못한다면 어떻게 할 것인가? 불이익이 되는 문제가 가져올 수 있는 위협적인 상황이 분쟁당사자로 하여금 조금씩 양보하도록 유도할 때에만 타협이 가능하다. 전국민에 의해 직접 선출된 대표들로 구성된 의회에서도 상이한 정당들이 의견일치에 이르는 것을 막는 사람은 아무도 없다. 마찬가지로 직업조합원에 의해 선출된 대표들로 이루어진 상원에서 아무도 억지로 의견의 일치를 가져오게 할 수는 없다.

따라서 그와 같이 해서 구성된 의회는 민주주의제도의 한 기관으로서 기여하고 있는 국회처럼 기능하지는 못한다. 그것은 정치적 견해의 차이가 평화적으로 조정되는 장소가 못된다. 그것은 저항, 혁명 및 내란에 의해 사회의 평화로운 진보가 난폭하게 짓밟히는 것을 방지할 수 있는 위치에 있지 못하다. 국가 정치권력의 배분을 결정하는 중요한 의사결정이 그 의회내에서, 또는 그 의회의 구성을 결정하는 선거과정에서 행해질 수 없기 때문이다. 권력의 배분을 결정함에 있어서 결정적인 요소는 헌법이 정책을 결정함에 있어서 각 단체조합에 대하여 얼마만큼의 비중을 주느냐 하는 것이다. 그러나 이것은 상원의 회의장 밖에서 결정되는 문제로서 그 국회의원들이 뽑힌 선거와는 아무런 유기적 관계도 갖지 않는 것이다.

전 시대에 유럽대륙에 살고 있던 의회개혁가들의 권고를 받아들여 시드니 웹과 베아트리스 웹, 그리고 여러 명의 노동조합주의자들 및 직업조합사회주의자들은 양원제도, 즉 국민에 의해 직접 선출된 의회와 직업에 따라 분류된 유권자에 의해 선출된 대의원들로 구성된 의회가 나란히 공존하도록 할 것을 제안하였다. 그러나 이와 같은 제안이 직업조합 대표로 구성된 의회가 지니는 결함들을 보완하는 것이 아님은 분명하다.

실제에 있어서 양원제도는 그 중 하나가 더 우위에 있어서 결정사항의 준수를 강요할 수 있는 경우나, 또는 양원이 의견대립을 보일 때 타협의 가능성이 있는 경우에야 제대로 그 기능을 발휘할 수 있다. 그런 타협의 가능성이 없으면 둘 사이의 의견대립은 의사당 밖에서 해결될 수밖에 없는데 이 경우 최후수단은 폭력밖에 없다. 이 문제를 아무리 뒤집어보고 비틀어본다 하더라도 결국 똑같은 난관에 봉착하게 된다. 이게 바로 이와 같은 제안, 혹은 그것이 코포러티즘(협조조합주의), 직업조합, 사회주의, 또는 그외의 어떤 이름으로 불리든간에, 이와 유사한 제안이 봉착하게 되는 걸림돌이다. 사람들이 결국 전혀 쓸모없는 개혁안(자문기관으로서의 역할만 담당하는 경제위원회의 창설)을 내는 데 만족하는 것을 보면 이와 같은 방안들이 비현실적이라는 것이 잘 드러난다.

직업조합이 뽑은 대의원들로 구성된 의회의 구성을 주장하는 사람들이 만일 국민과 의회를 직업분류에 따라 분할함으로써 오늘날 국가적 통합을 어렵게 만드는 적대감을 해소시킬 수 있다고 생각한다면 그것은 큰 착각이다. 헌법의 몇 가지 기술적 조항들을 건드린다고 해서 그와 같은 적대감을 제거할 수는 없다. 오직 자유주의이념만이 그것을 극복할 수 있을 것이다.

4. 자유주의와 특수이익집단의 정당

오로지 자신이 소속되어 있는 집단을 위한 특혜와 특권을 확보하는 데에 급급한 특수이익집단의 정당들이 의회제도만을 무용하게 만드는 것은 아니다. 그들은 국가와 사회의 통일성을 깨뜨리기도 한다. 그들은 의회주의의 위기뿐 아니라 일반적인 정치·사회의 위기를 불러온다. 만일 어떤 사회가 분명히 구별되는 집단을 나누어져 각 집단이 그 구성원에 대한 특혜조치를 확보한다는 생각에서 혹시 손해를 보는 것은 아닌가하고 언제나 경계태세를 늦추지 않으며 조그마한 이익이라도 생기면 언제라도 중요한 정치적 기관을 희생시킬 용의를 지니고 있다면, 그러한 사회는 장기적으로 볼 때 존속이 불가능하다.

특수이익집단을 대변하는 정당에게 있어서 정치문제란 모두 다 전략적인 것으로 인식된다. 그들의 최종목표는 처음부터 확고하다. 그들의 목적은 다른 사람들을 희생해서라도 그들이 대표하고 있는 집단에게 가능한 한 가장 많은 이익과 특혜를 가져다주는 데 있다. 그러한 정당이 내세우는 정강은 이와 같은 목표를 위장하여 그에 대해 어느 정도의 정당성을 부여하려는 의도를 지니고 있으나 그게 정강정책의 진정한 목표라는 것을 공표하는 적은 절대로 없다. 정당원들은 어떤 경우든지 이미 그 정당의 목표가 무엇인지 알고 있으므로 그것이 무엇인지 설명해줄 필요가 없다. 그러나 그 중 얼마만큼이나 대중에게 알리느냐 하는 것은 순전히 전략적인 문제이다.

반자유주의정당들은 그것이 어떠한 것이든간에 그들의 행동이 가져오게 될 전사회구조의 붕괴를 전혀 무시한 채 그 구성원들에 대한 특별대우를 확보하는 데 급급하다. 따라서 그들은 자유주의가 그들에 대해 퍼붓는 공격을 일순간도 지탱해낼 수 없다. 그들이 요구하는 바를 논리적으로 검사해볼 때 그들의 행위가 반사회적이며, 또한 아주 개략적으로 본다 하더라도 항상 서로 싸우기만 하는 특수이익집단의 정당활동에서는 어떠한 사회질서도 창출되지 못하리라는 것을 부정하지 못할 것이다.

물론 눈앞에 있는 것 이상으로 보지 못하는 사람들을 기준으로 보면 이와 같은 분명한 사실들이 특수이익집단의 정당들에 대해서 아무런 피해도 주지 못해왔다. 대부분의 사람들은 이틀 후, 또는 그 이후에 이 세상이 어떻게 될지에 대해 의문을 제기하지 않는다. 그들은 그저 오늘, 또는 기껏해야 내일에 대해서 생각할 뿐이다. 다른 집단들 역시 그들 자신의 이익만 쫓느라 일반적 복지에 대해 자기들과 똑같이 무관심한 태도를 보이는 경우에 어떤 결과가 올 것인지에 대해서 물어보지 않는다.

그들은 자기들의 요구사항을 관철시키는 것뿐 아니라 다른 이들의 요구사항을 쳐부수는 데에도 성공하기를 바란다. 정당활동에 대하여 보다 높은 규범을 적용하기를 바라는 소수에 대하여, 정당활동에 있어서도 양심의 절대명령('그것이 동시에 보편적인 법칙이 되기를 바라는 원리에 따라 행동하라. 즉 너 자신의 행동을 보편적으로 준수되어야 할 법칙으로 생각하려는 시도에서 아무런 자기모순도 생기지 않게끔 행동하라')에 따라야 한다고 주장함으로써 정당활동에 대해서도 보다 높은 행동규범의 적용을 바라는 몇 안되는 사람들에게 대하여, 특수이익집단을 대변하는 정당이 지니는 이념은 아무것도 제시해주지 못한다.

특수이익집단의 정당이 지니고 있는 이와 같은 윤리적 결함에서 사회주의는 상당한 이익을 얻었다. 자유주의의 위대한 이상을 이해하지는 못하지만 특정집단에게 특혜조치를 주도록 하는 요구에 대해 만족하기에는 너무나 분명한 사고능력을 지니고 있는 많은 이에게 있어서 사회주의의 원칙은 특별한 의미를 지녔다. 사회주의사회라는 이념은(이미 우리가 본 것처럼 거기에 필연적으로 내재하는 결함에도 불구하고 개념상의 위대성을 부인하지 못하는) 특수이익집단의 정당이 취하는 입장의 약점을 숨겨주는 역할과 더 나아가서는 정당화시키는 역할을 하였다. 그것은 비판가들의 관심을 정당활동으로부터 누가 어떻게 생각하든 진지하고 철저하게 고려해보아야 할 더 중요한 문제로 돌려놓은 결과를 가져왔다.

지난 한 세기에 걸쳐 이런저런 형태의 사회주의자의 이상은 정직하고 진지한 사람들 가운데서 상당수의 추종자를 얻게 되었다. 많은 수의 아주 훌륭하고 고귀한 사람들이 그것을 열광적으로 받아들였다. 그것은 또한 뛰어난 정치가들의 진로를 인도하는 별이었다. 대학에서 중심적 지위를 갖게 되었으며, 젊은이들에게는 영감의 원천이 되었다. 과거 세대 및 현재 세대의 사상을 가득채우고 그들의 감성을 불타오르게 만들었으므로 후세 사람들이 언제인가는 아주 타당하게도 우리들의 시대를 사회주의의 시대라고 부르게 될 것이다. 지난 수십년에 걸쳐 모든 나라의 국민들은 기업을 국영화하고(또는 지방정부의 경영하에 두고) 계획경제로 나아가는 제반조치를 취함으로써 사회주의의 이상을 실현시키기 위해 그들이 할 수 있는 것은 최대한도로 완수하였다.

사회주의적 경제운영에 필연적으로 따르는 결함들(노동생산성에 대한 좋지 않은 효과 및 사회주의하에서 경제적 계산의 불가능성) 때문에 이제 어느 곳에서나 사회주의의 방향으로 한발자국만 더 나아가면 국민에 대한 재화의 공급에 있어서 아주 큰 차질을 가져올 만한 지경에 이르게 되었다. 그 결과 그렇게 하지 않으면 안되는 필요성에서 사회주의로 가는 길을 멈출 수밖에 없었으며, 사회주의적 이상을 그 이념에 있어서는 점점 더 높은 위치로 나아가고 있음에도 불구하고 실제 정치에 있어서는 특수한 지위를 획득하려는 노동당의 제반노력을 감싸는 단순한 겉옷으로 전락하였다.

이와 같은 사실은 예를 들어 기독교사회주의자의 여러 분당처럼 무수히 많은 사회주의정당의 각각에 대해서 입증할 수 있다. 그러나 의심할 나위 없이 가장 중요한 사회주의정당이었으며, 또한 현재도 그러한 마르크스사회주의자들의 정당에 대해 우리의 논의를 국한시킴이 나으리라 생각한다. 마르크스와 그의 추종자들은 사회주의에 관하여 참으로 진지했다. 마르크스는 특수이익집단의 정당들이 요구하던 한 사회의 특정집단이나 계층을 위한 모든 조치들에 대해 반대하였다. 그와 같은 간섭행위의 결과가 노동생산성의 일반적 저하로 나타난다는 자유주의자의 주장에 대하여 마르크스는 이견을 달지 않았다. 그가 일관성있게 생각하고 저술하고 말한 경우에는 언제나 정부나 그와 비슷한 강제력을 지닌 사회조직에 의한 자본주의체제에 대한 간섭은 그 주창자들이 의도하던 결과를 가져오는 것이 아니라 경제의 생산성을 저하시킬 뿐이므로 쓸모없는 것이라는 입장을 견지하였다.

마르크스가 바랐던 것은 사회주의의 건설로 이끌어갈 투쟁에 대비하여 노동자를 조직화하자는 것이었지 아직도 생산수단의 사적 소유에 바탕을 둔 사회에서 어떤 특정집단에 대한 특혜를 얻고자 한 것이 아니다. 그가 바란 것은 사회주의노동당이었지 개별적이고 단편적인 개량을 목표로 하는, 그의 말을 빌리면 '소시민 계급'의 정당이 아니었다.

그의 학문체계가 지니고 있는 여러가지 선입관에 사로잡혀 사물을 있는 그대로 왜곡되지 않게 보지 못한 탓으로 마르크스는 그의 영향을 받은 학자들이 '사회주의자' 정당으로 조직화한 노동자들이 자기이론에 따라 자본주의체제가 진화하는 것을 그냥 두고보는 데 만족하여 토지를 강제로 점유하고 있는 자들로부터 다시 그것을 징발할 때가 무르익어 자본주의체제를 사회주의체제로 변화시키게 될 날을 뒤로 미루는 일이 없을 것이라고 생각하였다. 그는 노동자정당

역시 그당시 여기저기서 나타나기 시작한 여타의 특수이익집단을 위한 정당들과 마찬가지로 사회주의적 실천방안들이 원칙적으로 옳다고 인정하면서도 실제정치에 있어서는 노동자에게 특권을 가져다주려는 당면목표에 대해서만 관심이 있다는 사실을 간파하지 못하였다.

모든 노동자의 이익은 합치된다고 하는 마르크스의 이론은 그가 다른 정치적 목적을 생각하며 발전시킨 것인데, 노동자의 일부에게 주어진 승리의 대가를 다른 노동자들이 부담해야 한다는 사실을 교묘하게 숨기는 데 큰 공헌을 하였다. 다시 말하면 소위 '노동자를 위한' 입법활동이나 노동조합운동에 있어서 무산자계급의 이해가 결코 일치되는 것이 아니라는 사실을 은폐시켰다. 이러한 관점에서 볼 때 마르크스이론은 노동자들에 대한 특별한 이익을 내세우는 정당에 대하여 종교가 독일 중도파 정당 및 다른 관료정당에게 민족의 단합이라는 생각이 민족주의정당에게, 다양한 생산자의 이익이 같다는 주장이 농업정당에게, 그리고 노동자들의 보호를 위해서는 완전한 관세제도가 필요하다는 생각이 보호주의정당에게 해준 것과 같은 공헌을 하였다. 사회민주주의정당이 성장할수록 그 내부에서 노조의 영향력이 증대되었으며, 또한 모든 것을 클로즈드 샵의 관점이나 임금인상이라는 관점에서 보는 노동조합의 협회로서의 성격을 더욱 더 강하게 지니게 되었다.

자유주의는 이들 중 그 어느 정당과도 공통점을 지니고 있지 않다. 그것은 이들 모두의 반대편 극점에 서 있다. 그것은 아무에게도 특권을 약속하지 않는다. 그것은 사회의 보전을 위해서 누구에게나 희생을 요구한다. 희생, 보다 정확히 말하면 즉시 얻게 되는 이익의 부인은 물론 잠정적인 것이다. 그 희생은 머지않아 보다 크고 영속적인 이익에 의해 보상된다. 그렇지만 적어도 당분간은 희생은 희생이다. 바로 그것 때문에 다른 정당과의 경쟁에 있어서 자유주의는 좀 특이한 위치에 있게 된다. 반자유주의정당의 후보자는 모든 특정 유권자집단에게 대하여 특혜를 준다고 약속한다. 즉 생산자에 대해서는 높은 가격, 그리고 소비자에 대해서는 낮은 가격을, 또한 관리에게는 봉급인상을, 그리고 납세자에게는 조세부담의 경감을 약속한다. 공공재원, 혹은 부자들의 희생 위에 어떤 종류의 경비지출 요구도 다 들어주겠다고 동의할 태세가 되어 있다. 그에게 있어서는 '일반국민'의 주머니에서 나오는 선물에 의한 특별한 대접을 받기를 원하는 집단은 그 어느 것이든 경시의 대상이 될 만큼 작지 않다. 이에 대해 자유주의의 후보는 유권자들에게 그와 같이 특혜조치를 추구하는 것은 반사회적인 행동이라고밖에는 달리 얘기할 수 없다.

5. 정당선전과 정당조직

자유주의사상이 그 발상지인 서부유럽을 떠나 중부 및 동부유럽으로 전파되기 시작하였을 때, 그때까지 권력을 장악하고 있던 전제군주, 귀족 및 승려들은 그들이 지니고 있는 억압의 수단을 믿었기 때문에 아무런 위협도 느끼지 않았다. 그들은 자유주의와 계몽주의 정신에 대하여 지적 무기로 대항할 필요성이 있다고 생각하지 않았다. 불만이 있는 자들에 대한 억압, 박해 및 투옥이 이들에게는 더 나은 방법으로 여겨졌다. 그들은 군대와 경찰이라는 폭력적이고도 강압적인 기구에 대해 자랑하였다. 새로운 사상이 관리 및 군인의 마음을 점령함으로써 이와 같은 무기들을 그들의 손으로부터 빼앗아갔다는 사실을 두려움 속에 깨달은 것은 이미 너무 늦었을 때였다.

자유주의와의 싸움에서 구체제가 패배하는 것을 보고서야 구체제의 옹호자들은 이 세상에서 이념이나 이념가보다 더 힘센 것은 없으며, 어떤 사상에 대한 투쟁은 사상에 의해서만 가능하다는 것을 알게 되었다. 그들은 무기에 의존하는 것이 대단히 어리석은 일이라는 것은 깨달았다. 복종할 태세가 되어 있을 때에만 군대를 파견할 수 있으며 모든 권력과 지배력의 기초는 결국 이념적인 것이기 때문이다.

이와 같은 사회적 진리를 공인하는 것이 자유주의 정치이념의 근거를 이루고 있는 기본적 신념 중의 하나였다. 이로부터 자유주의는 사상의 영역에서 그들의 승리란 의심의 여지가 없으므로 장기적으로 볼 때 진리와 정의가 승리하고야 말 것이라는 결론을 끌어내었다. 또한 아무런 탄압도 그것을 억제할 수 없을 터이므로 사상의 세계에서 승리하는 것은 그 무엇이든지 세상사에 있어서도 궁극적인 승리를 가져올 것이다. 따라서 자유주의의 전파를 위하여 특별히 애쓰는 것은 별로 소용이 없는 일이며 그렇게 하지 않아도 자유주의가 승리하리라는 것은 확실하다고 생각하였다.

이런 측면에서 보면 자유주의의 적대자들은 그들의 행동이 자유주의가 가르치는 것의 정반대라는 사실을 감안할 때 비로소 올바로 이해할 수 있다. 즉 그들은 자유주의의 거부와 그에 대한 반동을 근본으로 하고 있다. 그들은 자유주의에 대항하여 완전무결하고 일관성있는 사회·경제이론을 제공할 만한 위치에 있지 않았는데 그 이유는 그와 같은 이론체계에서 도출될 수 있는 것은 자유주의밖에 없기 때문이다. 그러나 하나, 혹은 몇 개의 집단에 대해서만 무엇인가 해주겠다고 약속하는 정당은 일반적 지지를 획득할 가능성이 없으며, 따라서 처음부터 정치적인 실패에 빠질 운명이었다. 따라서 이들 정당들은 그들이 대변하고자 하는 집단을 완전히 자기휘하에 넣어 그대로 유지시키기 위해서는 무슨 조치를 강구하지 않으면 안 되었다. 즉 그들은 그들이 의존하고 있는 계급집단 속에서 자유주의의 추종자가 나오지 않도록 애쓰지 않으면 안되었다.

이런 목적에서 그들은 개개인을 그 손아귀에 꽉 쥐고 있어서 감히 사표를 낼 엄두도 내지 못하게 만드는 정당조직을 창안해내었다. 이와 같은 제도가 학자적인 철저성을 지니고 발전된 독일과 오스트리아, 그리고 그것을 모방한 동부유럽의 여러 국가들에게서 개인이란 이제 더이상 시민이 아니고 당원일 뿐이다. 이미 어린아이일 때부터 그는 당에 의해서 보살핌을 받는다.

스포츠와 사회활동 역시 정당의 노선을 따라 조직된다. 농업생산자에게 돌아오는 보조금 및 장려금 중 농민 각자가 자기몫을 받아내기 위해서는 그 간섭을 통하지 않으면 안되는 농민협동조합, 전문가계급의 이익증진을 위한 기관들, 그리고 노동자의 노동거래중개소 및 저축은행 등은 모두 다 정당의 노선에 따라 운영된다. 당국이 자의적인 조치를 취할 수 있는 모든 경우에 있어서 각 개인의 요구를 관철시키려면 자기가 소속한 정당의 지원이 필요하다. 이와 같은 경우에 그가 당의 일을 소홀히 하면 의심을 받게 되는데, 만일 사표를 내면 파멸이나 사회적 조롱의 대상까지는 안될망정 상당한 경제적 불이익을 당하게 될 것이다.

특수이익집단의 정당들은 전문가계급의 문제에 대해 독특한 처방을 내리고 있다. 변호사, 의사, 작가 및 예술가처럼 독립성이 강한 전문직업인의 경우에는 그들 스스로가 특수이익집단의 정당을 형성하기에는 숫자가 충분하지 않다. 따라서 그들은 특수계층만이 누리는 특권이라는 이념의 영향을 가장 적게 받아들인다. 이들은 가장 오래, 그리고 가장 고집세게 자유주의를 고수하려 한다. 그들 자신의 특별한 이익을 증진시키기 위하여 가차없이, 그리고 굽히지 않고 투쟁하는 정당에서 그들이 얻는 것은 아무것도 없다. 조직화된 압력단체를 대변하는 정당들은 이와 같은 상황을 몹시 싫어하였다. 그들은 지식인들이 계속해서 자유주의를 고수하는 것을 참지 못하였다. 그들 중 몇몇 사람에 의해서 또다시 개발되고 자세하게 설명될 자유주의사상이 자기들 집단의 많은 이에 의해서 받아들여지고 용인될 정도로 강해지면 그 집단에 소속된 회원의 수가 줄어들 염려가 있기 때문이다.

신분 및 계급사회의 특권층이 지닌 권한에 대하여 그와 같은 사상이 얼마나 위험한 존재였는지 그들은 생생하게 깨달았다. 따라서 특수이익집단의 정당들은 자기자신들을 조직화하는 과정에서 '자유' 직업인들이 정당에 의존하지 않으면 안되도록 하는 방법을 고안하였다. 이것은 이들 자유직업인들을 당 기구의 한 부분으로 통합함으로써 금방 이루어졌다. 의사, 변호사, 작가 및 예술가들은 마땅히 당국에 등록을 해야 하고 환자, 고객, 독자 및 애호가단체에 대해 복종하도록 되었다. 이와 같은 조치를 거절하거나 공개적으로 반대하는 사람에 대해서는 불매운동을 폄으로써 따라오도록 만들었다.

독립적인 전문가계층을 예속시킨 방법은 교사 및 정부관리의 임명과정에서도 그대로 적용되었다. 정당제도가 완전히 발달된 나라에서는 현재 권력을 쥐고 있는 정당이나 자기들 사이에 이미 이루어진 협정(묵시적인 것일 수도 있는)에 따라 특수이익집단의 정당들 전체에 소속된 정당원들만이 그러한 자리에 임명되었다. 그리고 끝내는 독립된 신문까지도 불매운동이라는 위협에 의해 통제하에 놓여지게 되었다.

이와 같은 특수이익집단의 정당을 조직하는 데 있어서 마지막으로 취한 중요한 조치는 그들 자신의 군대를 조직했다는 사실이다. 국군의 조직형태를 본받아 군사적인 방법으로 조직된 이들 사군대 조직들은 동원 및 작전계획을 수립하였으며 무기까지 지니고 있어서 언제라도 공격할 태세가 되어 있었다. 이들은 군기와 군악대를 앞세우고 이제 끊임없는 민심의 동요와 전란의 시대가 왔음을 알리며 거리를 행진하였다.

두 가지 상황이 위에 언급한 바와 같은 위험을 완화하는 데 공헌해왔다. 우선 주요국가에 있어서는 정당세력간에 힘의 균형이 이루어졌다. 러시아나 이탈리아처럼 정당세력간의 균형이 이루어지지 않은 나라에서는 그 밖의 여러 나라들이 아직도 인정하고 있던 몇 가지 자유주의원칙마저 무시한 채 반대당을 추종하는 사람들을 억압하고 박해하는 데 국가권력이 사용되었다.

최악의 경우가 일어나는 것을 잠시나마 방지하고 있는 두번째 상황은 자유주의와 자본주의에 대해 적대감을 지니고 있는 나라들조차도 자유주의 및 자본주의 정신자세의 전형적인 모범이 되어온 나라들, 특히 미국으로부터의 자본투자에 의존하고 있다는 사실이다. 이런 신용대출이 이루어지지 않았더라면 이들 국가가 추진해온 자본소모정책의 결과가 보다 더 분명하게 드러났을 것이다. 반자유주의는 자본주의의 결실을 빨아들임으로써만 유지될 수 있다. 반자본주의는 따라서 비록 엷어지기는 했지만 자유주의 이념이 아직도 공인되고 있는 서방 국가의 여론을 염두에 두지 않을 수 없었다. 일반적으로 자본가들은 되갚을 전망이 조금이라도 보이는 채무자에게만 돈을 빌려준다는 사실에서 파괴주의자들의 정당은 자본가에 대하여 비록 '도둑이야!'하고 외쳐대기는 하지만 '자본에 의한 세계의 지배'가 일어나고 있음을 인정하지 않을 수 없다.

6. '자본의 정당'으로서의 자유주의

따라서 그의 본질적 특성을 부인하지 않으면서 자유주의를 특수이익집단의 정당들과 같은 반열에 놓는다는 일이 불가능하다는 것을 쉽게 알 수 있을 것이다. 자유주의는 이들과 전혀 다른 것이다. 그들은 전쟁을 지지하며 폭력을 찬양하는 데 대하여 자유주의는 이와는 반대로 평화와 이념의 지배를 바라고 있다. 바로 이 때문에 다른 정당들은 그들이 딴 일에 있어서는 심각한 분열상을 보이고 있을는지 모르나 자유주의에 대하여서는 통일전선을 형성하는 것이다.

자유주의의 적대자들은 자유주의를 자본가들의 이익을 대변하는 정당이라고 낙인을 찍었다. 이것은 그들이 지니고 있는 정신 자세의 특징적 행동이다. 그들은 정치이념을 일반적인 복지에 반하여 일정한 종류의 특혜조치를 내세우는 것으로밖에는 이해하지 못한다.

자유주의를 특수이익집단, 특혜를 받는 집단 또는 권력층의 정당으로 간주할 수는 없다. 왜냐하면 생산수단의 사유제도는 자본가에게 대해서만 배타적인 이익을 가져다주는 특권이 아니라 전 사회에게 이익이 되며 따라서 모든 이에게 이로운 제도이기 때문이다. 이것은 자유주의자뿐 아니라 어느 정도까지는 그 반대자들조차 지니고 있는 견해이다. '모든 생산적인 세력들이 아주 광범위하게 발전되기'전에는 한 사회제도가 멸망하지 않으므로 '시기가 무르익기'전에는 사회주의를 실현할 수 없다고 말할 때 마르크스주의의 주창자들은 적어도 현재는 사유재산이 필요불가결함을 인정하는 것이다. 조금전까지만 하더라도 '만삭의 시기'가 벌써 도래했다는 마르크스주의에 대한 자신들의 해석을 불과 칼과 도끼를 들고(아주 열정적으로) 전파하던 볼셰비키들조차도 이제는 그것이 아직 너무 시기가 이르다는 것을 인정하지 않을 수 없다.

그러므로 만일 비록 잠시나마 이 사회의 상황이 자본주의 및 자본주의법률상의 '상부구조'인 사유재산제도없이 지낼 수 없는 형편이라면 사유재산을 사회의 기반이라고 생각하는 이념에 대하여 그것이 모든 이의 이익에 반하여 자본소유자의 이기적인 이익을 위해서만 일한다고 비난할 수 있는가?

물론 반자유주의이념들이 사유재산을 적어도 지금, 또는 영구히 필요불가결한 것으로 인정한다 하더라도 그들은 정부에 의한 권위적인 명령이나 그와 비슷한 간섭행위를 통해 사유재산을 규제하고 제한해야 된다고 믿고 있다. 그들이 추천하는 것은 자유주의와 자본주의가 아니라 간섭주의이다. 그러나 경제학은 이미 간섭주의제도가 본래의 목적과는 반대의 결과를 가져오며 자기파괴적임을 증명하였다. 간섭주의는 그 주창자들이 내세우는 목표를 달성할 수 없다. 그러므로 사회주의(공동소유) 및 자본주의(사유재산)외에 사회적 협동을 조직화하는 제3의 제도, 즉 간섭주의가 가능하고 쓸모가 있으리라는 생각은 잘못된 것이다. 간섭주의를 실행에 옮기려는 시도는 필연적으로 그 저자들의 의도와는 상반되는 상황으로 나아가게 되어 결국은 모든 간섭행위를 중단하고 사유재산을 그냥 내버려두든지, 아니면 사유재산을 사회주의로 대치하든지의 기로에 서게 된다.

이와 같은 주장 역시 자유주의경제학자들만이 내세우고 있는 것이 아니다(말할 것도 없이 경제학자들이 정당의 노선에 따라 나뉘어 있다는 보편적인 개념은 전혀 잘못된 것이다). 마르크스도 그의 이념적 논의의 전편에 걸쳐 사회주의냐 자본주의냐 하는 대안만 생각했을 뿐이며 '소시민적 사고방식'에 갇혀 있어 사회주의를 거부하는 동시에 자본주의를 개량시키고자 하는 사람들에 대하여 조롱과 경멸을 퍼부었다. 경제학은 지금까지 정부의 간섭에 의해 규제되고 제약되는 사유재산제도가 현실성이 있다는 것을 증명하고자 한 적조차도 없다.

'의자에 앉아 있는 사회주의자들'이 어떤 대가를 치르고서라도 그와 같은 것이 가능하다는 것을 증명하고자 하였을 때, 그들은 우선 경제분야에 있어서 과학적 지식의 존재가능성을 부인하는 것으로 시작하여 종국에는 국가가 하는 일이란 무엇이든지 모두 합리적이라고 선언하는 것으로 끝냈다. 과학이 그들이 권고하려는 정책이 이치에 맞지 않는 것임을 보여주었기 때문에 그들은 논리와 과학을 무용화시키고자 하였다.

사회주의의 가능성 및 실용성에 관한 증명 역시 마찬가지이다. 마르크스 이전의 학자들이 그러한 증명을 만들어내려고 애를 썼으나 허사였다. 그들은 그러한 증명을 하지도 못하였을 뿐 아니라 그들에 대한 비판자들이 과학적 발견을 기초로 하여 그들이 내세우고 있는 유토피아의 현실성에 관하여 무게있는 반론을 폈을 때 그것이 옳지 않다는 것을 보이지도 못하였다. 19세기 중반 무렵에는 사회주의라는 개념이 실질적으로 거의 다 폐기되어 버린 것처럼 보였다. 그럴

즈음에 마르크스가 등장하였다. 물론 마르크스가 사회주의의 실현가능성을 입증한 것은 아니며(사실 증명될 수 있는 것도 아니지만) 단지 사회주의의 도래가 필연적임(이것을 증명한 것은 물론 아니다)을 선언했을 뿐이다.

이와 같은 가정과 인간의 역사에서 나중의 것은 언제나 먼저 것에 대하여 하나의 진보를 나타낸다는-마르크스에게는 그것이 자명해 보였는데, 공리로부터 마르크스는 사회주의가 자본주의보다 더 완전하며, 따라서 사회주의의 실현가능성에는 아무런 의심의 여지가 없다는 결론을 내렸다. 그러므로 마르크스에 의하면 사회주의의 실현가능성에 관한 문제에 대해 관심을 갖거나, 또는 그와 같은 사회질서가 지니는 문제에 대해 연구하는 것은 비과학적인 일일 것이다.

누구라도 그런 일을 하려 들면 사회주의자에 의해서 공개적으로 조롱을 받거나 그들이 지배하고 있는 언론에 의해서 파문처분을 당했다. 이와 같은 어려움(외형적인 것은 틀림없으나)에 대하여 동요되지 않은 채 경제학은 사회주의제도의 이론적 기반을 구축하기에 전념하였으며 그것을 바탕으로 하여 사회주의사회에서는 경제적 계산이 불가능하므로 어떠한 형태의 사회주의든 작동가능성이 없음을 반박할 여지없이 입증하였다. 이에 대하여 사회주의의 주창자들은 아무런 반박도 할 엄두를 내지 못하였으며 그들이 반론으로 제기한 것은 사소한 것이거나 의미없는 것이었다. 과학적으로 증명된 이와 같은 사실이 사회주의 및 간섭주의의 실험들이 실패함에 따라 실증적으로도 증명되었다.

그러므로 자본주의를 옹호하는 일은 자본주의제도 안에서 여타 집단과는 달리 특별한 이익을 얻고 있는 자본가 및 기업가들의 일일 뿐이라는 주장은 사려분별이 없는 사람들의 판단미숙에다 그 효과를 기대는 그럴듯한 선전에 불과하다. '가진 자'가 '없는 자'보다 생산수단의 사적 소유제도를 더 강력하게 지지해야 할 이유는 없다. 만일 그들의 특별한 이익이 문제가 되면 '가진 자들' 역시 자유주의적인 경우는 거의 없다. 자본주의제도만 계속 유지되면 유산계급은 영원히 그들의 부를 소유하고 있을 수 있으리라는 생각은 자본주의 경제에 대한 오해에서 나오는 것이다. 자본주의 경제에 있어서 재산이란 끊임없이 보다 덜 효율적인 기업가에게서 더 효율적인 기업가에게 이전되는 것이다.

자본주의사회에서는 자기가 지닌 부를 현명하게 투자함으로써 계속해서 다시 획득할 때에만 자기의 재산을 지킬 수 있는 것이다. 이미 부를 소유하고 있는 부자들이 방해되지 않은 경쟁이 모두에게 허용되는 제도의 유지를 특별히 더 바랄 이유가 없다. 특히 재산을 몸소 번 것이 아니라 상속받았을 때에는 그들이 경쟁에 대해 거는 기대보다는 오히려 그것에 대해 지닌 두려움이 더 크다. 그들은 이미 부를 소유한 자들 사이의 부의 분배상태를 그대로 유지시키려는 경향이 있는 간섭주의에 대해 특별한 관심을 지닌다. 그러나 그들은 기정사실화된 부가 지니는 기득권을 지닌 사람들이 유서깊은 전통이라고 내세우는 것에 대해 아무런 관심도 기울이지 않는 자유주의자로부터 무슨 특별대우를 받을 수 있으리라고 기대해서는 안될 것이다.

기업가란 소비자가 원하는 바를 공급해줄 때만 번성할 수 있는 것이다. 세상이 전쟁을 향한 정념에 불타오를 때 자유주의자는 평화가 가져다주는 이점에 대해 자세히 설명하여 설득하려 든다. 그러나 기업가는 대포와 기관총을 만들어낸다. 또한 오늘날의 여론이 러시아에 대한 자본투자에 대해 호의적이라면 자유주의자는 그것에 대해 자본의 강제몰수를 공공연히 표방하고 있는 정부가 통치하는 나라에 자본을 투자하는 것은 그것을 바다에 던져버리는 것만큼이나 현명하지 못한 처사임을 납득시키려 애쓸 것이다.

그러나 기업가는 그가 만일 국가가 되었든 아니면 좀 덜 똑똑한 다른 기업가들이 되었든간에 러시아의 자금에 의해 조롱당하는 여론에 현혹되어 있는 자들에게 위험을 전가시킬 수만 있다면 러시아에 대해 물자를 공급하는 일을 주저하지 않을 것이다. 자유주의자는 통상에 있어서 자급자족경제로 나아가는 경향에 대항하여 투쟁한다. 그러나 독일 제조업자는 독일상품의 판매를 금지하고 있는 동부유럽지역에 공장을 건설하여 관세의 보호 아래 그 시장에 대해 상품을 공급하고자 한다. 분명한 사고를 할 수 있는 능력을 지닌 기업가나 자본가는 아마도 반자유주의정책이 사회전반에 대하여 파괴적인 영향을 지닌 것으로 인식할 것이다. 그러나 기업가 및 자본가로서 그들은 그러한 정책을 반대하려고 노력하기보다는 주어진 상황에 대해 스스로를 적응시키도록 하지 않을 수 없을 것이다.

자유주의는 결코 특수이익집단을 위하여 일하는 법이 없으므로 사회전반 및 다른 인구계층에 대해 해를 끼치는 줄 알면서도 자신들의 이기적인 이익만 도모하려는 의도에서 자유주의가 좋다고 주장하는 사람은 없다. 따라서 자유주의는 반자유주의정당들처럼 그것에 기대어 다른 사회집단의 희생 위에 자기만의 특혜를 얻고자 하는 사람들의 도움을 받기를 기대할 수는 없다. 공직자들을 선출하기 위한 선거에서 후보자로서 유권자 앞에 나섰을 때 그가 표를 얻고자 하는 사람들이 자유주의자에게 도대체 당신이나 당신의 정당이 그들이나 그들이 소속된 집단을 위해서 무엇을 해줄 것이냐고 묻는다면 그가 할 수 있는 대답이란 단 한 가지뿐이다. 자유주의는 모든 이를 위하여 일하고 있으며 특별한 이익집단을 위해서는 일하지 않는다고.

  자유주의자가 된다는 것은 첫째, 다수의 사람들에게 불이익을 주면서 소규모 집단에 대해 특권을 주는 일이 장기적으로 볼 때, 투쟁(내란) 없이는 유지할 수 없는 것임을 인식하고, 둘째, 다수에게 특혜를 주는 것 역시 그러한 조치들을 통하여 이익을 주고자 하는 집단들이 얻는 특혜의 가치가 상쇄되어 버리고 남는 것은 사회노동의 생산성 저하일 뿐이라는 사실을 인식하는 것이다.

제5장

자유주의의 앞날

전 시대의 문명들은 유럽문명이 도달하는 데 성공한 정도의 물질적 발전수준에 도달하기 훨씬 이전에 멸망되었거나, 아니면 정체상태에 이르렀다. 많은 국가들은 자기들끼리 죽이는 내란은 물론 적국과의 전쟁으로 인하여 패망하였다. 무정부상태는 분업화의 퇴보를 강요하였으며 도시와 상업과 공업을 쇠퇴시켰다. 또한 경제적 기반의 붕괴와 더불어 도덕심과 교양은 무지와 난폭함에 자리를 내주지 않으면 안되었다. 이에 대하여 근대시대의 유럽인들은 개인 및 국가들간에 사회적 결속력을 강화시키는 데 있어서 역사상 그 유례가 없을 정도로 성공하였다.

 이것은 자유주의이념이 이룩한 업적이라 하겠는데, 자유주의이념은 17세기 후반에 시작해서 점점 더 명료하고 정확하게 설명되어졌으며 인간의 마음에 대해 끊임없이 더 큰 영향력을 미치게 되었다. 자유주의와 자본주의는 근대적 생활방식이 지니는 뛰어난 특징들이 기초를 두고 있는 기반을 형성하였다.

 그런데 이제 우리가 지니고 있는 문명은 죽음의 냄새를 맡기 시작하였다. 아마추어 평론가들은 우리자신의 것을 포함한 모든 문명이 마땅히 소멸되어야 한다고 큰소리로 외친다. 그들은 이것이 피할 수 없는 운명의 법칙이라고 한다. 유럽의 최후의 날이 도래했다고 이들 절망의 예언자들은 외치고 있으며 그들은 나날이 더 큰 영향력을 발휘한다. 늦가을 같은 기분이 도처에 자리잡기 시작하였다.

 그러나 근대문명은 스스로가 자멸을 초래하는 행동을 하지 않는다면 결코 멸망하지 않을 것이다. 어떤 외부로부터의 적도 마치 스페인인들이 아즈텍문명을 파괴한 것처럼 근대문명을 파괴할 수 없다. 이 지구상의 어느 누구도 근대문명의 기수에 대항할 만한 힘을 지니고 있지 못하기 때문이다. 내부로부터의 적만이 근대문명에 대하여 위협을 가할 수 있다. 자유주의이념이 사회협동에 대해 적대감을 품은 반자유주의이념에 의해서 압도될 때에만 근대문명이 종말에 이르게 될 것이다.

물질적 진보란 자유주의적인 자본주의사회에서만 가능하다는 사실에 대해 많은 사람들이 인식을 같이하고 있다. 반자유주의자들이 이와 같은 사실을 명시적으로 인정하는 것은 아니지만 안정과(거센 변화로부터의) 휴식상태를 찬양하는 사람들에 의해서 그것이 간접적으로 용인되고 있다.

사람들은 근래에 있어서 물질적인 진보는 아주 마음에 드는 것이었으며, 모든 이에게 도움을 주는 것이었다고 한다. 그러나 지금은 이제 그 중지를 명령할 때라는 것이다. 근대자본주의의 미친 듯한 소동과 바쁜 행동은 이제 조용한 명상에 자리를 비켜줄 때이며 우리는 마땅히 자기성찰을 위한 시간을 가져야 하고 그렇게 함으로써 매일 쉴새없이 신기한 것과 새로운 것만 쫓아다니는 것이 아닌 새로운 것으로 자본주의를 대치할 수 있는 경제체제를 고안해내야 한다고 말한다.

낭만주의자는 향수에 젖어서 중세시대의 경제적 여건들을 되돌아본다. 물론 실제 존재하였던 중세시대가 아니라 역사상의 실제적인 것과는 아무 상관도 없는 것으로서 그의 공상 속에 건설된 중세상을 회상한다. 또 넋을 잃고 동양을 바라다본다. 이 역시 진짜 동양이 아니라 그가 환상 속에서 그리는 꿈의 영상으로서의 동양이다. 그는 근대적 기술과 문화가 아니었다면 인류가 얼마나 행복하였을까, 우리가 어떻게 해서 그러한 지상천국을 쉽게 버릴 수 있었단 말인가라고 생각한다.

단순한 형태의 경제조직을 지닌 사회로 되돌아가기 바라는 사람들은 오늘날 이 지구상에 살고 있는 사람들이 익숙해져 있는 바와 같은 생활방식을 지탱해줄 수 있는 경제제도는 현재 우리가 갖고 있는 경제형태밖에 없다는 사실을 명심하여야 할 것이다. 중세로 돌아간다는 것은 수백만명의 인구를 말살시키는 것을 뜻한다. 안정과 휴식을 주장하는 사람들이 그처럼 극단적인 조치를 원하는 것은 물론 아니다. 우리가 이룩한 것을 유지하면서 더이상 나아가지만 않으면 된다고 한다.

휴식의 상태와 안정적 균형상태를 예찬하는 사람들은 사유하는 동물인 인간의 심연에는 자기의 물질적 조건을 개선하고자 하는 욕망이 내재하고 있다는 사실을 잊고 있는 것이다. 그러한 충동을 말살한다는 것은 불가능하다. 그것은 모든 인간행위의 원동력이기 때문이다. 만일 우리가 어떤 사람이 자기의 필요함을 충족시킴으로써 동시에 사회의 이익을 위하여 일하는 것을 막는다면 그에게 남은 길은 단 한 가지이다. 그 동료에 대한 난폭한 탄압과 강탈을 통하여 타인을 가난하게 만드는 동시에 자신을 부유하게 만드는 일이 그것이다.

생활수준을 향상시키기 위한 이와 같은 모든 고통과 노력이 인간을 반드시 더 행복하게 만드는 것이 아님은 사실이다. 그렇지만 끊임없이 자기의 물질적 조건을 개선하려 하는 것이 사람들의 천성이다. 만일 이와 같은 욕망이 추구를 막는다면 인간은 우둔하고 난폭하게 될 것이다. 대중은 안분자족하라는 외침에 귀기울이지 않을 것이다. 철학자들이 그와 같은 훈계를 한다면 아마 그것은 심각한 자기기만일지도 모른다. 만일 우리가 사람들에게 너희 조상들은 이보다 훨씬 더 못살았다고 하면 그들은 왜 우리조상들이 더 잘살지 못했는지 모르겠다고 의아해 할 것이다.

이제 그것이 좋든나쁘든, 그것이 도덕군자에 의해 인정을 받건 못받건간에 사람들이란 언제나 삶의 조건을 개선하려고 노력하며, 또 그렇게 하리라는 것은 확실한 일이다. 아마 이것이 인간의 피하지 못할 숙명일 것이다. 근대인간의 조바심과 소란은 그의 마음과 신경과 감성이 살아 움직이기 시작한 결과이다. 그를 인간역사의 과거시대에 그가 그랬던 것 같은 소극적인 행동으로 되돌린다는 것은 마치 어른을 어린아이 시절의 순진무구한 상태로 되돌려놓는 것처럼 어렵다.

　그러나 도대체 더이상의 물질적 진보에 대한 대안이 무엇이란 말인가? 행복과 만족, 자기내부의 조화와 평화란 사람들이 이제 더이상 그들이 필요로 하는 바를 만족시키기 위한 발전을 추구하지 않는다고 해서 저절로 생겨나는 것은 아니다. 시기심 때문에 기분이 상한 작가들이 청빈과 욕망의 제거가 인간의 정신력을 계발하는 데 있어서 특히 좋은 조건을 제공해준다고 상상하는데, 이것은 말도 안 되는 소리이다. 이와 같은 문제에 대하여 논함에 있어서 완곡어법을 사용하는 것을 피하고, 사물을 본래의 이름대로 부르는 것이 합당하다. 근대사회의 부는 무엇보다도 먼저 신체와 관계되는 데서 그 모습을 드러낸다. 위생, 청결 및 운동 등이 그것이다. 이와 같은 것들은 오늘날 부자들만이 누리는 사치품이지만(미국에서는 이제 더이상 그렇지 않다. 그러나 다른 곳에서는 확실히 그러하다), 만일 지금까지와 같은 경제발전이 계속된다면 멀지 않은 장래에 모든 사람이 자유롭게 이를 누릴 수 있게 될 것이다.

　부자들이 이미 즐기고 있는 신체적 문화수준을 대중들이 즐기지 못하게 하는 것이 어떻게 해서 그들의 내면세계를 고양시키는 것이 된다는 말인가? 깨끗하지 않은 몸에서 행복을 찾아야 한다는 말인가?

중세시대를 찬양하는 사람에게 우리가 해줄 수 있는 말은 중세인들이 근대인들보다 더 행복하다고 여겼는지에 대해서는 우리가 아무것도 알아낼 수 없다는 것이다. 그러나 동양인식의 삶의 방식을 따르도록 주장하는 사람들에게는 아시아가 그들이 묘사하고 있는 것처럼 정말 지상낙원인가에 대해 대답해보도록 요청할 수 있을 것이다.

자본주의의 적대자들이 그들의 가르침을 정당화하기 위하여 의지하지 않으면 안되는 최종적인 주장은 정상상태의 경제가 사회의 이상으로서 가장 낫다고 아낌없이 칭찬하는 일이다. 그러나 우리는 다음과 같은 사실을 명심하지 않으면 안된다. 즉 그들이 자유주의 및 자본주의를 비난하는 출발점이 자유주의 및 자본주의가 생산력의 개발을 방해하며, 따라서 대중의 궁핍에 대한 책임이 그러한 두 사상에 있다는 주장에 있음을 명심하여야 한다. 자유주의의 적대자들은 그들이 바라는 바가 현재 그들이 공격하는 대상보다 부를 더 많이 창출할 수 있는 사회질서를 건설하고자 하는 데 있다고 그럴싸하게 주장해왔다. 그러나 이제 경제학 및 사회학의 반격에 밀리어 벽에 부딪치게 되었으므로 그들은 이제 자본주의와 자유주의만이, 또 사유재산과 아무런 방해도 받지 않는 기업가활동만이 최고도의 노동생산성을 보장해준다는 사실을 인정하여야 할 것이다.

흔히 사람들은 오늘날 정당들을 갈라놓은 것은 그들이 지닌 궁극적인 철학적 입장의 대립이어서 이성적인 논쟁으로 해결될 수 있는 것이 아니라고 주장한다. 따라서 그러한 적대행위에 대해 논의하는 것은 쓸데없는 것이라는 것이다. 각자가 지닌 신념이 모두 다 이상적인 방법으로 변화시킬 수 없는 포괄적인 세계관에 근거를 두고 있기 때문에 양편 모두 신념이 흔들리는 일이 없을 것이다. 사람들이 추구하는 궁극적인 목표는 다양하므로 다양한 목표를 추구하는 인간들이 획일화된 과정에 대해 동의하리라고는 생각할 수 없다는 것이다.

　이와 같은 믿음보다 더 우스꽝스러운 것은 없을 것이다. 인간의 삶에서 모든 외향적인 덫을 떨쳐버리고자 하며 끝내는 모든 욕망과 행동을 거부하는 자기말살의 경지까지 이른 몇몇 일관된 금욕주의자들을 제외한다면, 사람들은 누구나 다 초자연주의적인 문제에 대해 그들이 제아무리 다양한 견해를 지니고 있다 하더라도 노동의 생산성이 높은 사회제도를 그렇지 않은 제도보다 선호하는 데에 동의할 것이다. 인간의 욕망을 충족시키는 방법에 있어서 점점 더 앞으로 나아가는 개선이 좋은 것이 아니므로 우리가 물질적인 재화를 지금보다 덜 생산하였더라면 더 좋았을 것이라고 믿는 사람들조차 (진정으로 이러한 견해를 지닌 사람이 많으리라고는 여겨지지 않으나) 동일한 양의 노동력이 더 적은 양의 생산물로 나타나기를 바라지는 않을 것이다. 그들이 바라는 것은 기껏해야 지금보다 적은 노동과, 따라서 적은 생산량이 더 낫다는 것이지 같은 양의 노동으로 보다 적게 생산해야 된다는 것은 아니다.

　오늘날의 사람들이 정치적으로 대립되고 있는 것은 궁극적인 철학적 문제에 관한 의견대립 때문이 아니라 모든 사람이 합당한 것이라고 인정하는 목표를 어떻게 하면 보다 빨리, 그리고 적은 희생으로 달성할 수 있겠느냐 하는 문제에 대해서이다. 모든 사람이 추구하는 목표란 인간의 욕구를 가장 잘 만족시키고자 하는 것이다. 즉 그것은 번영과 풍요이다. 물론 이것이 인간이 바라는 바의 전부는 아니다. 그러나 그것이 외부적인 수단과 사회협동을 통하여 인류가 달성할 수 있는 전부이다. 내면적인 축복, 행복, 마음의 평화, 열락은 각자가 자기 안에서 찾아야 할 것이다.

자유주의는 종교가 아니며 세계관도 아니고, 또한 특수이익집단의 정당도 아니다. 자유주의가 종교가 아닌 것은 그것이 신심이나 헌신을 요구하지 않으며 그것에 대해서 신비스러운 것이란 아무것도 없으며, 또 독단적 교의를 지니고 있지 않기 때문이다. 우주의 비밀에 대해서 얘기하려 하지 않으며 인간존재의 의미와 목적에 관하여 아무것도 말하지 않고, 또 말하려 하지도 않으므로 자유주의는 세계관이 아니다. 특정개인이나 집단에 대해 특별한 이익을 가져다주거나, 또 그렇게 하고자 하지 않으므로 자유주의는 특수이익집단의 정당이 아니다. 그것은 이런 것들과는 전혀 다른 것이다.

그것은 이념이며 사회구성원간의 상호관계에 대한 가르침이며, 또한 동시에 실제 사회에 있어서의 인간협동에 대한 이와 같은 가르침의 응용이다. 그것은 사회 안에서, 그리고 사회를 통해서 달성될 수 있는 것을 넘어서는 것은 아무것도 약속하지 않는다. 그것은 인류에게 단 한 가지, 즉 모든 이에게 물질적 복지의 평화롭고 교란되지 않는 발전을 보장해줌으로써 그것이 사회적 기관들이 할 수 있는 범위내에 속하는 한도내에서 인류를 외부적인 고통과 박해로부터 보호하고자 한다. 고통을 줄이고 행복을 증진시킨다. 이것이 자유주의의 목표이다.

인간의 감성에 호소함으로써 그들의 주장을 전파시키는 일을 하지 않아도 된다고 믿었던 정파나 정당은 이제까지 없었다. 그 결과 수사학적인 말의 폭탄세례와 음악과 노래가 울려퍼지며 깃발이 펄럭이고 꽃과 색깔이 상징이 되며 지도자들은 그 추종자들이 지도자 자신에 대해 애정을 느끼도록 유도한다. 자유주의는 이런 모든 것들과 무관하다. 당을 상징하는 꽃도 색깔도 갖고 있지 않으며, 또한 당을 상징하는 우상이나 상징물을 갖지 않고 대변하는 구호 역시 지니지 않는다. 자유주의가 지닌 것은 알찬 내용과 논리적인 주장이다. 알찬 내용과 논리적인 주장이 자유주의를 승리로 이끌어가고 말 것이다.

부 록

1. 자유주의에 대한 문헌에 관하여

나는 이 책이 너무 길어지는 것을 막고자 했기 때문에 서술을 간명하게 할 수밖에 없었다. 이미 일련의 저술과 논문을 통하여 자유주의에 관한 기본적 문제들 모두에 대하여 철저하게 다루었으므로 내 생각에는 내가 이 책에서 간명한 서술로 일관한 것이 온당한 일이라 여긴다.

이와 같은 문제들에 대하여 보다 더 깊이 있는 이해를 얻기 바라는 독자를 위하여 다음과 같이 이 분야의 보다 중요한 문헌에 관하여 목록을 작성하였다.

초기의 많은 저술가들의 저서에 이미 자유주의에 관한 관념들이 나타나 있다. 18세기 및 19세기초의 영국과 스코틀랜드의 위대한 사상가들이 이와 같은 관념들을 처음으로 하나의 체계로 형성하였다. 따라서 누구든 자유주의사상과 친밀해지고자 한다면 마땅히 그들에게 되돌아가야 할 것이다. 그들은 다음과 같다.

데이비드 흄David Hume, 『도덕, 정치 및 문학에 대한 소론Essays Moral, Political and Literary』, 1741년 및 1742.

애덤 스미스Adam Smith, 『국부론An Inquiry into the Nature and Causes of the Wealth of Nations』, 1776.

특히 제레미 벤덤Jeremy Bentham의 『대금업을 변호함Defence of Usury』(1787)에서 시작하여 그가 죽은 후 1834년에 출간된 『도의론, 혹은 도덕심에 관한 과학Deontology, or the Science of Morality』에 이르기까지의 수많은 저술들. 도의론을 제외한 그의 모든 저작은 1838년에서 1848년 사이에 보링Bowring에 의해서 완전한 편집본으로 출간되었다.

존 스튜어트 밀John Stuart Mill은 고전적 자유주의의 아류였으며, 특히 만년에는 아내의 영향을 받아 쉽게 타협하는 유약성을 보였다. 그 결과 서서히 사회주의로 빠져들어 갔으며 후에 영국자유주의의 퇴조 및 영국인의 생활수준을 손상시킨 사회주의사상과 자유주의사상의 무분별한 혼동의 효시가 된 사람이다. 그럼에도 불구하고(아니, 그러므로 더욱 더) 우리는 밀의 주요저서들에 관해서 잘 알고 있어야 한다. 그들 중에는 다음과 같은 것이 있다.

『정치경제원리Principles of Political Economy』, 1848.
『자유론On Liberty』, 1859.
『공리주의Utilitarism』, 1862.

밀에 대한 철저한 이해없이 최근 두 세대에 걸쳐 일어난 일들에 대해 이해하기란 곤란하다. 밀이 바로 사회주의의 열렬한 선두주창자였기 때문이다. 사회주의에 관하여 제시될 수 있는 찬성론은 모두 다 그에 의해서 자상하게 진술되었다. 밀과 견주어본다면 여타의 사회주의 저술가들은 마르크스, 엥겔스 및 라살레조차도 별로 중요하지 않다.

경제학에 관한 지식 없이 자유주의에 관하여 이해한다는 일은 불가능하다. 자유주의는 응용경제학이며 과학적 기초 위에 세워진 사회적 정치적 정책이기 때문이다. 이 분야에서는 이미 언급한 것외에도 고전경제학의 위대한 스승이 남긴 다음과 같은 저술에 대해 잘 알고 있을 필요가 있다.

데이비드 리카도David Ricardo, 『정치경제학 및 조세의 원리Principles of Political Economy and Taxation』, 1817.

근대 과학적 경제학에 관한 연구로서 가장 훌륭한 입문서는 다음과 같다.

H. 오스왈트H. Oswalt, 『경제의 기본원리에 관한 강의Vorträge über wirtschaftliche Grundbegriffe』(여러 판이 있음).
C. A. 버리진 스튜어트C. A. Verrijin Stuart, 『국민경제의 기초이론Die Grundlagen der Volkswirtschaft』, 1923.

독일 근대경제학의 위대한 저술로는 다음을 들 수 있다.

칼 멩거Carl Menger, 『국민경제강의 기본원리Grundsátze der Volkswirtschaftslehre』, 1871년(초판). 이 책의 제1부는 『정치경제학원론Principles of Political Economics』(1950년, 일리노이주 글렌코우사)이란 제목으로 영역되었다.
유진 폰 뵘 바베르크Eugen von Böhm-Bawerk, 『자본에 관한 실증이론The Positive Theory of Capital』, 1923(뉴욕). 또한 그의 『칼 마르크스와 그 이론체계의 완결Karl Marx and the Close of His System』, 1949(뉴욕)도 시사하는 바 크다.

자유주의문학에 대해 독일이 이룩하였던 가장 중요한 두 개의 공헌 역시 독일 자유주의가 겪었던 바와 같은 불운을 경험하였다. 빌헬름 폰 훔볼트Willhelm von Humboldt의 『정부의 영역과 한계On the Sphere and Duties of Government』(1954, 런던)는 이미 1792년에 완결된 채 미출판으로 있었다.

그중 일부를 1792년에 쉴러Schiller가 『신탈리아Neuen Thalia』라는 잡지에 발표했으며, 그후 『월간 베를린인Berliner Monatsschrift』에 다른 일부가 게재되었다. 그러나 훔볼트의 발행인이 그의 저작을 출간하는 것을 두려워한 탓으로 이 책은 한쪽으로 치워져 잊혀져 있다가 그가 죽은 뒤에야 발견되어서 출판되었다.

헤르만 하인리히 고센Hermann Heinrich Gossen의 『교환의 원리에 관한 설명 및 거기에서 유발되는 상거래의 법칙Entwicklung der Gesetze der menschlichen Verkehrs und der daraus fliessenden Regeln fur menschliches Handeln』은 발행자를 찾을 수 있었지만, 1854년에 그 책이 출간되었을 때 독자가 하나도 없었다. 그 책이나 저자는 영국인 아담슨이 우연히 그것을 발견하기까지 잊혀져 있었다.

독일의 고전적 시 속에는 자유주의의 관념들이 스며들어 있는데 특히 괴테 및 쉴러의 시가 더욱 그러하다.

독일에 있어서 정치적 자유주의 역사는 짧았으며 별로 이렇다 할 성공이 없었던 시기로 특징지어진다. 근대 독일(바이마르헌법의 반대자는 물론 옹호자들도 포함해서)은 자유주의정신과는 동떨어진 세계에 있다. 독일인들은 이제 더이상 자유주의가 무엇인지 모르는 채 다만 그에 관하여 어떻게 욕을 해야 할런지만 알고 있다. 독일인들이 의견의 일치를 보인 유일한 것은 바로 자유주의에 대한 미움에서이다.

어떻든 독일에 있어서 자유주의에 관한 최근의 저술로서는 레오폴드 폰 비세Leopold von Wiese의 『자유주의 과거 및 미래Der Liberalismus in Vergangenheit und Zukunft』(1917), 『국가사회주의Staatsozialismus』(1916) 및 『자유경제Freie Wirtschaft』(1918)를 꼭 들어야 할 것이다.

동부유럽의 민족들에게는 자유주의의 숨결조차 거의 닿지 않았다.

서부유럽의 여러 나라나 미국에 있어서 자유주의적 사고가 퇴조를 보이고 있기는 하지만 독일과 비교해본다면 이들 국가들은 그래도 자유주의적이라고 할 수 있을 것이다.

자유주의에 대한 좀더 오래된 저술가로서는 프레드릭 바스티아 Fréderic Bastiat의 *Oeuvres Completes*(1855, 파리)를 꼭 읽어야 할 것이다. 바스티아는 뛰어난 문장가였으므로 그의 저술을 읽는 것은 정말 즐거운 경험이다. 그가 죽은 이래 경제이론의 발전이 얼마나 뛰어났는가를 생각해보면 그의 가르침이 오늘날 이미 낡아버린 것이 조금도 놀랍지 않다. 그럼에도 불구하고 그가 행한 보호주의의적이거나 그와 유사한 경향에 대한 비판은 지금도 그를 능가할 사람이 없다. 보수주의자나 간섭주의자들은 이제까지 그에 대항해서 한마디의 반론도 제기하지 못한 채 그저 계속해서 바스티아는 '피상적'일 뿐이라고 우물거릴 뿐이다.

영국의 최근 정치관계 저서를 읽는 데 있어서 우리는 '자유주의'라는 말이 오늘날의 영국에서 흔히 온건한 사회주의를 지칭하는 것으로 쓰이고 있음을 잊지 말아야 할 것이다. 자유주의에 관한 간결한 소개는 영국인 L. T. 홉하우스L. T. Hobhouse의 『자유주의*Liberalism*』(1911)와 미국인 제이콥 홀랜더Jacob Hollander의 『경제적 자유주의 *Economic Liberalism*』(1925) 등이 있다.

영국의 자유주의자에 관한 보다 나은 소개서로서는 다음을 권할 수 있다.

하틀리 위터스Hartley Withers, 『자본주의의 옹호*The Case for Capitalism*』, 1920.

어니스트 J. P. 벤Ernest J. P. Benn,『자본주의자의 고백The Confession of a Capitalist』(1925),『내가 노동자의 지도배자라면If I Were a Labor Leader』(1926), 그리고『개인주의자의 편지들The Letters of an Individualist』(1927)이 있다. 특히 이 마지막 책에는(pp. 74 이하) 경제제도의 제반 기본문제를 다룬 영국문헌에 관한 자료가 있다. 또한『자유방임으로의 복귀 The Return to Laisser Faire』(1928)도 있다.

보호주의정책에 관한 비판서로 프란시스 W. 허스트Francis W. Hirst의『안전보장과 보호주의Safeguarding and Protectionism』(1926)가 있다.

또한 흥미있으며 유익한 것으로는 1921년 1월 23일 뉴욕에서 '자본주의가 사회주의보다 미국 노동자에게 더 큰 혜택을 주었다는 데 관하여'라는 제목으로 행해진 E. R. A. 셀링만E. R. A. Seligmann과 스코트 니어링Scott Nearing과의 논쟁기록을 들 수 있다.

사회주의의 제관념에 대한 소개로서는 Jean Lzoulet의 La cite moderne(1890년 제1판)과 R. M. MacIver의『공동체Community』(1924)가 있다.

경제사상에 관한 역사는 찰스 가이드 · 찰스 리스트Charles Gide and Charles Rist의『경제원론의 역사Historie des doctrines économiques』(여러 종류의 편집이 있음), 알버트 샤츠Albert Schatz의『경제적 및 사회적 개인주의 L'individualisme économique et social』, (1907), 그리고 폴 바스Paul Barth의『사회학으로서의 역사철학Die Philosophie der Geschichte als Soziology』(여러 종류의 편집) 등에 의해 제시되어 있다.

정당의 역할에 관해서는 월터 슐츠바흐Walter Sulzbach의『정당설립의 기초Die Grundlagen der politischen Parteibidung』(1921)가 있다.

오스카 클라인 하팅겐Oskar Klein-Hattingen의 『독일 자유주의의 역사 Geschichte des deutshen Liberalismus』(1911/1912, 2권)가 독일 자유주의의 역사에 관해 설명하고 있으며, 기도 드 뤼지에르Guido de Ruggiero의 『유럽 자유주의의 역사The History of European Liberalism』(1927, 옥스포드)는 유럽의 자유주의 역사에 관하여 소개하고 있다.

끝으로 자유주의의 제반문제에 대한 다음과 같은 나의 저술을 들 수 있다.

『국가, 주 및 경제: 현대정치 및 역사에 관한 고찰Nation, Staat und Wirtschaft: Beträge zur Politik und Geschichte der Zeit』, 1919, 영문판은 1983.
『반마르크스주의Antimarxismus』, Weltwirtschaftliches Archiv, 1925년 제21권.
『간섭주의에 대한 비판Kritik des Interventionismus』, 1929, 영문판은 1977.
『사회주의Socialism』, 1936.
『계획된 혼란Planned Chaos』, 1951.
『만능정부Omnipotent Government』, 1944.
『인간의 행동Human Action』, 1949.
『반자본주의 심리The Anti-Capitalistic Mentality』, 1956.

2. '자유주의'라는 용어에 관하여

　최근 몇 년 사이에 발행된 자유주의라는 주제에 관한 저술이나, 또한 현재의 언어사용 관행에 관하여 익숙해져 있는 사람들은 아마도 내가 이 책에서 자유주의라고 불렀던 것이 현대인 정치학문헌에서 이해되고 있는 그 말의 뜻과 같지 않다고 해서 반대를 제기하리라. 나는 이에 대해 조금도 이의를 제기하고 싶지 않다. 오히려 그 반대이다. 나는 이미 명확하게 지적하기를 오늘날 통용되고 있는 '자유주의'라는 용어의 의미가 그것이 18세기 및 19세기에 주장되었던 자유주의적 계획들의 본질적인 내용을 구성하고 있기 때문에 사상사에서 마땅히 '자유주의'라고 지칭해야되는 것과는 정반대의 것이라고 하였다.

　오늘날 스스로를 '자유주의자'라고 부르는 사람들은 생산수단의 사적 소유제도에 대해 찬성하지 않으며, 부분적으로 사회주의며 간섭주의적인 정책을 지지한다고 고백한다. 그들은 그들이 지닌 그러한 태도를 정당화하기 위해서 주장하기를 자유주의의 본질이 사유제산제도의 고수에 있는 것이 아니라 '다른 어떤 것들'을 추구하는 데 있으며 바로 이 다른 어떤 것들이 자유주의의 보다 큰 발전을 위해서 생산수단의 사유제도보다는 사회주의나 간섭주의를 필요로 하고 있다고 한다.

　그런데 도대체 이 '어떤 것들'이 무엇인지에 대해서는 이런 사이비 자유주의자들이 아직도 우리에게 명쾌한 지식을 주지 않고 있다. 우리는 흔히 인간성, 아량, 진정한 자유 등등에 관하여 듣는다. 말할 필요도 없이 이와 같은 것들은 아주 고귀하고 우아한 감정이며 누구나 다 거기에 대해 찬동할 것이다. 또 실제로 이제까지 제시된 이념은 어느 것이나 다 그것들에 찬성을 표시한다. 어떤 종류의 이념이나 모두 다(몇 개의 매우 냉소적인 학파를 제외한다면) 그들이 인간성, 아량, 진정한 자유 등을 주창하고 있다고 믿고 있다.

그런데 어떤 사회사상을 다른 것과 구별짓게 하는 것은 그것들 모두가 공통으로 추구하고 있는 인간의 보편적 행복이라는 궁극적인 목표에서가 아니라 그러한 목표를 어떤 방식으로 달성할 것인가 하는 데에서이다. 이 경우 자유주의의 특성은 생산수단의 사유제도를 통하여 인간의 보편적인 행복이라는 목표를 달성하고자 하는 데 있다.

그러나 이와 같은 용어의 문제는 그래봐야 이차적인 중요성밖에 지니지 않는다. 중요한 것은 이름이 아니라 그것이 나타내고자 하는 바이다. 어떤 사람이 제아무리 광신적으로 사유재산제도에 대하여 반대한다 할지라도 그는 아직도 사유재산제도에 대해 찬성하는 사람이 있을 수 있다는 점을 인정하여야 할 것이다. 일단 이만큼 인정하게 되면 그와 같은 사상을 지닌 학파에 대한 이름이 있어야 할 것이다.

따라서 우리는 오늘날 스스로를 자유주의자라고 부르는 사람들에게 그들이 생산수단의 사유제를 보존하려는 이념을 어떻게 부르기 원하는지 묻지 않을 수 없다. 아마 그들은 대답하기를 그러한 이념을 '맨체스터주의'라고 부를 수 있을 것이라고 하리라. 그런데 '맨체스터주의'라는 말은 원래 경멸과 조소를 위해 만들어진 것이다. 그럼에도 불구하고 이 말이 지금까지 자유주의의 일반적인 실천방안이 아니라 경제적 실천계획들만 지칭하는 것으로 사용되었다는 사실만 없었더라면 '맨체스터주의'라는 말로 자유주의 이념을 지칭하는 데 아무런 어려움이 없을 것이다.

어떻든간에 생산수단의 사유제도에 대해서 찬동하는 학파에게도 어떤 식이든간에 이름을 주어야 할 것이다. 그런데 이 경우 그의 전통적인 이름을 고수하는 것이 최선의 방책이리라. 만일 우리가 오늘날 보호주의자나 사회주의자, 그리고 전쟁광 등조차 스스로를 '자유주의자'라고 부르는 새로운 용례를 그대로 따른다면 오직 혼란만 가중시키는 것이 될 것이다.

여기서 우리가 의문을 제기할 수 있는 것은 자유주의사상의 전파를 촉진시키기 위해서라면 우리가 자유주의에 대해 새로운 이름을 부여함으로써 지금까지(특히 독일에서) 자유주의에 대해 증대되어 온 적대감이 자유주의사상의 전파에 방해가 되지 않도록 하는 것이 더 낫지 않겠는가 하는 점이다. 그러한 제안은 분명히 아주 좋은 의도에서 나온 것이기는 하지만 자유주의의 기본정신에 정면으로 대치되는 것이다.

자유주의가 그 내재적인 필연성으로 인하여 다른 주의주장을 내세우는 사람들이 일반대중의 환심을 사기 위해서 흔히 써먹는 여러 종류의 전술이나 전략, 혹은 사기적인 행동을 거부하여야하는 것과 똑같이 자유주의는 자유주의라는 이름이 단지 인기가 없다는 이유만으로 그가 지금까지 스스로를 일컬어오던 이름을 버려서는 안될 것이다.

'자유주의'라는 이름이 독일에서 나쁜 뜻을 지니고 있다는 바로 그 이유 때문에 더욱 더 우리는 자유주의라는 이름을 고수해야 할 것이다. 물론 그렇게 한다고 해서 사람들이 보다 용이하게 자유주의적인 사고방식을 갖게 되지는 않을 것이다. 여기서 중요한 것은 사람들이 스스로를 자유주의자라고 지칭한다는 사실이 아니라 그들이 진정한 자유주의자가 되어 자유주의자답게 생각하고 행동해야 한다는 사실이다.

이 책에서 자유주의라는 말이 씌어진 관행에 대한 두번째의 가능한 반대는 자유주의와 민주주의가 상호대립되는 것으로 파악되지 않았다는 사실이 될 것이다. 독일에서는 '자유주의'라는 말이 종종 입헌군주제를 정치적 이상으로 하는 가르침을 나타내는 것으로 인식되며, 한편 '민주주의'라는 말은 공화국의 의회군주제를 정치적 이상으로 하는 가르침으로 인식된다.

그러나 이와 같은 생각은 역사적으로 보더라도 틀린 것이다. 자유주의가 쟁취하기 위해 싸웠던 것은 입헌군주제가 아니라 의회군주제였으며, 이런 점에서 볼 때 자유주의가 패배했다는 것은 바로 독일제국 및 오스트리아에서 그것이 달성한 바가 입헌군주제에 지나지 않았다는 사실을 의미한다. 반자유주의가 승리를 거두었다는 것은 독일제국의 의회가 너무나 약했기 때문에 비록 점잖지는 못하나 아주 정확하게 '허튼소리 하는 자들의 협회'라고 지칭되었다는 사실과 '12명의 부하를 거느린 소위 혼자서 의회를 해산시킬 수 있다'고 말한 보수당의 지도자가 진실을 얘기하고 있다는 사실에 잘 나타나 있다.

자유주의는 민주주의에 비하여 더 포괄적인 개념이다. 그것은 사회생활의 모든 측면을 감싸는 이념이다. 이에 반하여 민주주의는 사회적 관계 중 국가의 헌법에 관한 부분만을 대상으로 하는 것이다. 왜 자유주의가 그 정치적 장치로서 민주주의를 요구하지 않을 수 없는가 하는 것은 이 책의 전반부에 설명되어 있다. 그런데 사회주의를 비롯한 반자유주의적인 운동들이 왜 동시에 비민주주의적일 수밖에 없는가 하는 것을 보이려면 이들 반자유주의이념의 본질이 무엇인가에 대한 철저한 분석이 전제되어야 할 것이다. 사회주의에 관해서는 내가 이미 동일한 제목의 저서에서 그러한 시도를 하였다.

이런 문제에 있어서 독일인이라면 빗나가기가 쉬운데, 그 까닭은 독일인은 언제나 국민자유당 및 사회민주당이라는 틀 안에서 사고를 전개하기 때문이다. 그러나 국민자유당은 애당초부터 적어도 그들이 주창하는 헌법조문을 보면 자유정당이 아니다. 그들은 바로 옛날 자유주의당의 한 분파로서 '사실을 있는 그대로', 즉 프러시아의 헌법투쟁에서 자유주의자가 '우파'(비스마르크) 및 '좌파'(라살레의 후계자들)에 의해서 경험한 패배를 그대로 받아들이고자 하는 자들이었다.

한편 사회민주당은 그들이 정권을 잡기 전까지만, 즉 그들이 힘으로 그 반대파들을 찍어누를 수 없었을 동안만 민주주의자였다. 그런데 일단 충분히 힘을 모았다고 생각하자 사회민주당을 지지하는 저술가들의 충고에 따라 사회민주당은 그들이 독재정치를 지지한다고 공표하게 되었다. 그후 무장한 우파에 의해 피흘리는 패배를 당하게 되자, 그들은 '때가 올 때까지' 또다시 민주주의자가 되었다. 사회민주당의 저술가들은 이러한 사실을 다음과 같이 표현하고 있다.

"사회민주당의 당원회의에서 민주정치를 지지하는 파가 독재정치를 지지하는 파에 대하여 승리를 거두었다."

물론 진정한 민주주의 정치인이라면 어떤 경우이든지, 특히 그들이 가장 강력해서 정권을 잡고 있는 경우에는 더욱 더 민주주의적인 제도의 창달을 지지하여야 할 것이다.